本书是上海市哲学社会科学规划青年课题"章门师生与现代中国学术转型"（2019ELS003）的阶段性成果

王锐 ◎ 著

探索良政

章太炎思想论集

上海人民出版社

目 录

1

前言：中国近代思想史论述中的"传统"与"西方"
——一个回顾性的分析

　　近代中国的总体思想状况，在思考、论证、论争"中国出路何在"之时，很大程度上是在"古今中西"交汇的历史语境中进行的，这一点几乎已成常识，毋庸多言。因此对这一历史演变展开论述，无论从哪个角度切入，也几乎必须要面对"传统"与"西方"两种因素。关于何谓"思想史"，如何研究"思想史"，晚近以来，争论颇多，①甚至往往主张只要"史"，而摒去"思想"。②但如果我们把思想史研究理解为研究者与研究对象之间就某一观念或议题展开的古今"对话"，在尽量呈现历史本相的同时，挖掘历史流变中呈现出的思想问题与思想资源，于此基础之上思考新的思

---

① 关于思想史研究当中对方法、范畴等问题的讨论，参见张汝伦：《现代中国思想研究》，上海人民出版社 2014 年版，增订版序言 1—12 页。
② 当然，这种"史"在多大程度上与确实发生过的历史相吻合，其实依然可以再做探讨。

想可能性,①那么这种对"传统"与"西方"的认知就具有了两层含义,一种是在具体历史语境与研究对象论著中呈现出来的"传统"与"西方",另一种是研究者自身对"传统"与"西方"的理解、判断,甚至是立场。在这个意义上,深入分疏何谓"传统"、"西方"形象为何,实属必要。

一、传统的能动性

雷蒙·威廉斯在分析西方语境中的"传统"(Tradition)时,认为这一概念强调对于代代相传的事物之"敬意"与"责任"。与之相应的则是,"现代"(Modern)在 19 世纪以前,一直是一个比较负面的词汇,但从 19 世纪开始,尤其在 20 世纪,"现代"却演变成具有正面意涵的概念。②而按照一般的近代史论述,近代中国所面临的状况却是,"现代"总体上并非自生之物,而是由一个借由坚船利炮来到此土的"他者"所携带过来的。因此,随着时人目睹国势倾颓,开始一步步深入思考救亡图存、振衰起微之道,所谓"传统"——中国过去的思想学说、典章制度、行为准则,

---

① 在这里,笔者参考了丸山真男的观点。丸山认为,思想史家应具备两重性格,在严守历史规范同时,进行对历史的能动工作,关注具体历史场景中出现了或是未出现哪些问题,以及思想开端处所包含的各种要素,发掘其中还未充分显示的可能性。参见[日]丸山真男:《关于思想史的思考方法——类型、范围、对象》,载《福泽谕吉与日本近代化》,区建英译,学林出版社 1992 年版,第 192、194—195 页。

② [英]雷蒙·威廉斯著,刘建基译:《关键词:文化与社会的词汇》,生活·读书·新知三联书店 2016 年版,第 538、354—355 页。

渐渐变成了负面的符号。①

从近代中国总体的历史演进来看,这一论述无疑深具洞察。不过正由于思考传统的断裂,需要"充分认识到传统的不固定性",②如果不把中国传统视为某种单一的、固定的形态的话,在近代中国,传统所扮演的角色、起到的作用、呈现出来的思想资源,或许应给予更为足够的重视。

"人们自己创造自己的历史,但是他们并不是随心所欲地创造,并不是在他们自己选定的条件下创造,而是在直接碰到的、既定的、从过去继承下来的条件下创造。一切死亡的先辈的传统,像梦魇一样纠缠着活人的头脑。"③在这里,马克思强调历史遗产对于未来道路抉择的重要影响,这一点无疑是对启蒙运动中反历史的进步论的一种深刻批评,但"传统"对于后来人而言,仅仅只是"梦魇"吗?按照恩格斯的说法,以黑格尔为代表的德国古典哲学"对民族的精神发展有过如此巨大的影响",那么既然"德国工人运动是德国古典哲学的继承者",④则"传统"是否可能产生巨大的思想动能,让后继者能够在对之展开充分阐释与扬弃的基础上,塑造一种新的根植于历史实践的思想话语呢?

王汎森认为在思想史研究中,"应当留意思想传统如何被以

① 罗志田:《中国传统的负面整体化:清季民初反传统倾向的演化》,载《权势转移:近代中国的思想与社会(修订版)》,北京师范大学出版社 2014 年版,第180—200页。

② 罗志田:《中国传统的负面整体化:清季民初反传统倾向的演化》,载《权势转移:近代中国的思想与社会(修订版)》,第199页。

③ 马克思:《路易·波拿巴的雾月十八日》,载中共中央马恩列斯著作编译局编译:《马克思恩格斯选集》第1卷,人民出版社 2012 年版,第669页。

④ 恩格斯:《路德维希·费尔巴哈和德国古典哲学的终结》,载中共中央马恩列斯著作编译局编译:《马克思恩格斯选集》第4卷,第265页。

形形色色的方式在'使用',以及在不同的时代脉络之下,不同的'使用'所发生的历史作用"①。诚然,认识到传统在近代思想流变中不容忽视的地位,有助于更为深入的分析近代思想的多重面向。但是在笔者看来,是否可以改变一下思考问题的视角,从传统自身出发,来分析其在近代所形成的各种样态?特别是不把传统视为一种被动的、包袱式的因素,而通过挖掘其自身内在的思想逻辑与问题意识,使之成为一种具有主动形态的思想、文化、制度资源。由此为出发点,或许可以重新勾勒些许不同于以往的近代思想史图景,思考一些更为深层次的历史问题。正如姜义华老师所言:"传统文化作为历史的重要组成部分,它积极参与造就了我们所面对的现实环境、外部世界以及作为主体的我们自身。"②

就中国近代思想史而言,周昌龙曾指陈:

> 严复、康有为、梁启超、章太炎等近代最具影响力的思想家,其思想关怀固由西学与时代激成,要亦承袭丰厚之传统资源,尤其明清以来倾向于重视情欲、各身、智识、经世等新命题而形成的近代传统,更为其最直接的思想渊源。浸淫于儒学、诸子学、佛学、西学此一新学术知识体系中,晚清对时代最具反应能力之知识分子,其思想特色,本在融会贯通,不拘新旧中西,一炉共冶,力图形成一种打破传统格局,却不违离近代传统走向的新典范。严复翻译《天演论》之余

---

① 王汎森:《中国近代思想中的传统因素——兼论思想的本质与思想的功能》,载《中国近代思想与学术的系谱》,台北联经出版事业公司 2003 年版,第 159 页。
② 姜义华:《中华传统文化:在批判中继承,在创新中发展》,《文汇报》2017 年 8 月 13 日。

又点评《老》、《庄》，康有为著《孔子改制考》又注《中庸》、《孟子》，梁启超论公德私德，章太炎几度改作《订孔》篇，谭嗣同作《仁学》等，都可视为建构此一新典范的努力。在建构过程中，超越传统之创新与回归传统之反省，乃随时抑扬，不滞于一境。然其创新既非全然西化，反省亦不同于单纯保守。其思想系贯通的、辩证的，而非二分的、逆转的。①

正如作者所言，这些近代中国第一流的思想家们，在思考中国的现状时，都充分继承了中国传统思想与学术的诸多因子，并将后者内化为构建自己学说体系的重要组成部分。所以在展开近代思想史的研究时，从中国传统的内部变迁着眼，以多元的眼光看待传统，进而对这些问题进行探讨，乃是认清近代中国思想与学术流变的关键点。

在伽达默尔看来，一切认知都是受到"前见"——即历史与传统的影响，人不能完全无视并摆脱传统。因此，近代启蒙运动主张用理性来排斥传统，实际上乃一种偏见。此外，在承认传统对后世具有影响力的基础上，必须认识到，长期以来形成的权威，并非自然而然的存在，而是依赖于承认，并且这种承认本身即为一种理性的活动。同时所谓传统，也需要不断的肯定、培养与掌握，在此基础上，传统并非一成不变，而是在不断的阐释过程中被赋予了新的内涵。②就中国历史流变而言，战国时期，诸

---

① 周昌龙：《超越西潮：胡适与中国传统》，台北学生书局 2001 年版，自序第 1 页。
② 参见［德］伽达默尔：《真理与方法——哲学诠释学的基本特征》，洪汉鼎译，商务印书馆 2007 年版，第 362—394 页。关于诠释学在中国思想史研究中的启示，参见陈荣华：《高达美诠释学：〈真理与方法〉导读》，台北三民书局 2011 年版，第 135—144 页。

子蜂起，百家争鸣，各派学说，并行于世，墨子非儒，庄子嘲讽曾、孔，韩非视儒墨为五蠹之一，儒家学说，在当时绝非一枝独秀，而是常受到其他学说的批评，并且诸子各派，像儒、墨、道、法、阴阳等，也皆有一套系统的学说，彼此相互激荡、影响。这些思想，虽然汉代以降，多处于隐而不彰的地位，但其影响力却依然可见。每当政治动荡、社会混乱之时，许多被儒者视为异端的思想便又进入士人视野里，像汉晋之际，先是名法之学兴盛，继之以道家式的清谈，其间还有鲁胜注释《墨辩》，阐扬绝学。唐代虽有官方编订的《五经正义》，但杨倞注《荀子》，杜牧注《孙子》，这些文本对后世影响依然存在。唐末五代，藩镇混战，道家思想又被人们拾起，作为批判君主制度的利器。历代政治改革，如王安石变法与张居正新政，表面上遵循儒家之道，实际上从政策到政风，基本上属于法家思想体系。而墨学看似汉代以后趋于消亡，但其提倡的伦理准则在民间社会依然长存不衰。就算是儒门内部同样也分成不同学派：汉儒明天人，讲致用；魏晋南朝，清谈之余，重视礼法，以义疏之法治经；宋代以降，关闽廉洛之学日渐兴盛，同时复有金华、永嘉经世之学不容小觑。这些学说其实都属于"传统思想"，它们在近代的被发现、被诠释，进而成为构建时代思潮的要素，皆应该予以足够的重视，并从中国传统思想内部变迁的角度展开分析。或许可以这样认为，中国传统思想本身乃一多元的形态，且蕴含着丰富的诠释之可能，人们可以根据具体的历史脉络，从中国自身现状出发，对之进行阐释，在不失本相的前提下使之或发扬光大，或推陈出新，体现出另一种富有生机的形态。它们自具生命力，能够成为时人面对世局思考因应之方时的重要参考，而非枯枝败叶、一潭死水。

从中国自身的历史脉络出发，挖掘传统在近代历史中的能动作用,近二十年来有不少极具启发性的研究论著。比如汪晖强调用一种"内在的视野"来审视中国历史变迁,将传统的延续性视为历史中的主体的意志和行动的产物。这样,"'中国'就不是一个外在于我们的存在,也不是一个外在于特定的历史主体的客体。'中国'是和特定时代人们的思想和行动密切相关的"①。在此基础上,他分析晚清今文经学与清代大一统版图的论证之间的关系,龚自珍、魏源等人敏锐地察觉到了近代资本主义扩张所形成的国际体系的变化。此外,在今文经学者的视野下,清代的边疆治理有一套非常灵活的制度设计,这些因素不能用近代西方意义上的"民族国家"来比附。而这种制度安排,也成为现代中国处理边疆问题的一份思想遗产。②刘小枫提出"从古典学问的着眼点来看毛泽东与现代中国这一大问题"。由此强调"毛泽东在内战状态中仍然不忘中国在未来国际政治格局中的位置,表明他所领导的中国革命不仅是要整合已然分裂的中国。完成中国的基本统一后,毛泽东对中国在国际政治格局中如何定位的考虑成了他首要的政治关切"③。在江湄的近代思想史论述里,"对于晚清民初'国学'大师来说,对客观对象如其本来的诠释,就是对某种思想资源重构、转化和活用,他们是一个伟大传统的'因仍'者和'恢弘'者,这个'传统'是活的、可资取用的、不断充实发展着的"。因此,"'晚清'一代仍然完全根植于儒学传统,主要根据从儒学沿袭下来的那套独特的关怀和问

① 汪晖:《如何诠释"中国"及其"现代"》,载《现代中国思想的兴起》上卷第1部,生活·读书·新知三联书店2008年版,第11页。
② 汪晖:《现代中国思想的兴起》上卷第2部,第489—736页。
③ 刘小枫:《毛泽东与中国的"国家理由"》,载《百年共和之义(增订本)》,华东师范大学出版社2019年版。

题,回应着西方的冲击,主要是在自身学术思想内部寻找资源,杂糅西学,构建整体性的世界观,以重新理解这个世界"①。

值得注意的是,一些港台学者主张"中国传统的创造性转化",这一观点固然克服了五四运动中的形式主义文化观,开启了人们思考中国传统丰富内涵的可能性。②但这一"转化"是在承认、接受源自近代西方的政治、经济、意识形态的支配地位前提下才可能进行的。因此,这种"转化"某种程度上只能视为对西方现代性的补充、修正、陪衬,而不能在转化的过程中冲破这种支配格局,创造新的政治与文化可能性。更有甚者,经过了这样的"转化",中国传统中可能蕴含的另一种生产方式、制度模式、思想体系之潜在因素会慢慢地趋于枯萎,人们将越来越难以从中国自身的历史与实际出发去认识中国。特别是在今天世界格局发生深刻变化、中国日益成为全球巨大的政治与经济力量的情形下,这样的关于传统的认知,将会越发看不清中国何以走到今天,甚至认为这种全球局势的变化只是一种虚假的幻象,或者将中国最近的国力提升视为一桩十分别扭的事情。

与之相似,有论者通过梳理明清以降的儒学史,认为长期作为中国历代典章制度合法性支撑的儒学,在现代"必须放弃全面安排人生秩序的想法,才能真正开始它的现代使命",即将儒学局限于个人修养方面的"人伦日用化"。③自然,强调个人修养确

---

① 江湄:《创造"传统"——晚清民初中国学术思想史典范的确立》,台北人间出版社 2014 年版,第 9、18 页。

② 林毓生:《五四时代的激烈反传统思想与中国自由主义的前途》,载《中国传统的创造性转化》,生活·读书·新知三联书店 1988 年版,第 160—195 页。

③ 余英时:《现代儒学的回顾与展望——从明清思想基调的转化看儒学的现代发展》,载《现代儒学的回顾与展望》,生活·读书·新知三联书店 2012 年版,第 181—182 页。

实是儒学要义。不过,荀子曰:"人有气、有生、有知亦且有义,故最为天下贵也。力不若牛,走不若马,而牛马为用,何也?曰:人能群,彼不能群也。人何以能群?曰分。分何以能行?曰义。故义以分则和,和则一,一则多力,多力则强,强则胜物。"①正如姜义华老师对这段话的解释:"中华文明从古代以来,就把个人与家庭、乡里、社会等各种联系结合到一起。一个人不能孤立地存在,家庭中有父母、祖父母,下面还有子女,周边还有他的兄弟姐妹。每一个人都是非常广泛的社会联系中间的一分子,都是非常复杂的社会联系网络中间的一个环节。所以,每一个人必须对社会负责,对社会联系中间的其他各个环节负起自己的责任来。"②这形成了具有中国特色的"责任伦理",使中国的社会形态具有"家国共同体"的特征。③正是因为认识到个体与一个广阔的共同体之间具有紧密联系,于是便产生了休戚相关、荣辱与共之感。如果我们承认中国作为一个广土众民的政治与文化共同体得以延续至今,儒学对政治与经济层面的影响非常广泛,思考经世致用之道是认识儒学流变的一条重要线索,大多数信奉儒学的人们对美好生活的诉求与实践,也是在承认这一空间范围内展开的。那么今天更需要思考的或许是如何挖掘儒家政治学说当中的内在逻辑与思想资源,使之成为思考当代中国政治与经济实践的良好视角。一旦放弃了这一工作,那么儒学便很可能和作为政治共同体的中国相分离,成为一种不具有实际内核的文化标识。

---

① 北大哲学系注释:《荀子新注》,台北里仁书局 1983 年版,第 153 页。
② 姜义华:《大一统国家治理的历史与现实》,载《中华文明的经脉》,商务印书馆 2019 年版,第 172—173 页。
③ 姜义华:《中华责任伦理的形成与演进》,载《中华文明的经脉》,第 154 页。

二、哪一种西方？

正如马克思与恩格斯所描绘的那样,近代西方在强劲的资本主义浪潮之下,"由于一切生产工具的迅速改进,由于交通的极其便利,把一切民族甚至最野蛮的民族,都卷到文明中来了。它的商品的低廉价格,是它用来摧毁一切万里长城、征服野蛮人最顽强的仇外心理的重炮。它迫使一切民族,如果它们不想灭亡的话,采用资产阶级的生产方式;它迫使它们在自己那里推行所谓的文明,即变成资产者。一句话,它按照自己的面貌为自己创造出一个世界"。其结果,"使东方从属于西方"。①这种"从属"在当代西方学者看来更体现在精神层面。二战后在法国思想界颇具影响的雷蒙·阿伦认为:"现代西方不仅仅向全球传播了技术和作为技术之基础的数学、物理或生物科学工具,也传播了许许多多理念,其中在我看来,历史意识的理念是让人印象最深刻的。使印度人对自己过去产生意识的,正是欧洲人。给开化了的日本人提供对本民族历史解释的,正是欧洲人所运用的科学历史学。激发当前中国领导人对良好社会的构想,还有他们对民族历史的看法以及对未来的想象的,也是上世纪诞生于西欧的一种历史哲学。"②在此基础上,中国近代思想史的研究

---

① 马克思、恩格斯著,中共中央马恩列斯著作编译局译:《共产党宣言》,人民出版社1997年版,第31—32页。

② [法]雷蒙·阿伦:《历史意识的维度》,董子云译,华东师范大学出版社2017年版,第57页。

领域里,很大一部分主题就是考辨、分析各种西方学说(或者经过日本改造的"东学")如何影响中国知识分子,以及后者通过何种途径去了解、阅读前者。

固然,强调西方思想学说对近代中国的巨大影响并无不妥。但是在西学传入中国之后,中国知识分子是否会根据中国的历史与现实,去理解、吸纳,甚至反思、批判各种域外新知呢? 如果忽视了这一过程,就会造成以某一类西学在西方的面貌为标准,来审视其进入中国之后的各种样态,一旦发现二者之间有所不同,就轻易地判断中国人"误读"了西方,或者探讨近代中国如何被"落后性"所制约,导致不能有效接受被上升为"普世价值"的西洋物什。① 但是,正如丸山真男关于近代日本思想史上接受西学的分析那样:

> 当时的自由民权家也是广泛的从卢梭、密尔、斯宾塞那里引进所需要的思想。不用说卢梭与密尔之间,就是密尔与斯宾塞之间本来也存在着相当大的不同,从这个角度看,他们确实是在误解卢梭、密尔的过程中引进其思想的。但如果我们换一个角度来观察,看他们是针对什么、为解决什么问题去引进卢梭等人的思想的,那么又可以发现明治初期的思想家是非常自由、非常具有主体性的。在那种把卢

---

① 子安宣邦在反省近代日本的中国学时,认为在后者的论述里,出于凸显在东亚政治格局下日本的优越性与中国的落后性,于是"每当中国与近代性的改革发生龃龉的时候,伴随着叹息,这个中国像即与变革无缘、于深层有着使自己自我充足而得以持续下去的能力的中国像,便会出现在人们的口中。"[日]子安宣邦:《东亚论:日本现代思想批判》,赵京华编译,吉林人民出版社2004年版,第173页。可这种带有很强政治诉求、蕴含极强"东方学"色彩的论调,在长期以来的中国近代史研究中是否被给予足够的反思与批判呢?

梭、密尔、斯宾塞混同一气的作业里,潜藏着不能被简单非难的意义。以欧洲的思想为基准,看其在引进过程中如何发生含义的变化,这种比较研究本身当然是需要的。然而如果对他们所抱的问题意识和解决问题的手段,以及对欧洲近代思想的运用方法等问题不给予理解,那么那段历史当然会全部被涂上"误解的历史"的颜色,或者会导致思想史研究上的所谓"思想缺乏论"——认为他们只是把欧洲有而日本没有的东西收罗在一起。或者会出现与"思想缺乏论"对立的倾向——寻找西欧思想与日本思想相抵触的因素,反过来说明西欧思想在日本的适应过程。①

相似的,近代中国许多积极引进域外新知的例子,或许也可从这一角度进行分析,这样会不会勾勒出一些侧重点不同于往昔的近代西学东渐史?比如斯宾塞的"社会有机体"论在近代中国就成为士人鼓吹"合群保种"的理论支撑,反而不具备其在西方所显现的个人自由与国家权力之对立,这一差异,不能看做近代中国知识分子如何"误读"了西方,而应由此分析近代中国面临的真正时代主题。②

此外,近代中国所面临的西方,很大程度上是一个开始趋于分裂与危机的西方。启蒙运动之后,随着西方各国国力的提升,一种将西方历史进程视为人类普世文明的意识形态开始抬头,"在特殊中获得普遍性,是和西方世界历史性的扩张及其在此过

---

① [日]丸山真男著,区建英译:《关于思想史的思考方法——类型、范围、对象》,载《福泽谕吉与日本近代化》,第194页。
② 傅正:《斯宾塞"社会有机体"论与清季国家主义——以章太炎、严复为中心》,《近代史研究》2017年第2期。

程中的获得的自我意识是分不开的。这不只是经济、军事、政治上的扩展，也是观念、文化、体制上的构建"①。在此前提下，近代的西方社会科学也充满了政治意涵，借此来呈现西方"正常的变化"，进而为政治议程提出具体建议，甚至认为这种变化仅对"文明"国家而言是正常的，所以这些国家有义务把变化施加于与之反抗的其他地区。②而正如施特劳斯所言，近代西方的危机也正在于马克思主义兴起之后，"西方事实上已经不能确信自己的目标"，即 19 世纪资产阶级所许诺的美好社会愿景不再是势所必至，至少不再具有普遍性。③

在这样的历史背景下，关于中国近代思想史的论述，除了梳理时人对域外新知的援引，还应关注他们是否对近代西方的历史进程展开反思与批判。特别是近代的西学东渐是在中国被卷入由西方列强主导的国际体系与资本主义市场这样的背景下进行的。中国的变革，一方面深受近代西方的影响或制约；另一方面，中国不同阶段的救亡与革命运动，又深刻地影响了国际体系的变化，成为全球反殖民地运动中的重要组成部分。就此而言，所谓中国"融入"世界的过程，更应视作中国根据自身的处境，了解、反思，进而改变近代世界的政治与经济现状的过程。④因此，

---

① 张旭东：《全球化时代的文化认同：西方普遍主义话语的历史批判》，北京大学出版社 2006 年版，第 117 页。

② ［美］沃勒斯坦：《否思社会科学：19 世纪范式的局限》，刘琦岩译，生活·读书·新知三联书店 2008 年版，第 17—19 页。

③ ［美］施特劳斯：《我们时代的危机》，刘振、彭磊等译，载《苏格拉底问题与现代性——施特劳斯演讲与论文集：卷二》，华夏出版社 2016 年版，第 337 页。

④ 从对近代世界体系的理解角度来分析中国近代思想的特征，章永乐对康有为的研究给予笔者极大的启示，即康有为身处"万国竞争"之世，借由对世界各国政治与文化的观察，来思考中国未来的发展道路。参见章永乐：《万国竞争：康有为与维也纳体系的衰变》，商务印书馆 2017 年版。

中国近代知识分子如何对现代性展开批判性反思,基于此去阅读、借鉴、传播和实践西方思想中大量对近代处于霸权地位的"中庸自由主义"的批判作品,①也应是研究近代西学东渐史时不容忽视的面向。比如章太炎、鲁迅对近代启蒙主义、普世主义与进化论的批判性剖析,提出"不齐而齐"的差异平等观,强调"伪士当去,迷信可存"。又比如毛泽东在 1958 年指出:"帝国主义者长期来散布他们是文明的、高尚的、卫生的。这一点在世界上还有影响,如存在一种奴隶思想。我们也当过帝国主义的奴隶,当长久了,精神就受影响。现在我国有些人中还有这种精神影响,所以我们在全国人民中广泛宣传破除迷信。"②正如其言,文明论在 19 世纪成为了西方殖民扩张的意识形态话语,通过以西方为标准,用种族主义的论述方式把世界其他地区界定为"半文明"或"不文明",来彰显殖民扩张的合法性。③对此,近代中国人在政治实践中不断批判这样的意识形态。

同样的,马克思主义在近代中国的兴起也可在这一历史背景下来理解。据梁展的研究,《共产党宣言》是近代中日革命者密切交流与合作的产物,两国知识分子面对各自的国内外政经局势,借由社会主义的理想产生了思想上的共鸣,堪称 20 世纪

---

① "中庸自由主义"是沃勒斯坦在《现代世界体系》第 4 卷中提出的概念,主要是借此来定义"法国大革命对作为整体的世界现代体系产生的文化影响"。他将这种影响"视为一种适用于世界体系的地缘文化的形成,这种地缘文化是一揽子思想、价值观和规范,它被整个体系广泛接受,并由此制约人们的社会行为。"参见[美]沃勒斯坦:《现代世界体系》第 4 卷,吴英译,社会科学文献出版社 2013 年版,序言第 8 页。

② 毛泽东:《对帝国主义的"文明"要破除迷信》,载《毛泽东外交文选》,中央文献出版社、世界知识出版社 1994 年版,第 320 页。

③ [美]马兹什利:《文明及其内涵》,汪辉译,商务印书馆 2017 年版,第 57—79 页。

初期东亚思想交流的重要环节。刘师培等倾向无政府主义的革命者受到社会主义运动中的国际主义精神之影响，开始尝试修正前期革命党人略显偏狭的民族主义主张。此外，《共产党宣言》所体现的对人类发展史犀利透彻的分析，也给予刘师培一种深邃的历史眼光，使他开始重新思考中国历史与现实中的政治文化，并调整其对革命道路的构想。①到了新文化运动时期，时人颇为深刻地观察到了一战对欧洲造成的巨大危机，在分析这一危机的过程里，一种"新政治"慢慢地诞生了。无论是主张调和的《东方杂志》，还是高扬批判色彩的《新青年》都在批判列强身上所体现的"旧文明"，拥抱20世纪的"新文明"，并在此基础上呼唤新的政治主体。②马克思主义的意义正在于，它借助阶级、资本、帝国主义等概念，揭示了当时中国所面临的压迫与危机，以及在这种情势之下新的政治主体如何形塑、动员、组织。它使得中国人不再将救亡的诉求寄托在旧式的武人政客与列强资助之上，而是被动员起来的广大工人与农民，依靠严格的组织纪律，重新改造国家与社会，真正摆脱孱弱贫穷的境地，同时获得巨大的政治与经济参与感。如果无视此一历史变局，而把新文化运动以来马克思主义在中国的传播理解为苏联单方面的鼓吹，将思想史分析降格为类似于权谋论似的推测，这只能侧面反映当代某种单调干瘪的政治想象。

这就有必要分析一下当代思想史研究中对西方的理解。正

---

① 梁展：《世界主义、种族革命与〈共产党宣言〉中译文的诞生——以〈天义〉〈衡报〉的社会主义宣传为中心》，《外国文学评论》2016年第4期。

② 汪晖：《文化与政治的变奏——战争、革命与1910年代的"思想战"》，载《短20世纪：中国革命与政治的逻辑》，香港牛津大学出版社2015年版，第33—110页。

如论者所言,当代的西学讨论早已成为当代中国文化意识的有机组成部分,对不同西学的吸纳与批判,具体而微的体现出时人思考中国问题的关怀与立场。①举例言之,比如民族主义的诞生是近代中国思想史上的重要问题,对之展开研究,一方面要充分搜集各种相关材料,另一方面,如何定义、理解民族主义,更成为论述近代中国民族主义的关键所在。按照史密斯的观点,定义、理解民族主义至少可以分为"现代主义""永生主义""原生主义""族群—象征主义"四种主要范式。②但在当代关于近代中国民族主义的研究中,最为广泛使用的大概就是"现代主义"范式里的"建构主义",即认为民族主义的符号虽然借自往昔,但却是在近代出于现实政治目的而被"发明"。在所谓"想象的共同体"这一主题下的各种概念,如"印刷资本主义""官方民族主义""殖民地民族主义"等,③被大量运用到中国近代史的研究当中。此外,"传统的发明"——即"那些表面上看来或者声称是古老的'传统'其起源的时间往往是相当晚近的,而且有时是发明出来的",④这

---

① 张旭东:《从"资产阶级"世纪中觉醒》,载《批评的踪迹:文化理论与文化批评:1985—2002》,生活·读书·新知三联书店 2003 年版,第 120—121 页。

② [英]史密斯:《民族主义——理论、意识形态、历史(第二版)》,叶江译,上海人民出版社 2011 年版,第 48—66 页。

③ [美]本尼迪克特·安德森:《想象的共同体——民族主义的起源与散布》,吴叡人译,上海人民出版社 2005 年版。这本书中所叙述的例子,比较集中于东南亚、南美洲、东欧等地,在此基础上提炼出的观点,是否适用于中国这一本身具有延续性(当然,今天的许多所谓研究,不但不承认这一"延续性",甚至不承认历史上有具备统一政治与文化形态的"中国")的文明,这本身就需要仔细考量,不可率尔操觚。

④ [英]霍布斯鲍姆、兰格编:《传统的发明》,顾杭、庞冠群译,译林出版社 2004 年版,第 1 页。

一观点亦为不少研究者使用。凡此种种，常被借以"分析"中国各种传统事物、学说、史迹在近代的情形。一时之间，仿佛各种在近代呈现出来的传统事物、学说、史迹，与过去皆无直接的根源，乃是近代官方与民间的"民族主义者"们共同"制造"出来的。顺此推论，在近代中国影响极大的民族主义思潮下，关于救亡图存、国富民强等诉求，都成了某种不"真实"的存在，甚至都被视为"官方"有意"形塑"的政治动员口号。如此一来，不但中国传统在认知上日趋虚无化，而且近代无数中国人抛头颅洒热血为之奋斗的目标，俨然不再具备基本合法性。如果我们注意到这种理论在中文世界（特别是台湾）的兴起，与晚近台独运动的泛滥基本属于同一个时间段的话，那么这种历史论述的流行实为一种当代的"文化政治"。

三、余　　论

1950 年代，竹内好在反思日本学术的整体状况时指出，当时的日本学者所具有的"问题意识"，"是在西洋学术界被视为问题的那些问题意识"，而"这样的问题意识根本没有汲取日本民众的喜怒哀乐，因为研究是在与民众毫不相干的层面上进行的。"因此他强调：

> 学问具有国际性，存在着世界共通的课题。但是，那共通的课题应该具有的性质，是可以还原到人类世界应该怎样生存这个问题上来的。学问的国际性并非意味着学问没

有国籍，无国籍的学问对于世界性的学问而言，也是一种累赘吧。有自己的国籍又和生活联系在一起，这才能参加到世界共通的课题之讨论中去，才能为学问的发展作出贡献。①

相似的，晚近二十年来，全球化趋势日益明显，中国也一步一步地加入全球化网络之中，随着全球经济联系的日益紧密，一种思想文化上的"国际化"也相伴而生。但在这种表象之下，蕴含着许多不平等的全球政经支配关系、看似多元实则单一的文化想象、虚假荒诞的繁荣景象、愈发升温的自我认同危机。在此情形下，伴随着今天中国综合国力的明显提升，作为一项鉴往知来的事业，对于中国近代思想史的研究就更应充分认识到传统的复杂性与能动性，避免某种本质主义的简单定义；同时也更应对近代西方的历史变革有清晰完整的认识，祛除其中自我想象的美化成分。这项研究，在回顾历史的同时，更需呈现给世人近代中国人通过上下求索来认识自己、了解世界的充满艰辛曲折的过程，中国近百年的历史实践能提供给这个世界怎样的建设经验与思想资源。只有做到了这一点，或许才是真正具有国际意义的中国学问。

---

① ［日］竹内好：《给年轻朋友的信——对历史学家的要求》，载孙歌编：《近代的超克》，李东木等译，生活·读书·新知三联书店 2005 年版，第 343—344 页。

"大独必群"何以必要?

——《明独》篇发微

近代中国面临着极大的国家与民族危机,这种时代危机固然让一部分人对国家前途倍感黯淡,奉域外诸列强为新主。[1]但更为明显的是,在中国近代史上,许多人出于强烈的国家、民族、文化情感,奋不顾身地投身于救亡运动中去,把国家富强、民生充裕作为自己的奋斗目标。如果说"一个政治共同体的生命力取决于这个共同体的担纲者阶层具有怎样的政治德性,担纲者阶层的品质是国家的政治存在关键",[2]那么这一情感(或曰"理想")为何能如此持续且强烈? 按照当代流行的学理分析,或许会认为这是由于肇始于近代欧洲的民族主义、国家主义在中国的广泛传播,使得不少中国人受此熏染。但关于"主义"的流行,

---

[1] 关于这一心态,梁启超早在撰于 1900 年的《呵旁观者文》里就进行了颇为精当的分析。参见梁启超:《呵旁观者文》,载《饮冰室合集·文集五》,中华书局 1989 年版,第 69—75 页。

[2] 刘小枫:《如何认识百年共和的历史含义》,载《百年共和之义(增订本)》,华东师范大学出版社 2019 年版,第 111 页。

正如章太炎所论：

> 凡所谓主义者，非自天降，非自地出，非摭拾学说所成，非冥心独念所成，正以见有其事，则以此主义对治之耳。其事非有，而空设一主义，则等于浮泛；其事已往，而曼引此主义，则同于刍狗。①

作为近代一系列政治与文化运动的参与者，章太炎十分清楚，各种"主义"之所以在中国流行，关键还在于此"主义"提供了人们思考近代中国最根本的政治、社会、文化矛盾的视角，并启发人们按照此"主义"所揭示的路径去解决这些近代基本矛盾。否则，即便"主义"的内涵再华美绚丽，也难以真正在中国大地上生根发芽。这正如周恩来在回忆自己投身救亡运动的心路历程时谈到的：

> 一般的人开始最容易有一个民族观念、民族立场。因为中国是一个百年来受帝国主义侵略的半殖民地国家，所以容易使我们产生爱国的民族观念。例如，我小的时候读章太炎先生发表在《国粹学报》上的文章，当时虽然读不太懂，却启发了我的爱国的民族思想。②

犹有进者，在各种政治与文化上的解构主义颇为流行的今

---

① 章太炎：《排满平议》，载《章太炎全集》第 8 册，上海人民出版社 2018 年版，第 277 页。
② 周恩来：《关于知识分子的改造问题》，载《周恩来选集》下卷，人民出版社 1984 年版，第 62 页。

天,或许更值得进一步思考,为何近代中国爱国主义(或曰"民族主义")会如此兴盛,如此绵延不断? 这背后是否有更为深层次的历史文化基因,使得人们对中国身处危局的现状尤为敏感? 将个人与一个广阔的共同体(国家、民族)联系起来的很大程度上不证自明的内在逻辑是什么? 这些因素或许是时人能够有巨大动力去思考与解决各种时代矛盾的基本前提。

在研究中国的"公""私"观念时,沟口雄三指出,中国文化里的"私","不会是一般的个人的'私',而必须与'中国的私',或以中国为'我的中国'这种和公民或民族的多数或全体的'公'相符合。也就是说,民权不是个体民的私权,即所谓市民性权利,而是公民乃至整个民族的公权"①。这一判断对于理解近代中国的救亡思潮无疑极有助益,顺此逻辑可以更为细致地分析这样的思想特征在近代中国如何具体展开。而作为近代中国一系列政治与文化变迁参与者的章太炎,所撰写的同时收录于初刻本与重订本《訄书》中的《明独》篇,无疑是一个非常理想的绎读对象。

一

《明独》最早的版本是撰写于 1894 年的《独居记》,章太炎借此文来表彰与自己有姻亲关系的钱塘汪曾唯。后者长期在湖北

---

① [日]沟口雄三:《中国的公与私·公私》,郑静译,生活·读书·新知三联书店 2011 年版,第 38 页。

为官,曾任湖北咸丰县知县,1890年以后,罢官返浙。①此文个别字句经过一些修改与增订后,被章氏收入出版于1900年的初刻本《訄书》与出版于1904年的重订本《訄书》,在两个版本之间仅有少许改动,但未被收录于《訄书》第三次修改的版本《检论》之中。因此,这篇文章可以被视为章太炎早期思想的代表作品。

在那一时期,章太炎的思想特征与内容是怎样的? 在《菿汉微言》中他回忆:

> 少时治经,谨守朴学,所疏通证明者,在文字器数之间。虽常博观诸子,略识微言,亦随顺旧义耳。遭世衰微,不忘经国,寻求政术,历览前史,独于荀卿、韩非所说,谓不可易。自余闳眇之旨,未暇深察。②

在"自述年谱"中,章太炎回忆自己17岁时初读"四史"、《文选》、《说文解字》;18岁时读历代解经之作,然后"壹意治经,文必法古";21岁时"細读经训,旁理诸子史传";23岁(1890年)时"肄业诂经精舍。时德清俞荫甫先生主教,因得从学。并就仁和高宰平先生问经;谭仲仪先生问文辞法度"。③这一时期是他奠定自己学术根基的重要阶段。

当然,章太炎在青年时期的知识积累并非只局限在中国传统之内。在求学于诂经精舍时撰写的《膏兰室札记》中,章太炎"广泛利用了他当时所能接触到的西学著作所提供的近代科学

---

① 姜义华等编注:《章太炎选集》,上海人民出版社1981年版,第6页。
② 章太炎:《菿汉微言》,载虞云国整理:《菿汉三言》,上海书店出版社2011年版,第71页。
③ 章太炎:《太炎先生自定年谱》,台北文海出版社1981年版,第13—14页。

知识,对许多前人一直疑窦难解或众说纷纭的文字作出了新的解释"。他借助通过阅读科学普及读物时所了解的"天体运动学说、星球演化学说、生物进化学说、分子原子与物质结构学说、光的运动学说、化合与分解学说、底层与考古学说等,否定上帝的存在,否定冥冥在上的天的存在,将人类的形成确定为自然发展的结果"。①在给谭献的书信中,他也直言写作这本札记的方法论是"历实训算,傅以西学"②。

联系到章太炎自己曾提及的"自从甲午以后,略看东西各国的书籍,才有学理收拾近来",③可以判断,在青年时代,章太炎所了解的西学基本局限于普及性读物中所介绍的自然科学知识,最多旁涉当时流行的"时务""洋务"之学,并且其理解的方式也停留在当时士人圈中颇为流行的运用西学知识来比附中国旧籍。因此,在那一时期,章太炎的整体知识结构、思维方式、政治意识基本是中国传统式的,即诵读中国历代史籍与政书,熟识诸子遗言与经学义理。虽然在他那里,所谓的"传统"已经不再局限于长期处于官学地位的程朱理学,而是扩大到中国历史流变中出现过的许多学说与著作。

另一方面,根据晚清江浙知识界的整体氛围,在那一时期,章太炎肯定感受到了中国所面临的巨大危机,包括山河破碎、民生凋敝、列强横行。更有甚者,既然在《膏兰室札记》中体现出章氏对于先秦诸子的熟悉,那么他肯定也会注意到诸子著作

① 姜义华:《章炳麟评传》,南京大学出版社 2002 年版,第 306 页。
② 章太炎:《与谭献》(1896 年),载马勇编:《章太炎书信集》,河北人民出版社 2003 年版,第 2 页。
③ 章太炎:《在东京留学生欢迎会上之演讲》,载章念驰编订:《章太炎演讲集》,上海人民出版社 2011 年版,第 1 页。

的基本主旨就是思考如何解决当时所面临的政治与社会难题，此即《汉书·艺文志》中强调的诸子之学"皆起于王道衰微，诸侯力政"，于是他们"各引一端，崇其所善。以此驰说，取合诸侯"，经世致用之意至为明显。因此，顺着一脉相承的知识特性，章太炎必然会思考如何在新的变局之下解决中国的各种问题。也正是因为如此，章太炎在当时才会坚信"荀卿、韩非所说，谓不可易"。

认识到这些背景，对于理解《明独》尤为重要。"资产阶级向封建主义展开攻击，总伴随着个性的呼喊，近代欧洲如此，近代中国也如此。章太炎的《明独》，就是近代中国提倡个性解放的早期作品之一。"①从带有普遍意义的近代民族国家兴起与国民意识高涨的角度而言，这样来解读《明独》自有其思想意义。但是，正如马克思所说，"人们自己创造自己的历史，但是他们并不是随心所欲地创造，并不是在他们自己选定的条件下创造。而是在直接碰到的、既定的、从过去承继下来的条件下创造"②。包括章太炎在内的近代士人在思考"世界之中国"（梁启超语）时，中国传统对他们的影响非常之大，往往成为他们不证自明的思考前提、思考逻辑与价值立场。从这个角度出发绎读《明独》，特别是深入辨析其中的一些关键论点，或许能够看到一些在先前论述中未能被足够重视的面向。

在《明独》篇中，章太炎指出：

夫大独必群，不群非独也。是故卓诡其行，虖然与俗

---

① 姜义华等编注：《章太炎选集》，第1页。
② 马克思：《路易·波拿巴的雾月十八日》，人民出版社2015年版，第9页。

争，无是非必胜，如有捲勇，如不可敌者，则谓之鸷夫而已
矣；厚其泉贝，膏其田园，守之如天府之宲，非己也，莫肯费
半菽也，则谓之啬夫而已矣；深溪博林，幽闲以自乐，蓄华
矣，不蓄人也，筋鸟矣，不筋宾也，过此而靘，和精端容，务以
尊其生，则谓之旷夫而已矣。三者皆似独，惟不能群，故靳
与之独也。①

在这里，他运用一系列类比式的论说方式来论证"大独必群，不
群非独也"这一命题。这里的"群"字，不禁让人想起晚清时期十
分流行的用"群学"二字来翻译源自近代西方的 Sociology，以及
在此基础上形成的探讨如何有效整合社会，形成良性的组织与
动员机制的制度安排。但《明独》源自撰写于 1894 年的《独居
记》，而 1895 年严复方在天津《直报》上发表《原强》一文，首次向
国人介绍斯宾塞的社会学。②1898 年章太炎与曾广铨合作翻译
《斯宾塞尔文集》，随后严复也翻译了斯宾塞的《群学肄言》，并希
望用"群学"来对抗源自日文译名的"社会学"，这一学科及其政
治想象在庚子以后也开始在中国较为广泛地传播开来。③由此
可见，章太炎所强调的"群"，其意涵与其说是源自近代西方，不
如说与中国传统观念更为相关。

　　章太炎自言青年时期对荀学与法家尤为青睐。《荀子·王
制》云：

---

① 章太炎：《訄书（初刻本）·明独》，载《章太炎全集》第 3 册，第 53 页。
② 严复：《原强》，载王栻主编：《严复集》第 1 册，中华书局 1986 年版，第 6—
　7 页。
③ 黄克武：《新语战争：清末严复译语与和制汉语的竞赛》，载《惟适之安：严复
　与近代中国的文化转型》，社会科学文献出版社 2012 年版，第 93—133 页。

人有气、有生、有知，亦且有义，故最为天下贵也。力不若牛，走不若马，而牛马为用，何也？曰：人能群，彼不能群也。人何以能群？曰：分。分何以能行？曰：义。故义以分则和，和则一，一则多力，多力则强，强则胜物，故宫室可得而居也。故序四时，裁万物，兼利天下，无它故焉，得之分义也。故人生不能无群，群而无分则争，争则乱，乱则离，离则弱，弱则不能胜物，故宫室不可得而居也，不可少顷舍礼义之谓也。能以事亲谓之孝，能以事兄为之弟，能以事上谓之顺，能以使下谓之君。君者，善群也。群道当则万物皆得其宜，六畜皆得其长，群生皆得其命。①

在荀子看来，人之所以异于禽兽，就是由于人能够有效组织起来一个互相分工、互相协作、共同生活的共同体，通过一系列制度安排，保障基本民生，倡导社会伦理，让人们能够较为安定的生活下去。如果把"君"视为首脑的象征的话，那么有资格成为首脑者，必须要"善群"，让生活与生产能够正常的进行。总之，"群"的最终目的并非为了一己之私利，而是维系一个大的共同体，是为了让所有人的生活都能得到安顿。当然，虽然荀子对这一观点阐释得较为详尽，但它其实是儒家学说的基本内涵之一。比如《礼记·礼运》篇中描述的"大同"之世便是"选贤举能，讲信修睦，故人不独亲其亲，不独子其子，使老有所终，壮有所用，幼有所长，矜寡孤独废疾者皆有所养，男有分，女有归"②。这些论点作为民族文化心理积淀的一部分，对历代士人有着极大影响，

---

① 北大哲学系注释：《荀子新注》，台北里仁书局1983年版，第153页。

② 金晓东点校：《礼记·礼运第九》，上海古籍出版社2016年版，第248页。

往往成为人们思考理想社会的基本模板。

此外,法家之学虽然表面上看起来强调权谋法术,但在韩非看来：

> 其治国也,正明法、严阵刑,将以救群生之乱,去天下之祸,使强不陵弱,众不暴寡,耆老得遂,孤幼得长,边境不侵,君臣相亲,父子相保,而无死亡系虏之患。①

可见,在法家的政治观里,一个好的秩序也离不开"强不陵弱,众不暴寡,耆老得遂,孤幼得长"这些与儒家义理极为相似的内涵,汉代以后中国政治文化之所以能形成"儒法合流"的局面,至少在对于"良政"的认知上,二者之间是有共性的。对于这一点,对章太炎影响极大的顾炎武曾有颇为精当的分析。他强调秦虽然以法家立国,但秦始皇统一中国后在各地刻石,其内容多为儒家伦理。因此,

> 秦之任刑虽过,而其坊民正俗之意,固未始异于三王也。汉兴以来,承用秦法,以至今日者多矣。世之儒者,言及于秦,即以为亡国之法,亦未之深考乎?②

而联系到法家的兴起与战国时期政治转型,特别是官僚制的普遍流行之间的紧密关系,或许就更能体会韩非为何呼吁"明主治

---

① 《韩非子》校注组编写:《韩非子新注》,凤凰出版社 2009 年版,第 108 页。
② 顾炎武:《日知录集释》中册,黄汝成集释,上海古籍出版社 2006 年版,第 751 页。

吏不治民"①，批判"中饱"所造成的"府库空虚于上，百姓贫饿于下，然而奸吏富也"的现象②。正如姜义华老师所论，包括了儒法学说在内的中国传统，"形成了一种以家国为中心的普遍化的伦理共同体，形成家庭、乡邻、社会、国家、天下紧密相连的社会伦理结构，贯穿于这样一种社会伦理结构的，是一种通过修身、齐家、治国、平天下而使个人与家庭、社会、国家、天下彼此相互负责的普遍化的责任伦理"③。

如果说儒法传统所形塑的作为政治与文化共同体的中国在历史上曾经较为有效地实现了"群"的理想，那么到了章太炎生活的年代，面对列强的坚船利炮、割地赔款、商品倾销、租界林立、传教无碍，行之已久的政治组织与意识形态还能否实现"群"所要求的内涵，就成为一个答案可能并不乐观的事情，于是章太炎便有"大群之将涣"的危机感。④因此，章氏呼吁"大独必群"，其目的就是秉持由中国传统所形塑的"责任伦理"，重建一个在新的历史条件下能够保证"万物皆得其宜，六畜皆得其长，群生皆得其命"的共同体。"大独必群"中的"必"字更是十分明显地体现了这种诉求。可以说，章太炎的这一观点，既充分继承了中国传统思想的要义，又是他后来如饥似渴地阅读西学的基本动力。甚至可以假设，如果没有前者作为根基，那么后者是否会出现，其实是值得怀疑的。

---

① 《韩非子》校注组编写：《韩非子新注》，第397页。
② 同上书，第402页。
③ 姜义华：《让儒学重归人文化成》，载《中华文明的经脉》，商务印书馆2019年版，第116页。
④ 章太炎：《訄书（初刻本）·明独》，载《章太炎全集》第3册，第54页。

二

当然,在"大独必群,不群非独也"这一命题里,"大独"的意涵也十分重要。章太炎指出:

> 大独必群,群必以独成。日红采而光于晁,天下震动也;日柳色而光于夕,天下震动也;使日与五纬群,尚不能照寸壤,何暇及六合?海尝欲与江河群矣,群则成一渠,不群则百谷东流以注壑,其灌及天表。曰:与群而成独,不如独而为群王。①

说起"独",在中国传统思想语境里,很容易让人想起《中庸》里的"慎独"。对此朱子曰:"独者,人所不知而己所独知之地也",为了保持心性修养的完整性,必须"遏人欲于将萌,而不使其滋长于隐微之中"。②对于清末士阶层为人处事影响极大的曾国藩即引申其义,撰《君子慎独论》,强调"幽独之中,情伪斯出",所以君子必须于"独知之地,慎之又慎",时刻保持高度的自我道德警惕。③值得注意的是,章太炎强调"大独",主要是针对"小群"而

---

① 章太炎:《訄书(初刻本)·明独》,载《章太炎全集》第3册,第53页。
② 朱熹:《四书章句集注》,中华书局1983年版,第18页。
③ 曾国藩:《君子慎独论》,载唐浩明编:《曾国藩诗文集》,岳麓书社2015年版,第139页。

言的,所以他说:"小群,大群之贼也;大独,大群之母也。"①只有
毅然从"小群"中独立出来,不再与之同流合污,才能投入拯救
"大群"的事业中去。可见,与理学传统中的"慎独"不同,章太炎
的"大独"具有极强的实践性格。

关于"小群",章太炎在表彰汪曾唯的事迹时进行了具体的
描述。在章氏看来:

> 章炳麟入其居,曰:"翁之独,抑其群也。"其为令,斡榷
> 税,虽一锱不自私,府臧益充,而同官以课不得比,怨之;其
> 群于国也。罢归,遇乡里有不平,必争之,穷其氏,豪右衔
> 怨,而寡弱者得其职姓;其群于无告者也。谆礼必抨弹,繇
> 礼必善;其群于知方之士也。夫至性恫天下,博爱尚同,鞠
> 录以任之,虽贾怨不悔,其群至矣,其可谓独欤? 入瞽师之
> 室,则视者独矣;入伛巫跛击之室,则行者独矣。视与行,至
> 群也,而有时谥之曰独。故夫独者群,则群者独矣。人独
> 翁,翁亦自独也,案以知群者之鲜也。②

很明显,这里所指的"小群",是各种带有强烈私利色彩的小团
体、小圈子,比如官僚集团("同官")、豪右地主,它们是致使"大
群"有涣散之象的祸首。由于不愿意与彼辈同流合污,毅然划清
界限,君子有所不为,所以从"小群"的角度观之,此举实为"大
独"。也正是因为如此,"大独"并非是一种哲学意义上的抽象探
讨,也非对某种"原初状态"的假设性描述,而是针对于当时中国

---

① 章太炎:《訄书(初刻本)·明独》,载《章太炎全集》第3册,第53页。
② 同上书,第54页。

社会中真实存在的主要矛盾而言的。

在法家的政治论述里有大量对于官僚集团的批判，深刻揭示了官僚集团的活动逻辑及其经济诉求，特别是假设许多官僚集团可以上下其手、中饱私囊的政治场景，提醒为政者要提防其行径。而从儒家"民为本""为政以德"，批判"苛政猛于虎"的角度出发，也会时常提防官僚集团贪赃枉法，过分剥削民众，行虐民之政。这一点在清代的政论中有许多体现。比如清初名臣魏裔介尝云：

> 治天下之道，固有多端，大要在于定经制、正人心、厚风俗而已。然经制之要，莫先于取民有制。取民之制，在审天下各郡县地土之厚薄而定其高下，收获之多寡而权其轻重，丈尺之大小而审其规则。如南方多种稻，而稻地有厚薄之不同；北方多种麦谷，地亦有厚薄之不同。收获多寡有大相悬绝者，丈尺大小亦有迥然不同者，倘不详加核察而定之，生民之苦，何由苏乎？①

而面对清中叶以降政治风气日趋奢靡，马福安痛陈：

> 夫天下非氓庶犯法罹罪之足忧，而士大夫弃礼蔑义、罔识廉耻之可畏。诚以士大夫者，教化之纲纪，风俗之原本，而人心以为转移者也；故朝廷崇拜礼，百僚奉法，士大夫以名教相尚，节行相高，而风俗人心未有不归于端厚者也；朝

---

① 魏裔介：《明季利弊论》，载来新夏主编：《清代经世文选编》上册，黄山书社2019年版，第68页。

> 廷弃礼，百僚坏法，士大夫以浮虚相祖，放纵相师，而风俗人心未有不归于邪薄者也。①

可以说，正是秉持着相似的学术积淀与政治感觉，章太炎才会对汪曾唯为官时不与同僚同流合污大加称赞，视此为与"小群"割席的"大独"之举。

此外，赵翼在《廿二史札记》中谈道："前明一代风气，不特地方有司私派横征，民不堪命。而缙绅居乡者，亦多倚势恃强，视细民为弱肉，上下相护，民无所控诉也。"②及至清代，按照沟口雄三的研究，"地主阶层、乡绅阶层或商人阶层等所谓地方精英的经济势力、社会势力不仅没有削弱或后退，反而在整个清代切切实实地得到了扩展"③。彼辈地位巩固的后果，就是对地方政经利益的进一步操控。萧公权指出，在清代，"绅士阶层打着为'民'的旗号，利用孟子思想谋取个人私利，而不挑战清王朝的权威。他们把自己的利益同后者的利益等同起来，并扮演着'民'的代言人的角色"。不过，"因此而得到的利益，绝大部分落入绅士地主之手——如果可以说佃农和小土地所有者也的确得到一点的话"④。正因为如此，龚自珍在清中叶警告统治集团，在这样的社会结构里，"其始，不过贫富不相齐之为之尔。小不相齐，渐至大不相齐；大不相齐，即至丧天下"⑤。由此可见，章太炎将和豪右地主对抗视为"大独"的表现，

---

① 马福安：《崇俭论》，载来新夏主编：《清代经世文选编》中册，第 707 页。
② 赵翼：《廿二史札记校正》，王树民校证，中华书局 2013 年版，第 825 页。
③ [日]沟口雄三：《中国的公与私·公私》，郑静译，第 166 页。
④ 萧公权：《中国乡村——19 世纪的帝国控制》，张皓、张升译，九州出版社 2018 年版，第 608 页。
⑤ 龚自珍：《平均篇》，载《龚自珍全集》，上海古籍出版社 1999 年版，第 78 页。

是十分契合于当时社会主要矛盾的。而这一看法也在他后来思考中国政治经济问题时反复强调"均配土田",让"豪民庶几日微,而编户齐人得以平等"的言说中有进一步的展开。①

就此而言,章太炎所强调的"大独",就与近代西方对个体权利的论述有着不小的区别。在后者那里,随着资本主义生产方式的出现,人们认为政治共同体应来自具有不可分割的个体权利的人之间所签订的契约,而国家的目的也就在于保护这些权利。因为在自然状态中,由于每个人都具有不可分割的个体权利,所以彼此之间会产生各种纷争与对抗,出于对这种极度不安全感的畏惧,人们遂联合起来,建立政府,以期后者能保护其基本权利。这样的观念虽然有其历史渊源,但更体现出近代资产阶级对于不受束缚的经营权、财产权的强烈渴求,以及视国家为保护自己扩大经济与政治利益的工具。②

也正因为如此,其理念在西方世界得到广泛的传播,正如恩格斯所论:"由于人们不再生活在像罗马帝国那样的世界帝国中,而是生活在那些相互平等地交往并且处在差不多相同的资产阶级发展阶段的独立国家所组成的体系中,所以这种要求就很快地获得了普遍的、超出个别国家范围的性质,而自由和平等也很自然地被宣布为人权。"③

---

① 章太炎:《五无论》,载《章太炎全集》第 8 册,第 454 页。

② 也正因为如此,这种"权利"在很长时间内与社会不平等,特别是对剥削的视而不见相伴而行。

③ 恩格斯:《反杜林论》,人民出版社 2015 年版,第 112 页。在理解恩格斯的这段话时,切不可忽视恩格斯随后说的另一段话:"无产阶级抓住了资产阶级所说的话,指出:平等应当不仅仅是表面的,不仅仅在国家的领域中实行,它还应当是实际的,还应当在社会的、经济的领域中实行"。参见恩格斯:《反杜林论》,人民出版社 2015 年版,第 112 页。将这两段话合而观之,或许才更能理解近代资本主义话语中的"人权"所指为何。

在这样的情形下,是否掌握财产在很大程度上就成为是否能实质享受个体权利的重要前提。对此,政治思想史家伍德一针见血地指出:

> 西方政治思想在其大部分历史中的一个惊人特点是,人们之间的自然平等观念并不排斥政治权利的不平等分配;而且,为了使自然平等者之间的统治和支配关系正当化,精致的论证被建构起来。在上帝或自然法面前,所有人都可以是平等的,但是,有些人可能有资格统治其他人。财产和阶级的决定性因素可以压倒所有自然平等。①

关于这一点,正如沃格林所言,对于西方文明而言,"贪欲冲动是推动那种扩张的内在动力"②。很明显,如此这般对个体权利的诉求,与章太炎主张的"大独必群"在思考逻辑与论证方式上都极为不同。章太炎之所以强调"大独",其最终目的是为了重建"大群",维系作为政治与文化共同体的中国。在这个过程里,主要的动力不在于希望此共同体能保障自己的私有财产与社会特权,而是继承了中国传统学说中对于治国平天下的强烈责任感,于是能奋然投身于救亡运动当中。这背后的伦理准则,与被视为宋代儒学先驱的范仲淹所强调的"不以物喜,不以己悲","居

---

① [美]戈登·伍德:《西方政治思想的社会史:自由与财产》,曹帅译,译林出版社 2019 年版,第 21 页。

② [美]沃格林:《天下时代》,叶颖译,译林出版社 2018 年版,第 372 页。伍德也认为,在近代启蒙思想家斯宾诺莎那里,"贪欲获利心是一种,甚至可能是唯一一种对国家最有用的人类激情,而且,通过把财富变成获取官职的荣誉手段,可以驾驭这种激情为公共利益服务"。参见[美]戈登·伍德:《西方政治思想的社会史:自由与财产》,曹帅译,第 141 页。

庙堂之高则忧其民；处江湖之远则忧其君"更为一致，虽然对于如何实践这一伦理准则，章太炎已有更新的思考。

此外，在《明独》篇中，章太炎重点抨击代表各种私利的"小群"。而在近代西方政治思想的演进过程中，特别是在与绝对主义君主制作斗争时，"反抗正在步步进犯的君主不是寓于普通公民或个体私人的权利，它是官员或'次级长官'的权利，源自法人团体、贵族或市政官员具有的某种司法权"①。而在早期共和主义的话语里，其代表人物也多为富裕的城市精英，他们恰恰是以牺牲普通平民的经济利益为代价才获得统治地位。

甚至在法国大革命前夕，与君主制相抗衡的，主要也是各种"中间团体"，它们固然与王权有矛盾，但更带着强烈的为贵族制辩护的色彩。它和代表平民利益的民主制理想往往背道而驰。索布尔指出，导致大革命前法国王权出现危机的主要因素是穿袍贵族与佩剑贵族之间的联合。其行为逻辑是：

> 佩剑贵族和穿袍贵族抱成一团，拒绝服从国王。它们求助于资产阶级，于是资产阶级便进行了自己的革命尝试。尽管贵族阶级要求立宪制度和保障基本自由，主张由三级会议表决税收和把地方行政权还给遴选的省三级会议，但它并不因此而放弃自己在各个机构中的政治和社会优势。贵族的陈情书一致要求保留封建权利，尤其是荣誉权利。特权等级确实投入了反对君主专制的斗争并把第三等级也拉了进来，但是它的最终目的却是在专制主义的废墟上建

---

① ［美］戈登·伍德：《西方政治思想的社会史：自由与财产》，曹帅译，第114页。

立自己的政治权力和保持自己的社会特权。①

而近代以降的西方保守主义，按照其现代著名阐释者柯克的说法，更是直接强调"文明社会需要多种秩序和等级"，咒骂"如果被强制立法推行，所有其他试图平等化的努力都将引人步入绝望之境"。②所以它对贵族制、等级制、富人专政大加称赞。由此可见，在近代西方，各种法人团体、贵族团体，以及由此而生的等级结构，在政治论说中非但不被视为有害之物，反而成为带有某种正义性的象征。而在章太炎的论述里，"小群"不但会侵蚀广大平民的利益，而且对于维系"大群"有害无利。

所谓"大独"，其重要表现就是毅然脱离这些"小群"，哪怕在这一过程中一己之利会遭受损害。只有这样，才能真正为"大群"的事业而奋斗。在这个逻辑里，借"小群"来保护某些阶层或集团的利益，在政治道德上是绝对负面的，更不会被视为某种现代性政治体制的先驱。在戊戌变法之后，梁启超通过阅读由日本翻译的西学著作，开始强调欧洲之所以有近代资本主义代议制，是因为有中世纪封建体制作为先导，封建贵族担当了限制王权的任务。而在章太炎的论述里，这种封建体制恰恰是对普遍平等的巨大危害，不应在中国鼓吹其正面意义。

总之，章太炎主张的"大独必群""小群，大群之贼也"，当然是面对近代西方势力对中国的冲击而产生的强烈危机感，但是他在论述这些观点时，基本是针对中国社会自身的矛盾而立言

---

① ［法］索布尔：《法国大革命史》，马胜利等译，北京师范大学出版社 2015 年版，第 65 页。
② ［美］柯克：《保守主义思想》，张大军译，江苏凤凰文艺出版社 2019 年版，第 7 页。

的,并且其思考逻辑也和中国传统政治思想一脉相承,而并非对近代西方政治学说的简单复制。

三

　　1894 年甲午战争之后,章太炎开始投身政治运动,先是对变法运动襄赞颇多,及至庚子事变,发现清廷难以承担救国重任,于是走向革命的道路。就此而言,《明独》的原始版本《独居记》也撰于 1894 年,章太炎虽然在《明独》篇中感慨"余,越之贱氓也",哀叹在当时的社会氛围里"吾又求独而不可得也",于是感到"斯时也,是天地闭,贤人隐之世也"。①但是在某种程度上此文仍可以视作章太炎投身政治的一份宣言。在这其中,他对"大群"的命运报以极大的关注,认为救国者应从各种为私利而中饱的"小群"中独立出来,即便孑然一身,也要义无反顾。这背后显现出中国古典政治德性对其深厚的熏染。

　　这里值得分析的一个问题是,为何在民国以后的定本《检论》中,章太炎未收录之前在初刻本与重订本里都有的《明独》一文。依笔者之见,章太炎 1906 年东渡日本以后,对西方哲学与印度哲学有进一步的研究,撰写了许多讨论哲学问题的文章,其中一个主要主题就是辨析个体存在。在《齐物论释》中,群己关系问题也同样是重点讨论对象之一,这些论著中显现出远比《明独》更为深刻的复杂性。很有可能因为这样,他就不在《检论》中

---

① 　章太炎《訄书(初刻本)·明独》,载《章太炎全集》第 3 册,第 55 页。

收入《明独》了。但即便如此,章太炎从未停止过对于"大群"命运的思考,特别是中国未来的政治、社会与文化建设问题。并且对于民族主义、救亡图存,他也未曾一刻忽视。可以说,章氏后来的思想内容远比撰写《独居记》时期深刻多了,但基本主旨和价值立场,与彼时并无太大变化。

从之后的思想史脉络来看,章太炎的这一观点在许多人身上都有所体现。比如梁启超在《新民说》里鼓吹许多近代政治理念,但他在谈到"自由"时,强调"自由云者,团体之自由,非个人之自由也"。谈到"自治"时,也认为其目的在于通过培养自治习惯来"合群与群为一大群而自治焉"。并且他强调"新民",最终是由于"今日欲抵挡列强之民族帝国主义,以挽浩劫而拯救心灵,惟有我行我民族主义之一策,而欲施行民族主义于中国,舍新民末由"①。梁启超毕竟也是读中国古书出身的,面对近代各种主义与学说,他基于对中国现状的感知,很快就把救亡图存作为思考的目的。这背后凸显出的正是中国传统思想中某种原理性、道义性的因素对于章、梁这样的人的巨大影响。

最后,沟口雄三指出,中国传统的"公"观念,"在经过士大夫阶层经世意识的政治主义的民族、民权的'公'后,随着革命的深化终于再次提高到细民的天下之公,最终将太平天国以来的、甚至于明末以来的经济上的'公'概念由民生发展到社会主义的'公'"②。章太炎对"大独必群"的论述,很大程度上也体现着这一特征,特别是他对于"小群"的批判,就是因为后者让广大"寡弱者"饱受欺凌,制造了社会不平等,这一点在章氏后来的政治

---

① 梁启超:《新民说》,商务印书馆 2016 年版,第 108、120、7 页。
② [日]沟口雄三:《中国的公与私·公私》,郑静译,第 43 页。

言说中有着更为深刻的论析。如果说《明独》代表了章太炎早年的政治理想的话,那么这种理想其实也契合于近代中国的政治斗争。正如周恩来所说的,"中华民族是受外国侵略、欺凌和压迫的,所以人们首先产生的是一种民族的反侵略的爱国主义。在这样一个具体的环境中,大多数知识分子的思想可以由民族思想、爱国思想发展到争取民族解放和为人民的思想"①。章太炎所热爱的"大群",理应包括生活在其中的广大人民,因此"大群"摆脱困境的过程,也必然伴随着广大人民的翻身与解放。而后来的历史也证明了,唯有做到这一点,"大群"才能真正走出近代以降的危机,实现独立富强。

① 周恩来:《关于知识分子的改造问题》,载《周恩来选集》下卷,第63页。

历史国情与制度设计

——《代议然否论》再解读

    章太炎的《代议然否论》一直饱受非议。近代中国的政治变革，一个明显的趋势便是追求源于近代西方的各种政治体制与政治文化，俨然中国存亡与否，立壁千仞，只争一线。除去一二对时代思潮深闭固拒的极端守旧之士，基本上各种政治力量都以实现源自近代西方的立宪政体（君主立宪或是民主立宪）作为自己的宣传与实践目标。长期以来的历史书写，特别是晚近不少带有特定政治诉求的史论，基本上是按照各类政治势力或个人追求此一体制的广度与深度来展开叙述与评价。在此情形下，在《代议然否论》里，章太炎声称在中国"代议政体必不如专制为善，满洲行之非，汉人行之亦非，君主行之非，民主行之亦非"。同时他认为自己心目中的理想政体"共和之名不足多，专制之名不足讳，任他人与之称号"。①这在表面看来，实与近代中

---

①   章太炎：《代议然否论》，《章太炎全集》第 4 册，上海人民出版社 2014 年版，第 316、323 页。

国政治的"主流"发展严重背道而驰。以至于在一部表彰清末立
宪运动的著作里,作者如是评价:"一望而知,他(案:章太炎)缺
乏最起码的宪政常识,根本分不清君主专制与君主立宪是两种
绝对不同的政治制度,不懂得议员与'豪右'的区别。其反对是
盲目的,无道理的。"①更有甚者,章太炎的政治理想被今人视为
"希望建立一个中华帝国,希望孙中山革命成功之后当皇帝。"②
正所谓一切历史都是当代史。政治史,特别是近现代政治史的
书写,很大程度上也是研究者个人政治立场的变相表达。今天
中国的发展举世瞩目,取得巨大成就,也面临许多新的问题与挑
战,同时,世界格局则愈发扑朔迷离,迥异往昔。在此背景下,近
代以来中国的政治实践需要从新的角度与理论出发重新审视,
总结其中的经验教训。因此,章太炎这篇饱受争议的文章,也值
得再做解读,特别是着重分析章太炎在论述制度之时主要从哪
些方面进行思考? 其背后的思想背景为何? 以及怎样的制度设
计才是他心中理想的方案。

一、历 史 与 制 度

章太炎的《代议然否论》发表于 1908 年,他的写作背景,一
是当时日益高涨的君主立宪思潮,特别是梁启超、杨度等人在东

---

① 侯宜杰:《二十世纪初中国政治改革风潮——清末立宪运动史》,中国人民
  大学出版社 2009 年版,第 129 页。
② 张玉法:《风雨飘摇中的共和》,《传记文学》第 98 卷第 5 期(2011 年 5 月)。

京成立"政闻社"，宣传"实行国会制度，建设责任政府"，①在国内掀起了一股不小的呼吁清廷速开国会的政治运动。②此外，在革命党的主流论述里，反清革命成功之后，要实践民权主义，成立民主共和政府。③因此，章太炎在《代议然否论》一文里时常或明或暗地回应这两股政治思潮。

在进化论思潮的影响下，晚清知识分子多认为古今政治制度之间存在明显的优胜劣汰规律。时人断言："天择物竞，最宜者存，万物莫不然，而于政体为尤著。"④然在《代议然否论》的开头，章太炎首先指出："代议政体者，封建之变相。"⑤在他看来，近代西方议会中的上议院成员（或曰"贵族院"）继承了封建贵族的权力与地位，议会的架构很大程度上是先前封建制度的遗产，而非与之断裂，因此，代议制的出现，与西方中古以来的政治与社会情状息息相关。这与佩里·安德森对西欧绝对主义的论述非常相似，即看似替代了封建体制，促进新生资产阶级发展壮大的绝对国家主义，实则是"受到威胁的贵族的新政治盾牌"，带有很强的封建主义气息。⑥这也正如韦伯所言，自愿以政治事务为旨趣的真正议会制代表，"如果撇开西方所独有的身份群体与各

① 梁启超：《政闻社宣言书》，吴松等点校：《饮冰室文集点校》第4集，云南教育出版社2003年版，第2237页。
② 关于当时的政治请愿活动，参见张玉法：《清季的立宪团体》，台北"中研院"近史所1985年版，第353—356页。
③ 关于革命党这方面的政治论述，参见朱泓源：《同盟会的革命理论》，台北"中研院"近史所1985年版，第121—133页。
④ 竞盦：《政体进化论（节录）》，张枬、王忍之编：《辛亥革命前十年间时论选集》第1卷下册，生活·读书·新知三联书店1960年版，第540页。
⑤ 章太炎：《代议然否论》，《章太炎全集》第4册，第311页。
⑥ ［英］佩里·安德森：《绝对主义的国家谱系》，刘北成、龚小庄译，上海人民出版社2016年版，第5—19页。

阶级的发展不谈,所有这一切都将不可理解"①。反观中国,魏晋以降,作为具备世袭权力的封建制度日趋消失,后世某些地域虽有世袭的等级差别,但并非主流情形,社会上的平等之风远甚于西方,较之后者,此乃中国历史的优点。②因此,比较中西历史,"彼之去封建近,而我之去封建远。去封建远者,民皆平等;去封建近者,民有贵族黎庶之分"③。在这样的历史条件下建立议会制度,不但不能保障民众的权力,反而会人为的制造许多新的贵族,这明显与中国历史的走势相违背。章太炎向来主张政治应"依于历史,无骤变之理"④。他论述代议制度是否合理,首要的关注点即从中国历史流变中分析这一制度是否适合中国社会,是否能促进中国政治的发展。

中国有极为悠久的历史编撰传统。顾炎武云:"史书之作,鉴往所以训今。"⑤历史故实往往影响后世的政治行为,甚至成为制度与政策合法性的主要来源。但在晚清,随着时代危机的加剧,不少士人在寻求救亡之道的时候,深受肇自日本的新史学思潮影响,开始全盘否定中国历史典籍原有的内在体系与价值。王国维声称:"自近世历史为一科学,故事实之间不可无系统。

---

① [德]马克斯·韦伯:《经济与社会》第 1 卷,阎克文译,上海人民出版社 2010 年版,第 418 页。
② 值得注意的是,在梁启超眼里,封建制度虽然不平等,但却促成民权的发展,中国社会虽有平等之风,但导致无别的权力来与君权抗衡,这一着眼点与章太炎极不相同。关于章、梁对封建制度的不同认知,参见冯天瑜:《"封建"考论》,武汉大学出版社 2006 年版,第 191—195、199—203 页。
③ 章太炎:《代议然否论》,《章太炎全集》第 4 册,第 311 页。
④ 章太炎:《自述学术次第》,虞云国整理:《菿汉三言》,上海书店出版社 2011 年版,第 198 页。
⑤ 顾炎武:《答徐甥公肃书》,《亭林诗文集》,上海古籍出版社 2012 年版,第 201 页。

抑无论何学，苟无系统之智识者，不可谓之科学。中国之所谓历史，殆无有系统者，不过集合社会中散见之事实，单可称史料而已，不得云历史。"①主张国粹主义的邓实更是痛陈：

> 悲夫！中国之无史也，非无史，无史材也。非无史材，无史志也。非无史志，无史器也。非无史器，无史情也。非无史情，无史名也。非无史名，无史祖也。呜呼！无史祖、史名、史情、史器、史志、史材，则无史矣。无史则无学矣，无学则何以有国也？诸夏黩黩，神州莽莽，中区鱼烂，道术将裂。②

正是在这样的时代氛围里，梁启超宣扬的二十四史为二十四姓之家谱的观点能够广为传播。而新史学的要义之一，就是要在中国长期"无史"的情形里，从"国家""国民""群治"等近代政治概念出发，改造旧史，撰写一部新的中国史。③这背后所显现的，即中国历史自身的流变已经不足以成为今人思考政治问题的思想资源，甚至成为在制度建设中必去之而后快的消极因素。能够成为历史借鉴的，只有已经上升为"公例"的近代西方的历史演进轨迹。章太炎的主要论敌杨度就认为："人类自初民以至于成立国家，其间经天演而存在，所以逐渐发达，皆有一定之次第，

---

① 王国维：《东洋史要序》，《王国维全集》第 14 卷，浙江教育出版社 2011 年版，第 2 页。

② 邓实：《国学微论》，桑兵等编：《国学的历史》，国家图书馆出版社 2010 年版，第 32 页。

③ 王汎森：《晚清的政治概念与"新史学"》，《中国近代思想与学术的系谱》，台北联经出版事业公司 2003 年版，第 195—220 页。

不独中国为然，即世界各文明国之所经过，亦与吾中国有同一之性质，同一之形式。此进化一定之理而无可逃者也。故欲论社会国家，不可不先得其公例。"①

此外，在 18 世纪启蒙运动中，孟德斯鸠等人将中国的制度视为"专制"，这一观点，通过日本学者的传播，深刻影响了晚清知识分子的历史观与政治观。梁启超、孙中山等人都视中国秦以后的制度为"专制政体"，通过报刊，对之展开声色俱厉的声讨。如梁氏的《中国专制政治进化史论》开篇便言，若论"专制政治之进化，其精巧完满，举天下万国，未有吾中国若者也"。因此颇为沉痛地抱怨道："万事不进，而惟于专制政治进焉，国民程度可想矣。"随后他依据西方政治学中的一些概念，并通过与西方的历史进行比较，进而认为中国在当时依然处于"近世专制政体"，他感叹道："吾不敢指为行政机关之退化，吾但见为专制政体之进化而已。何也？彼桀黠之君主，不知经几许研究实验而始得此法门也。"②影响所及，无论是立宪派还是革命派，都将驱除专制作为自己的主要政治主张。③因此，中国历史，特别是政治制度的沿革，就更不足以被时人用积极客观的眼光来看待。如汪精卫为了论证革命的必要性，就质问反对革命的人："乌有专恃历史以为国基者？"④

---

① 杨度：《金铁主义说》，刘晴波主编：《杨度集》第 1 卷，长沙湖南人民出版社 2009 年版，第 246 页。
② 梁启超：《中国专制政治进化史论》，吴松等点校：《饮冰室文集点校》第 3 集，第 1648、1667 页。
③ 关于"专制"这一话语在近代中国的传播，参见侯旭东：《中国古代专制的知识考古》，《近观中古史——侯旭东自选集》，中西书局 2015 年版，第 310—343 页。
④ 精卫：《民族的国民》，张枬、王忍之编：《辛亥革命前十年间时论选集》第 2 卷上册，第 99 页。

　　反观章太炎。他对"历史"的认知，与这些主张颇不相同。在近代追寻新史学的潮流中，章氏亦曾为要角。他1902年致信梁启超，谈及自己撰写《中国通史》的计划，目的为借此书"一方以发明社会政治进化衰微之原理为主"，"一方以鼓舞民气、启导方来为主"。①他当时服膺进化论，认为"物苟有志，强力以与天地竞，此古今万物之所以变"。与此同时，许多生物因不明合群竞争之道，致使日益退化。②因此他借鉴古代典籍里叙述典章制度的体裁，用"典"这一门类来阐述合群明分之道，强调"诸典所述，多近制度"③。在这一点上，他并不似梁启超那般决绝，对历代史籍大加抨击，认为不足以在当下担当起涵盖政治意识的"国史"之重任。基于此，在重订本《訄书》中的《通法》一文里，章太炎回顾从周至明的政治史，摘取在他看来值得后世取法的制度与政策，比如秦政不偏袒皇族，汉制之下郡县多循吏，新莽经济政策打击土地兼并，北魏以降的均田制使民有恒产，其用意即挖掘出中国古代政治文化里保护平民利益的优良传统。④

　　1906年章太炎东渡日本，较之先前，他的思想有一大转变，即不再视源自近代西方的现代性诸面向为天经地义，开始在哲

---

① 章太炎：《与梁启超》，马勇编：《章太炎书信集》，河北人民出版社2003年版，第42页。

② 章太炎：《訄书（重订本）·原变》，《章太炎全集》第3册，第191页。

③ 章太炎：《訄书（重订本）·中国通史略例》，《章太炎全集》第3册，第334页。

④ 章太炎：《訄书（重订本）·通法》，《章太炎全集》第3册，第245—249页。值得注意的是，在重订本《訄书》的《通法》一文里，章太炎还用汉代地方制度比附西方代议制，这和他写《代议然否论》时期的思想主张并不相同。这一点他后来也有反思。他1911年对蔡元培说："《訄书》是曩日著，由今观之，不惬意者参半。"这其中之一便是"谓代议政体必过专制"。参见章太炎：《与蔡元培》，马勇编：《章太炎书信集》，第262页。

学层面从中国当时的处境出发反思、批判后者,①并强调"今中国之不可委心远西,犹远西之不可委心中国也"②。中国的发展,不应处处模仿他邦,而是应以本国历史与现状为根据,思考真正适合于中国自身的立国之道。关于制度问题,他1906年甫至日本,即在东京留学生为之举行的欢迎会上主张:

> 我们中国政治,总是君权专制,本没有什么可贵,但是官制为甚么要这样建置?州郡为甚么要这样分划?军队为甚么要这样编制?赋税为甚么要这样征调?都有一定的理由,不好将专制政府所行的事,一概抹杀。就是将来建设政府,那项须要改良?那项须要复古?必得胸有成竹,才可以见诸施行。③

在这里,虽然他依然认为中国古代制度乃"专制"政体,但也开始注意到必须仔细梳理沿革、总结得失,"改良"同时,犹有可"复古"之处存焉,这样方能为未来的制度建设奠定基础。这表明,章太炎此刻已经将对中国未来政治的思考建立在从中国历史脉络本身出发,以本国为立足点,考量本国各类制度利弊,视此为制度建设之根本。

同样的,《在五朝法律索隐》一文中,章太炎从保障平等的角度对古制进行阐释。他认为五朝之法,其值得称赞之处为重生

---

① 汪荣祖:《章太炎对现代性的迎拒与文化多元思想的表述》,章念驰编:《章太炎生平与学术》下册,上海人民出版社2016年版,第710—716页。

② 章太炎:《国故论衡·原学》,上海古籍出版社2003年版,第103页。

③ 章太炎:《在东京留学生欢迎会上之演说》,章念驰编订:《章太炎演讲集》,第7页。

命、恤无告、平吏民、抑富人四点,这些都体现了以平等为旨归的特征。例如"重生命"一项,他举了"走马城市杀人者,不得以过失杀人论"为佐证。古时有条件乘马车者,多为富贵之人,而法律并不对之有所偏袒。在对史事进行考释之后,他笔锋一转,引申到现实,指出外国与中国租界中的电车,在撞死人之后只对司机进行罚款,并不过分追责,这是为了保护背后营运商的巨大利益。对比于"汉土法律虽敝,自昔未有尊宠富人者"之情形,他认为"汉土旧法,贤于拜金之国远矣。"①又例如"平吏民"一项,他具体对"官吏犯杖刑者,论如律"展开论述。指出如果官吏有违法之处,则可依刑律对之进行杖责,无论官职大小皆不能例外。这样可以对官吏的贪赃枉法行为有所震慑,以此保证民众不受官吏非法侵害。他将这一点与现实中的律令进行对比,感叹道:"故知古之为法,急于佐百姓;今之为法,急于优全士大夫。"②言下之意便是五朝之法足以矫正今日之偏失。而他撰写此文的原因,就是不满于"季世士人,虚张法理,不属意旧律,以欧、美有法令,可因僎之"的现象,所以才对五朝法律条款"捃摭其文,附以说解,令吏士有所取法焉"③。由此可见,在制度问题上,章太炎并不把近代西方的立宪政体视为唯一可行之道,而是通过梳理分析中国古代制度,思考如何汲取其中的精髓。④正是具备了这种眼光,所以在《代议然否论》里,章氏开篇就分析中西历史演进之异,强调制度的历史性,由此来判断彼之制度是否可以随意移

---

① 章太炎:《五朝法律索隐》,《章太炎全集》第 4 册,第 73—75 页。
② 同上书,第 78 页。
③ 同上书,第 72、73 页。
④ 关于章太炎对中国古代制度的阐释,参见王锐:《章太炎的典章制度之学》,《辅仁历史学报》2016 年第 36 期。

植到中国。①

值得注意的是,在当时,严复是另一位强调政治与历史关系紧密的人。他认为:"本历史言治,乃十九世纪反正之术,始于孟德斯鸠,至于今几无人不如此矣。"历史的主要对象是"治乱兴衰之由,而为道国者所取鉴者"。因此"所谓国史,亦终成一专门科学之历史。是专门科学何?即政治之学也"②。19 世纪西方历史主义盛行,人们强调认识几百年来所形成的局面,进而规划政治行为。同时不仅在历史中寻求可供支持、论证其政纲,或使其政纲神圣化的信息,而且尝试从历史中总结解决现实问题之方案。③严复的这番认识,正是在这样的历史背景中形成的。不过严复对于历史的强调,主要是相信西方在历史进化的过程中已经超前,中国亦不能外乎此一进程,只是目前中国国情所限,不能一蹴而就,只能徐图进取。究其实,此乃将西方的历史演进视为放诸四海而皆准的"规律",中国欲求发展,也只能在这一"规律"的范围内上下求索。④这与章太炎对中国历史自身特色的强

---

① 章太炎在晚清提倡历史之重要,另一个关照面是希望借此来激发国人的民族主义情感,因此不少论著分析章氏思想,认为他所阐释的包括理事在内的"国学",带有极强的保守色彩,在政治上除了高唱"排满"革命,并无其他建树。这种观点,基本上未看到他在分析制度利弊时,历史因素是一个重要的考量,中国古代制度并非只是作为一种用以标识"国性"的符号,而是实实在在地影响着历史演进之态势,是一个不容忽视的思想资源,中国未来的制度建设,必须根植于此,继承其中的良法美意,以免随意移植外人制度,造成变橘为枳的后果。

② 严复:《政治讲义》,王栻主编:《严复集》第 5 册,中华书局 1986 年版,第1243、1244 页。

③ [意]卡洛·安东尼:《历史主义》,黄艳红译,格致出版社 2010 年版,第91 页。

④ 杨贞德:《转向自我:近代中国政治思想上的个人》,生活·读书·新知三联书店 2012 年版,第 147—152 页。

调差异极大。因此后者认为严复"知总相而不知别相"①。区分这两种不同出发点的对历史的强调，对理解《代议然否论》中暗含的政治与历史的关系不无裨益。②

二、国情与制度

《代议然否论》的另一个论述重点，就是分析当时中国是否有选举议员的条件，以及预测若径直举行选举，将会造成怎样的后果。在极力表彰代议制的密尔那里，"代议制政体就是这样一种手段，它使社会中现有的一般水平的智力和诚实，以及社会中最有智慧的成员的个人的才智和美德，更直接地对政府施加影响，并赋予他们以在政府中较之在任何其他组织形式下一般具有的更大的影响"③。但章太炎指出，中国土地广袤，人口众多，如果举行选举，假设国会有 700 个议员的名额，那么置诸当时中国的人口总数，将会是六十万人中选一人。在这样的比例之下，

---

① 章太炎：《菿汉微言》，虞云国整理：《菿汉三言》，第 50 页。
② 竹内好认为："东洋的近代是欧洲强制的结果。"在此情形下，"欧洲的这一自我实现运动的趋势，是被以客观法则的形态加以理解的：它理所当然地是一个高层次的文化向低层次的文化的流动过程。"参见［日］竹内好：《何谓近代——以日本与中国为例》，《近代的超克》，李冬木等译，生活·读书·新知三联书店 2005 年版，第 184 页。章太炎强调制度与历史的关系，某种程度上就是在试图挣脱这种由欧洲的历史观形塑的主从关系，拒绝单一的时间观，将中国从近代历史的被动形态转化为主动形态。关于这一问题，先略作揭示，待日后详论。
③ ［英］密尔：《代议制政府》，汪瑄译，商务印书馆 1982 年版，第 24—25 页。

"数愈疏阔，则众所周知者，愈在土豪"①。原因很简单，假设让"贤良"与"土豪"竞争，前者必不及后者富于资财，可借此掀起巨大的影响力，让民众将选票投给自己。如此一来，"选举法行，则上品无寒门，而下品无膏粱。名曰国会，实为奸府，徒为有力者傅其羽翼，使得腰膂齐民甚无谓也"②。资本与权力的结合，将对民众造成更大的剥削，并在具备公开选举过程这一表面上程序正义的幌子之下，进一步剥夺了民众表达自己政治经济诉求的条件，这也和中国政治传统中对豪强兼并的谴责，对均富平等的向往严重背道而驰。③

此外，章太炎认为，如果用是否识字作为选举标准，当时中国的识字率并不高，那么大多数不通书面表达方式的民众将无缘选举，成为"无声的大众"④。因此章氏推测："满洲政府歆羡

---

① ②　章太炎：《代议然否论》，《章太炎全集》第 4 册，第 313 页。

③　在经济问题上，章太炎戊戌前后颇青睐于西方资本主义的生产方式，强调重商与消费，希望借此来带动经济增长。1906 年到日本后，与日本的社会主义者广为接触，同时反思近代西方的发展模式是否合理，开始着眼于分配的均等，关注中国在卷入全球资本主义浪潮之时，普通民众的利益是否得到保障。关于章氏经济主张的前后变化，参见王玉华：《多元视野与传统的合理化：章太炎思想的阐释》，中国社会科学出版社 2004 年版，第 289—322 页。他在《代议然否论》里强调选举"土豪"，对民众利益毫无裨益，也正是与这一立场息息相关。

④　关于晚清的识字率，笔者见到最新的研究成果，是左松涛指出的"清代民众的识字水平并不是如后代学者所想象之低，那种占全国百分之八十的人口都是文盲的说法不能用来形容这一时代。换言之，即使到了国力衰退的晚清时期，至少在科举制度废除以前，尚难以说是一个文盲充斥的社会。"参考左松涛：《近代中国的私塾与学堂之争》，生活·读书·新知三联书店 2017 年版，第 203 页。值得注意的是，这一分析与身处历史现场的章太炎等知识分子的观察似乎并不相同。关键问题或许是，后者为何会营造出一种中国大多数人不识字的言论氛围。

金钱,其计必以纳税为权度。"①这一判断,其实与近代西方民主政治的发展若合符契。近代民主的出现,始于君主向贵族与新兴的资产者寻求金钱,于是后者向前者提出一系列条件,保障自己的权利。在这些讨价还价里,个人和集体对国家的要求,个人和集体对国家的权利,以及国家对其公民的义务皆一一确立。②只是在近代中国,欲行此政,必须对中国地域广袤且经济发展极不平衡有足够清醒的认识。对此章太炎指出,中国"地有肥饶,获有多寡,不容以法令一切等画之耳"③。具体言之,江浙一带农商发达,此外愈往西部,则经济水平愈落后,因此富裕之地纳税繁多,其他地区则依经济水平之贫瘠而递减。如果统一制定达到选举标准的纳税数目。那么将导致"选权凑集于江浙,而西北诸省或空国而无选权也。"④如果抬高纳税数目的话,更会造成全国范围内只有有限的人数可以参加选举,那么民权云云,形同口号,甚至出现"代议本以伸民权也,而民权顾因之日蹙"之景象。⑤章氏分析,当时娼妓伶优财产较为立宪政治鼓吹奔走的士人尤多,若制定高额的纳税标准,那么很可能后者无缘议会,前者却可在政治上粉墨登场。如此一来,政治将沦为借酒食嬉戏引人瞩目的闹剧。凡此种种,显示出代议制度并不适合中国社会。他质问主张代议制者:"震旦尚不欲有一政皇,况欲有数十百议皇耶?"⑥

---

① 章太炎:《代议然否论》,《章太炎全集》第4册,第313页。
② [美]查尔斯·蒂利,《强制、资本和欧洲国家(公元990—1992年)》,魏洪钟译,上海人民出版社2012年版,第122页。
③ 章太炎:《代议然否论》,《章太炎全集》第4册,第313页。
④⑤ 同上书,第314页。
⑥ 同上书,第318页。

章太炎之所反以复提及中国国情的复杂,与他对知识的理解息息相关。他自言:

> 吾尝以为洞通欧语,不如求禹域之殊言;经行大地,不如省九州之风土;搜求外史,不如考迁、固之遗文。求之学术,所涉既广,必攲落无所就,孰若迫在区中,为能得其纤悉。①

可见,在章太炎看来,作为中国人,首要的任务是了解中国的历史与现状,这是最为重要的知识基础,也是一切政治行为的主要根据,后来他在教育领域也大力提倡"本国人有本国的常识"②。在辛亥革命成功之后,章太炎不像许多革命党人那样对未来信心满满,而是强调应"先综核后统一":"诚欲统一者,不在悬拟一法,而在周知民俗,辅其自然。"否则"不先检方域之殊,习贯之异,而豫拟一法以为型模,浮文矿令,于以传电有余,强而遵之,则龃龉不适;不幸不遵,则号令不行"。设立制度与执行政策,都要建立在对中国作为一个广土众民、各地差异极大这一现实国情有充分体认的基础上,即"欲更新者,必察其故;欲统一者,必知其殊"。如果是靠一二"游学他国,讲肄科条,而于家邦庶政,什不能晓其二三"之人来主持政局,因袭一二外人之政来施于禹域,那么就是武断为政,是"新顽固党"。③民初政局后来一系列闹剧式的行为,可以说某种程度上印证了章太炎此处的警告。

① 章太炎:《印度人之论国粹》,《章太炎全集》第 4 册,第 384 页。
② 章太炎:《常识与教育》,章念驰编订:《章太炎演讲集》,第 66 页。
③ 章太炎:《先综核后统一论》,汤志钧编:《章太炎政论选集》下册,中华书局 1977 年版,第 550—552 页。

这篇文章虽然写于民国初建,但他的思想见解,则与《代议然否论》中所强调者一以贯之,从中亦可理解章太炎为何反对在中国实行代议制度。

在西方启蒙运动时代,时人对于政治的理解,不是根据历史与现状的考察,而是视解决政治问题如同探索自然科学,后者的原理可以直接施之于前者,在理性原则的指导下,各种历史与现实的差异可以泯除,整个人类生活将呈现一种普遍性,人类问题将一劳永逸地予以解决。①这一观点在19世纪欧洲受到历史主义的严重质疑。不过在晚清时期,许多主动接受新知的士人却依然深受影响。梁启超回忆自己在戊戌变法前后与夏曾佑等人聚谈西学的情形,他们觉得"既然外国学问都好,却是不懂外国话,不能读外国书,只好拿几部教会的译书当宝贝。再加上些我们主观的理想——似宗教非宗教,似哲学非哲学,似科学非科学,似文学非文学的奇怪而幼稚的理想。我们所标榜的'新学',就是这三种原素混合构成"②。章太炎晚年在《自订年谱》中亦言:

> 时新学初兴,为政论者辄以算术物理与政事并为一谈。余每立异,谓技与政非一术,卓如辈本未涉此,而好援其术语以附政论,余以为科举新样耳。③

---

① [美]卡尔·贝克尔:《18世纪哲学家的天城》,何兆武译,北京大学出版社2013年版,第51页。

② 梁启超:《亡友夏穗卿先生》,杨琥编:《夏曾佑集》下册,上海古籍出版社2011年版,第1150页。

③ 章太炎:《太炎先生自订年谱》,台北文海出版社1971年版,第6页。

在这样的知识风气下,加上救亡图存的强烈危机感,提倡改革的士人,很难考虑到中国现实的复杂性,更忽视了西洋新说是否真的适合中国的发展。即便认识到一二,也多强调用更大改革的决心与力度便可将其克服。极力主张君主立宪的杨度就宣称:

> 今吾国为世界大势潮流所迫,一切政俗不容不变,所有旧习惯,破坏亦破坏,不破坏亦破坏,不急起而改造之,以图一劳永逸之偷乐焉,而乃苟且偷闲,暂图目前之安睡不扰,以此为有秩序,殊不知真秩序不可得,旧习惯又势难保全,长此扰扰,不动不静,反真可谓不秩序矣。故吾一言以决之,苟非有文明国家责任政府之后,所谓秩序,必非真秩序也。①

可见,在杨度眼里,当时的中国已到了非改革不可的地步(其实章太炎亦然,详下文)。他心目中的"世界潮流""文明国家",具体的现实形象就是当时国力强盛的欧美与日本。在此思虑之下,中国具体的国情、中国地域之间的差异,甚至中国社会自身运转的逻辑,不是被忽略不计,就是被看成有碍政治改革的"旧习惯"。②

近代西方代议制度出现之初,主要的意义在于分摊赋税以及为地区争取利益,随着时间推演,关于这一制度的争议也随之出现,如议员应完全关照地方利益,还是从国家整体出发决定政

① 杨度:《金铁主义说》,刘晴波主编:《杨度集》第1卷,第243页。
② 关于晚清提倡代议制度的梗概,参见王尔敏:《晚清士大夫对于近代民主政治的认识》,《晚清政治思想史论》,广西师范大学出版社2005年版,第210—228页。

策,这在代议制发展史上长期争论不休。①此外,随着资本主义的发展,代议制下的议员,往往代表着某一资本势力的利益,许多看似充满神圣性的口号与政纲,不过是特殊利益集团意志的表现,马克思在《路易·波拿巴的雾月十八日》中对这一现象有极为辟透的分析。②施密特则指出,代议制丧失其内在本质,政党沦为"社会的或者经济的权力集团相互对立着,思考着双方的利益和权力潜能,并在这个事实的基础上达成妥协和联合。一个其最大效果在于呼吁人们关注眼前利益和激起热情的宣传机器争取着大众"③。不过由于前文所分析的时代政治心态,晚清趋新之士多视代议制度为振衰起微的良方,而或多或少地忽视了后者在运作过程中对利益、权力、舆论、资本等因素的吸纳与操纵。在彼辈眼里:

> 代议政体兴,鉴于专制政体之害,务反其道而行之,必欲使其国民者,有直接间接参与政事之权,而惟恐一国之政治,为自私自利者之所把持,故特设一机关以广求舆论,则所谓议院者是也。既有议院,则国民之有政法思想者,如勇夫临战场,自喜有用武之余地。则安得不各整旗鼓,以思竞其技也。④

---

① 张福建:《代表与议会政治——一个政治思想史的探索与反省》,林毓生主编:《公民社会基本观念》下卷,台北"中研院"人社中心 2014 年版,第479—495 页。

② 马克思:《路易·波拿巴的雾月十八日》,中共中央马克思恩格斯列宁斯大林著作编译局编译,人民出版社 2015 年版。

③ [德]卡尔·施米特:《议会主义与现代大众民主的对立》,《论断与概念》,朱雁冰译,上海人民出版社 2006 年版,第 51 页。

④ 罗普:《政党论》,杨德山编:《中国政党学说文献汇编》第 1 卷,中国人民大学出版社 2014 年版,第 55 页。

作者似未想到,代议制同样会给"自私自利"之徒假公济私的机会,而能够在议会里"有用武之余地"者,更绝非具备"政法思想"即可,而是很可能被利益集团的代言人所占据。

反观章太炎,在《代议然否论》里,他着重分析在不同的选举标准之下,不同阶层被选举为议员的几率。在他看来,靠上级政令强行整齐划一的选举,"徒令豪民得志,苟且横流,朝有党援,吏依门户,士习嚣竞,民苦骚劳",①选出来的人很可能是豪强富户,他更观察到:"夫贼民者,非专官吏,乡土秀髦,权力绝尤,则害于民滋甚。"②彼辈有自己特殊的利益诉求,这将会更不利于庇护细民。在这里,他已经认识到选举背后阶级、权力与利益的因素可能会导致代议制度徒有其名,特别是对广土众民、经济发展形态差异极大的中国而言,以上因素将会体现得更加明显,这无疑是对现代政治极为深刻的洞察。犹有进者,章太炎在当时已经注意到中国被卷入了全球资本主义市场,"自功利说行,人思立宪",时人提倡代议制之风盛行,与这一时代背景紧密相连。中国资本市场形成过程中出现的现象,即"皙人又往往东走,矿冶阡陌之利,日被钞略,邦交之法,空言无施,政府且为其胥附,民遂束手无奈之何",进而促使"富者愈与皙人相结",在国内外资本主义的双重压迫之下,将导致"齐民乃愈以失所"③。而在这一过程里,代议制只会起到推波助澜的作用。

---

① 章太炎:《记政闻社员大会破坏状》,《章太炎全集》第 4 册,第 397—398 页。
② 章太炎:《与马良书》,《章太炎全集》第 4 册,第 190 页。
③ 章太炎:《〈总同盟罢工论〉序》,《章太炎全集》第 4 册,第 403 页。

三、好制度的标准

在为邹容的《革命军》作序时，章太炎认为邹容之所以使用"革命"而非"光复"，是因为中国"政教学术，礼俗材性，犹有当革者焉。"[1]这虽是对《革命军》主旨的归纳，但其实也是章太炎自己的政治主张。[2]自从立志推翻清王朝起，章氏就主张未来中国应施行民主政治。在他看来，"以合众共和结人心者，事成之后，必为民主。民主之兴，实由时势迫之，而亦由竞争以生此智慧者也"[3]。民主在中国的实践，实属势所必至。同时他对集大权于一身的君主并无好感，认为"人君者，剽劫之类，奄尹之伦"[4]。所以未来的政治领导者周围必须要有权力监督机制，以防止其肆虐民众。由此可见，章太炎反对代议制，并不代表他否定民主的价值，而是根据中国的历史与现状，思考能更有利于中国发展的制度。

在《代议然否论》里，章太炎设计了一套颇为复杂的制度体系。他强调："代议不可行，而国是必素定，陈之版法，使后昆无得革更。"[5]具体言之，他主张总统只负责行政与国防，外交上作

---

[1] 章太炎：《革命军序》，汤志钧编：《章太炎政论选集》上册，第 193 页。
[2] 较之"革命"，章太炎更喜用"光复"，在他看来，这样可以激励国人的民族主义，动员更多的人参与到这场政治运动当中。不过虽说如此，并不表示章太炎认为推翻清政府，一切典章制度可以率由旧章。
[3] 章太炎：《驳康有为论革命书》，《章太炎全集》第 4 册，第 184 页。
[4] 章太炎：《国故论衡·原道下》，第 114 页。
[5] 章太炎：《代议然否论》，《章太炎全集》第 4 册，第 318 页。

为国家礼仪的象征,此外不再具有其他权力。另外,司法独立,其主要负责人地位与总统匹敌,但凡政治上与社会上的案件,皆由司法部门负责,不受其他权力机构干涉,即使总统触犯法律,也可依法将其逮捕。立法不由总统干涉,同时杜绝豪民富户参与,由"明习法律者与通达历史周知民间利病之士,参伍定之。"①除了小学与军事学校,其他教育机构皆独立,其负责人与总统地位相当,以防行政权力干预教育,因为"学在有司者,无不蒸腐殰败,而矫健者常在民间"。在任免问题上,章太炎坚持总统任命,"以停年格迁举之",②按照其任官时间与功绩来按部就班地升迁。其他政府官员的正常任命不容总统置喙,除非前者有犯法与过失的行为。若总统或其他官员有渎职或受贿等罪行,人人得以上诉于"法吏",由后者传唤嫌疑人,审理其案情,在量刑标准上,轻谋反罪,以免民众被肉食者威胁,但叛国罪则重判,特别是割地卖国行为一律处以死刑,以示国家主权不容破坏。在政策执行上,凡必须由总统签署之政令,一定要与国务官联署,保证有过失总统与其他官员共同承担,杜绝诿过于下。每年将政府收支情况公布于民,以止奸欺。因特殊原因需要加税时,让地方官员询于民众,可则行,否则止,若正反意见相差不大,则根据具体情况处理之。在正常情形下,民众不须推举议员,只有面临外交宣战等紧急时刻,则每县可推举一人来与闻决策。此外,他还设计了相关经济政策,如只能制造金属货币,不能制造纸币;轻盗贼之罪,以免法律沦为富人的帮凶;限制遗产继承的数目,防止经济不平等世袭化;杜绝土地兼并;工厂国有化;官员及其子弟不能经商;商人及其子弟不得为官。③可以说,

①② 章太炎:《代议然否论》,《章太炎全集》第4册,第318页。
③ 关于章太炎的经济政策,因文章主题所限,本文不做过多分析,只取其与《代议然否论》相关者顺带一提。

在《代议然否论》里，章太炎粗略描绘了一幅他心目中未来中国理想的政经制度。

章太炎强调："吾党之念是者，其趋在恢廓民权。"①他否定代议制，并非质疑民主的价值，更非为旧体制饶舌辩护，而是坚信在代议制之下，民权并不能真正得到伸张，所以他尝试设计一套能够真正保障广大民众基本权利，代表广大民众切身利益的制度。在他看来，这一新的制度所体现的精神，一为"抑官吏，申齐民"，一为"抑富强，振贫弱"②。在戊戌变法其间，梁启超等人提倡兴民权之前，先兴绅权，强调士绅应担负起救亡图存的政治责任，梁氏及其同好所任教湖南的时务学堂，就是这一思潮的具体实践。一开始，章太炎亦参与其中，鼓吹变法，认为"变郊号，柴社稷，谓之革命；礼秀民，聚俊材，谓之革政"，希望能"以革政挽革命"。③义和团运用之后，章太炎对清廷一系列乖张举动痛加抨击，立志走革命之路的同时，对以士绅为代表的"秀民""俊材"也深感失望，认为后者不能完成救国救民的时代任务。包括基本来源于士绅阶层的新式学生，他也认为不过是"知识愈开，则志行愈薄，葸怯愈甚"，④彼辈高谈新政不过是借《诗》《书》以发家，用来博取名利而已。因此，他将革命担当者的重任寄托到广大民众身上，在《革命道德说》等文章里，章氏强调只有下层的民众才最具备道德水准，最富于革命斗志，他希望的革命，是唤起广大民众共同参与的政治运动，抨击豪右、富民在政治与经济

---

① 章太炎：《代议然否论》，《章太炎全集》第 4 册，第 318 页。
② 同上书，第 319、320 页。
③ 章太炎：《论学会有大益于黄人亟宜保护》，汤志钧编：《章太炎政论选集》上册，第 13 页。
④ 章太炎：《与吴君遂》，马勇编：《章太炎书信集》，第 65 页。

上的剥削与压迫,在这一点上,他扬弃了戊戌变法以来改革派的政治主张。①

此外,近代中国士人了解、接受西方代议民主制度,很大程度上是从"通上下之情"的角度来着眼的,即视其为可有效将"民情"上达天听,使君臣上下沟通无碍,达到为政以公,并在此基础上实现社会动员的有效渠道。②但依章太炎之见,基于从广大民众角度思考政治问题的立场,代议制度会异化为统治集团与地方豪强联合起来压迫底层平民的暴力机器,并且在形式主义的选举之下,这种压迫还披上了合法化的外衣,被视作符合历史进程的"公例"。③正如论者所言,在章太炎笔下,代议制原是为了扩大民权,但实则却将经济上的不平等扩大到政治上的不平等,造成新的社会等级结构,并进一步加强了国家权力对基层社会的政治与经济控制。④因此,章氏在制度设计中,对掌握权力与

① [日]近藤邦康:《救亡与传统——五四思想形成之内在逻辑》,丁晓强等译,山西人民出版社 1988 年版,第 47—101 页。

② 熊月之:《中国近代民主思想史(修订本)》,上海社会科学院出版社 2002 年版,第 124—138 页。

③ 清廷成立地方咨议局后,1910 年,江苏海州等地发生严重饥荒,饥民向地方士绅开办的实业公司求食,出现焚抢事件,公司遂向饥民开枪射击,造成人员伤亡。两江总督张人骏派员前往调查,将处事乖方的地方官与下令开枪的公司经理一并革职,并缉拿放枪之人与滋事饥民。但江苏省咨议局闻后,却不顾饥民遍野,生计无着的事实,指责张人骏未严惩闹事饥民,无视咨议局,违背法律,未经其同意就单独处理此事,并强调闹事饥民乃匪徒。由此可见,在当时的历史环境下,一旦成立议会,所谓民权是有特定范围的,一般升斗细民基本无缘于此。这一事件也恰可为章太炎对代议制的否定做一注脚。关于这一事件详细本末,参见李细珠:《地方督抚与清末新政——晚清权力格局再研究》,社会科学文献出版社 2012 年版,第 303—305 页。

④ 汪晖:《现代中国思想的兴起》下卷第 1 部,生活·读书·新知三联书店,2008 年,第 1006 页。

资本的群体有十分严格的限制与监督，就是要防止后者侵犯广大民众的利益，让"民权"能真正在政治行为中体现出来，此即"建国设官，惟卫民之故，期于使民平夷安稳，不期于代议"①。

值得注意的是，在章太炎的制度设计里，司法体系的执行者被称之为"法吏"。关于这一群体，章太炎认为与中国古代的法家传统一脉相承。在他看来，太古治民之官，独有士师，随后由士师分其权，长民者谓之吏，治事者谓之司，法吏之职，由是焉出。因其擅长书契文史，故听讼决狱，亦有兼顾，公牍往来，润色文字，尤非法吏莫能为，久而久之，其地位在整个职官体系中愈显重要，同时形成了独具特色的政治传统：

> 铺观载籍，以法律为《诗》、《书》者，其治必盛；而反是者，其治必衰。且民所望于国家者，不在经国远猷，为民兴利，特欲综核名实，略得其平耳。是故韩、范、三杨为世名臣，民无德而称焉。而宋之包拯、明之况钟、近代之施闰章，稍能慎守法律，为民理冤，则传之歌谣，著之戏剧，名声吟口，愈于日月，虽妇孺皆知敬礼者，岂非人心所尚，历五千岁而不变耶？②

在章太炎看来，法家传统对中国古代政治的有效运作助益良多，特别是其中显现的"综核名实""为民理冤"等特点，在今世真正能体现民众利益的民主制度中同样可起到积极性的作用。在刊登《代议然否论》之后不久，章氏 1910 年在《学林》杂志上刊登

① 章太炎：《代议然否论》，《章太炎全集》第 4 册，第 323 页。
② 章太炎：《官制索隐》，《章太炎全集》第 4 册，第 92—93 页。

《秦政记》一文,表彰秦政打击封建贵族,保障社会流动得以维系,使"宰相必起于州部,猛将必发于卒伍",让真正有基层行政经验的人进入领导阶层,促进官员队伍的不断更新,这些观点可视为对《代议然否论》的补充与完善。①总之,章太炎心目中的良法美制,是将中国古代的制度传统与近代对平等、民主等政治理想的诉求有效结合,既否定了中国古代帝制,又克服源自近代西方的代议政治之诸弊病。

在《代议然否论》里,章太炎还指出:"今之务在乎辑和民族,齐一语言,调度风俗,究宣情志",让"民族亲如昆弟。"②近代中国的民族国家建设,首要任务在于维持秦汉以来的大一统国家政权,特别是清代形成的领土版图,动员广大的社会力量,抵抗帝国主义对中国领土与主权的侵蚀,让中国摆脱日益加剧的危机,走向独立自主。许多现代性因素在中国的展开,都与这一时代主题息息相关,也只有促进了这一过程,才能具备基本的合法性。章太炎所大力倡导的民族主义,正是在这一背景下进行的。所以他强调:"今外有强敌以乘吾隙,思同德协力以格拒之,推其本原,则曰以四百兆人为一族,而无问其氏姓世系。为察其操术,则曰人人自竞,尽而股肱之力,以与同族相系维。"③基于此,

---

① 当然,章太炎也意识到了法家的弊病。在他看来,韩非学说的弊病,也在于不重视人伦道德与学术发展,借用国家力量规范民众思想与习惯,此乃"以众暴寡",没有认识到人自有其独立性,属于"有见于国,无见于人"。参见章太炎:《国故论衡·原道下》,第 115 页。因此他对道家,特别是庄子思想的阐扬,很大程度上就是希望克服法家思想这一缺陷,保障每一个独立个体的基本自由。关于这一问题,笔者另有专文讨论,参见王锐:《辛亥革命前后章太炎对道法政论之阐释》,《华中师范大学学报(人文社会科学版)》2018 年第 1 期。
② 章太炎:《代议然否论》,《章太炎全集》第 4 册,第 316、317 页。
③ 章太炎:《〈社会通诠〉商兑》,《章太炎全集》第 4 册,第 348 页。

章太炎认为如果为了推行代议制而实行美国式的联邦制,将会人为地制造中国各地相互隔阂,特别是"滨海通商之地,其民羯羠不均,顾有反贼其宗国,而厚爱欧美人者"①。这样的区域如果拥有过多自治的权利,中国认同将会进一步稀薄,极不利于凝聚人心,维系国家统一。换言之,民主政治的实现,应立足于中国作为大一统国家能够有效运作的基础上,而非与这一基本前提相背离。卢梭认为,民族国家的建制应塑造人民的禀赋与性格,使其区别于其他地区的人民,并激发其根植于不可消除的习性之上的爱国热情。②章太炎的制度设计,同样着眼于此,而对于他所阐释的"国学""国史",也应作如是观。

四、结　　语

姜义华老师曾指出:"章太炎批判代议制度与立宪运动,绝非企图维护保持中国古老的封建君主专制制度,恰好相反,他所追求的,乃是创建一种具有名副其实的民主精神的新的政治制度。"③在这一过程当中,章太炎从历史的角度分析代议制度是否适合中国。他认为代议制与西方中古时期的封建制息息相关,议员很大程度上继承了封建贵族的政治地位。而中国自魏晋以后,社会上除了君权,已基本没有世袭性的政治权力,因此

---

① 章太炎:《代议然否论》,《章太炎全集》第4册,第317页。
② 〔法〕卢梭:《关于波兰政体的思考》,《政治制度论》,崇明等译,华夏出版社2013年版,第45页。
③ 姜义华:《章太炎思想研究》,上海人民出版社1985年版,第273页。

不适合移植代议制度，人为地制造一个特殊的权力群体，他的这番思考，根植于他对历史的重视，即历史流变是思考制度问题的重要参考，是否与历史接榫也是一项制度是否具备基本合法性的重要条件。此外，章太炎认为制度建设应和中国最基本的现实国情相符，在中国广土众民、地域经济发展极不平衡的条件下，能够被选为议员的，很可能是地方上的豪右富民，他们不会真正代表民众的利益。这一观察，注意到了近代政治体系里权力、阶级、资本之间复杂的关系，制度移植需要针对基本国情具体分析，世间并无一种普世主义的制度。这在视西方宪政体制为天经地义的清末民初，尤显空谷足音。最后，章太炎在《代议然否论》里设计了一套他理想中的制度。他认为一项好的制度，应该真正体现人民民主，而非成为新的压迫工具，应代表最广大民众的根本利益，克服近代资本主义政经体制的诸弊端，让民权思想得以名副其实地在中国生根。①此外，救亡图存是近代中国最主要的时代主题，任何制度设计必须顾及于此，即维系主权与领土的完整，动员广大社会力量参与国家建设，而不应人为地制造地域隔阂，撕裂民众的国家认同。

　　当然，在清末民初充满紧迫感的历史环境里，章太炎的这套

① 最近，以研究代表制而成名的美国学者皮特金，在目睹当代美国选举制度愈发名不副实之后，撰文反省代议制是否真能体现广大人民的意志。他指出，美国的统治者"已经变成了一个自我永续的精英，统治（或更准确地说管理）消极或一盘散沙的人民。代表不再是代理人民，而是代替了人民。"参见［美］皮特金：《代表与民主：不稳定的联姻》，载王绍光主编：《选主批判：对当代西方民主的反思》，欧树军译，北京大学出版社2014年版，第82页。就此而言，章太炎对于代议制的批判，或许为今日重新反省这一制度的利弊，以及祛除对当代有心之人对美国制度不切实际的幻想，或许不无裨益。

制度设计其实并不完善,如何在限制政治权力的同时保证基本的国家能力,立法过程中所谓"周知民间利病"之士怎样推举,如何判断其是否真的"周知",国家若不主导教育,那么如何在列强出于政治目的的文化输出,培养在华代言人的条件下保证国民基本的政治与文化认同,凡此种种,章太炎并未加以更多的考虑。此外,这套理想的制度如何在具体的历史条件下实现,章氏亦未曾说明。不过即便如此,章太炎在制度问题上对历史与国情的反复强调,体现出他坚持政治实践必需从中国实际出发进行思考的特点。自然,章太炎在当时的历史条件下无法将其实践。在 20 世纪上半叶,真正做到从中国实际出发,从实践中探索真理的,是坚持马克思主义中国化的中国共产党。毛泽东1949 年在新中国成立前夕指出:

> 任何思想,如果不和客观的实际的事物相联系,如果没有客观存在的需要,如果不为人民群众所掌握,即使是最好的东西,即使是马克思列宁主义,也是不起作用的。①

作为近代对中国传统有全盘阐释,对中国未来有系统探索的思想家,章太炎的思想或许与中国共产党领导的革命运动中有着更具体而微的关联。就此而言,中国传统与中国革命之间的关系,或许还有不少值得仔细梳理之处。

---

① 毛泽东:《唯心历史观的破产》,《毛泽东选集》第 4 卷,人民出版社 1991 年版,第 1515 页。

大一统国家的存续之道

——《秦政记》的政治文化意涵

　　1973 年 8 月,毛泽东指示有关人员注释一批与法家有关的著作。其中就包括了章太炎的《秦政记》。[1]一个月之后,他在会见埃及副总统时专门提道:"秦始皇在中国是有名的,就是第一个皇帝。中国历来分两派,讲秦始皇好的是一派,讲秦始皇坏的是一派。我是赞成秦始皇,不赞成孔夫子。因为秦始皇是第一个统一中国的,统一文字,修筑宽广的道路,不搞国中有国而用集权制,由中央政府派人去各个地方,几年一换,不用世袭制度。"[2]在这里,毛泽东所表彰的以秦始皇为象征的"秦政",主要着眼于两点,一是开创了中国的统一之局,设官分职,广修驰道;二是制止了地方上带有世袭性质的割据势力,在古代(而非现代)的社会条件下,保证了基本的社会流动。所谓"百代皆行秦政法",单从历史遗产的角度来理解,应该指的是这两个方面。

---

①　中共中央文献研究室编:《毛泽东年谱》第 6 卷,中央文献出版社 2013 年版,第 491—492 页。

②　中共中央文献研究室编:《毛泽东年谱》第 6 卷,第 500 页。

就这样,《秦政记》在20世纪中国历史上具有了一种颇为特殊的
地位。当然,在章太炎的众多文章著作里,这篇发表于1910年
的文章也颇令人"费解"。晚清民国时期中国政治变革的主流话
语,基本上强调未来的制度建设应取法西方,并与中国自秦以来
的典章制度相决裂。"秦政"与"西政",在时人看来几成高下立
判、绝对相反之势。所以谭嗣同在戊戌年间疾呼:"两千年来之
政,秦政也,皆大盗也。"①在这样的时代语境里,章太炎却撰文
声称秦政自有其优良之处,比如人才选拔体现了循名责实、社会
流动;秦代强调"法"的重要性,一定程度上保障了社会平等,因
此很难受到足够的"了解之同情"。在钱基博看来,由于章太炎
"好盛气攻辨,言革命而不赞共和,治古学而兼称宋儒,放言高
论,而不喜与人为同",所以"时论多诋秦政,而炳麟不然"②。将
章太炎称颂秦政归结于他的个性使然。而晚近以来,在长期流
行的线性"现代化"史观主导下,对于近代中国思想与学术的论
述,基本上是从告别旧物、汲取新知的"启蒙"视角出发,来分析
各种时代思潮与主张,以此作为近三十年流行意识形态的组成部
分。有论者认为,章太炎"不仅在现实问题上走向了完全否认议
会制度的极端,而且在历史认识上走向了歌颂封建君主绝对集权
的荒谬地步。他在辛亥前写的《秦政记》,便是突出例证"③。

在章太炎看来,历史是"国粹"最主要的载体。而他所强调
的历史,除了"语言文字"与"人物事迹",便是"典章制度"。④依

① 谭嗣同:《仁学》,汤志钧、汤仁泽校注,台北学生书局1998年版,第58页。
② 钱基博:《现代中国文学史》,商务印书馆2011年版,第92页。
③ 朱维铮:《〈民报〉时期章太炎的政治思想》,《复旦学报(社会科学版)》1979年第5期。
④ 章太炎:《在东京留学生欢迎会上之演讲》,载章念驰编订:《章太炎演讲集》,上海人民出版社2011年版,第5—8页。

他之见,全面梳理、分析中国历代制度,不但是明晰中国历史大势与近代世变的极好切入点,而且能够从中总结归纳中国历史自身的发展规律,进而成为经世致用的重要思想资源。①这一主张也与他对现实政治的认识与理解息息相关。《秦政记》正是产生于这样的思想背景之下。因此,从章太炎思想的自身逻辑,以及他在当时对中国政治、社会的总体分析出发解读《秦政记》,不但可以更为深入地理解其本人在辛亥革命前夕关于历史与时势的思考,还能以此为视角,进一步探寻以秦政为代表的中国两千余年来政治运作的内在原理与特色。

一、撰 写 背 景

正如阿尔都塞所言,"每个独特的思想整体(这里指的是某个具体个人的思想)的意义并不取决于该思想同某个外界真理的关系,而取决于它同现有的意识形态环境,以及同作为意识形态环境的基地并在这一环境中得到反映的社会问题和社会结构的关系"②。因此,分析《秦政记》的思想意涵,或许应先勾勒出章太炎所处时代的"意识形态环境",以及他如何融入、反思,甚至对抗这一环境的过程。众所周知,法家学说为秦政的立国根本。章太炎亦自言:"遭世衰微,不忘经国,寻求政术,历览前史,独于荀卿、韩非所说,谓不可易。"③虽说如此,但他对这些学说

① 王锐:《章太炎的典章制度之学》,《辅仁历史学报》2016 年第 36 期。
② [法]阿尔都塞:《保卫马克思》,顾良译,商务印书馆 2016 年版,第 48 页。
③ 章太炎:《自述学术次第》,载虞云国校点:《菿汉三言》,上海书店出版社2011 年版,第 71 页。

的认知与阐释，却经历了一番转折。

　　曾经与章太炎关系要好的宋恕，在戊戌年的日记中写道："与枚叔争商鞅及鄂帅不合，大辩攻。"①随后他致信章太炎："商鞅灭文学，禁仁孝，以便独夫，祸万世，此最仆所切齿痛恨，而君乃有取焉。"因此要和章氏"暂绝论交"。②当时人们不满于君主制度，认为此乃致使神州陆沉的祸首。因此对宣扬申君权、抑臣下的法家学说，以及以法家学说立国的秦政极力抨击，宋恕之外，像严复、谭嗣同等人皆是如此。这一思想氛围的另一面，即有识之士多青睐源自近代西方的民主政治，认为后者从制度层面实现了通上下之情、保护工商阶级利益，甚至是有效动员与激发广大民众爱国之心，进而让中国能摆脱危局，走向富强。③

　　章太炎则不然。他认为此时"晞民主""张议院"，将"无异于行未三十里而责其百里也"。一旦付诸实践，会导致"域内抢攘，流血漂卤"。因为"学堂未建，不可以设议院；议院未设，不可以立民主。"此乃"审于变法之先后也"④。基于此，他认为秦政及其背后的法家学说实不可轻易否定。在初刻本《訄书》中，他指出"儒者之道，其不能摈法家，亦明矣。"⑤中国历史上的良法美制，法家因素颇为重要，行政之衰，不在于严刑峻法，而由于后世

---

① 宋恕：《戊戌日记摘要》，载胡珠生编：《宋恕集》下册，中华书局 1993 年版，第 941 页。

② 宋恕：《答章枚叔书》，载胡珠生编：《宋恕集》上册，第 590 页。

③ 熊月之：《中国近代民主思想史》，上海社科院出版社 2002 年版，第 232—323 页。

④ 章太炎：《变法箴言》，载汤志钧编：《章太炎政论选集》上册，中华书局 1977 年版，第 21、22、23 页。

⑤ 章太炎：《訄书（初刻本）·儒法》，载《章太炎全集》第 3 册，上海人民出版社 2014 年版，第 9 页。

背离法家循名责实之宗旨,致使法律条文繁琐矛盾。同时他强调:"法家者流,则犹西方所谓政治家也,非胶于刑律而已。"①法家绝非君主的帮凶,而是自有一套为政之道。除去"毁孝悌,败天性"乃其瑕疵外,宗尚法家如商鞅者,较之汉代借经术干人主的儒生,其人格高下至为明显。

庚子事变,中国险遭列强瓜分。章太炎对清廷不能抵御帝国主义入侵深感失望,开始走上"排满"革命之路,与昔日一同致力于维新变法的诸同志分道扬镳。与此同时,各派政治势力也纷纷行动,纵横捭阖,发表各种主张,希望能力挽危局。②不过虽然表面上各方势力各有离合冲突,特别是革命党、保皇派,以及体制内的改革派之间的分野。但他们基本都认为改变中国的制度刻不容缓,理想的效仿对象,便是西方列强,以及模仿列强而日臻强大的日本。这背后的集体心态,正如张之洞所言:

> 方今环球各国,日新月盛,大者兼擅富强,次者亦不至贫弱,究其政体学术,大率皆累数百年之研究,经数千百人之修改,成效既彰,转相仿效。美洲则采之欧洲,东洋复采之西洋,此如药有经验之方剂,路有熟游之图经,正可相我病证,以为服药之重轻,度我筋力以为行程之迟速,盖无有便于此者。③

---

① 章太炎:《訄书(初刻本)·商鞅》,载《章太炎全集》第3册,第80页。
② 关于庚子事变后各方政治势力的活动与离合,参见桑兵:《庚子勤王与晚清政局》,北京大学出版社2004年版。
③ 张之洞:《遵旨筹议变法谨拟采用西法十一条折》,载苑书义等主编:《张之洞全集》第2册,河北人民出版社1998年版,第1429页。

在这一点上，章太炎并未自外于时代潮流。在重订本《訄书》的《通法》篇里，他认为汉代地方行政体系里，有类似于西方的议员与贱民，前者能参与世务，使地方建设能有效进行，此制值得今人取法。①很明显，这种诠释，基本是先有西洋政治制度盘于脑中，然后再去以此审视中国古代政治制度，比附之意至为明显。正如章氏所自称的，"自从甲午以后，略看东西各国的书籍，才有学理收拾进来"②。由此可见，他之所以反对立即践行西方代议制度，并非否定这一制度本身，而是认为当时的中国，还没有像近代西方那样的政治、经济与社会条件，因此必须循序渐进。在此基础上阐扬作为秦政指导思想的法家学说，也基本着眼于后者有一定应急救世的价值，而未曾过多分析其内在的实践原理。

这一认知也很大程度上影响着章太炎对历史的理解。正如论者所言，清末的各种历史论述深受当时流行的政治概念的支配，许多新的历史议题皆由此展开，史学与政治关系密切。③在提倡"新史学"的梁启超看来，叙述历史大势，"必以泰西各国为中心点，虽日本、俄罗斯之史家，亦无异议焉。盖以过去现在之间，能推衍文明之力以左右世界者，实惟泰西民族，而他族莫能与争也。"④西方的历史发展，以及根据西方历史发展总结升华的各种理论话语，已经日渐成为当时中国士人分析历史与时局

---

① 章太炎：《訄书（重订本）·通法》，载《章太炎全集》第 3 册，第 246 页。

② 章太炎：《在东京留学生欢迎会上之演讲》，载章念驰编订：《章太炎演讲集》，第 1 页。关于章太炎在当时所阅读的西学与东学著作之情况，参见姜义华：《章太炎思想研究》，上海人民出版社 1985 年版，第 164—165 页。

③ 王汎森：《晚清的政治概念与"新史学"》，载《中国近代思想与学术的系谱》，河北教育出版社 2001 年版，第 195 页。

④ 梁启超：《中国史叙论》，载吴松等点校：《饮冰室文集点校》第 3 集，云南教育出版社 2001 年版，第 1620 页。

的重要思想工具。特别是在 18 世纪启蒙运动中,孟德斯鸠等人
将中国的制度视为"专制",这一观点,通过日本学者的传播,深
刻影响了晚清知识分子的政治表达与历史论述,成为一种不言
自明的立论前提。①在风靡一时的《最新中学教科书中国历史》
当中,夏曾佑认为秦代的历史意义在于"古人之遗法,无不革除,
后世之治术,悉已创导,甚至专制政体之流弊,秦亦于此忽忽之
十五年间,尽演出之,诚天下之大观也。"因此,"以秦、汉为因,求
今日之果,中国之前途,当亦可一测识矣"②。言下之意,秦代开
后世"专制"政治之先河,中国今日之危肇因于此。与之相似,章
太炎认为产生于近代西方的"心理、社会、宗教各论,发明天则,
悉人所同,于作史尤为要领"③。所以,撰写一部新的《中国通
史》,需"以发明社会政治进化衰微之原理为主"④。本此见解,
他草拟了一份《中国通史》的目录,与秦政有关者为"秦帝记""秦
始皇考纪""李斯别录"。后来由于各种原因,这部《中国通史》并
未撰就,但以章太炎当时的学术主张,其关于秦政的论述,在分
析理路上,很可能不会与当时流行的各种见解相差太多。

　　1906 年,因《苏报》案而入狱的章太炎,终于得以出狱,并
再次东渡日本。此后他的思想,较之先前,一大变化就是开始深
入反思西学对中国历史与现状的适用性。他认为"今中国之不

① 关于"专制"这一话语在近代中国的传播,参见侯旭东:《中国古代专制的
　　知识考古》,《近观中古史——侯旭东自选集》,中西书局 2015 年版,第
　　310—343 页。
② 夏曾佑:《最新中学教科书中国历史》,载杨琥编:《夏曾佑集》下册,上海古
　　籍出版社 2011 年版,第 950、948 页。
③ 章太炎:《訄书(重订本)·中国通史略例》,载《章太炎全集》第 3 册,第
　　336 页。
④ 章太炎:《致梁启超书》,载汤志钧编:《章太炎政论选集》上册,第 167 页。

可委心远西,犹远西之不可委心中国也"①。中国的发展,不应处处模仿他邦,而是应以本国历史与现状为根据,思考真正适合于中国自身的立国之道。②在此基础上,他认为对于中国古代典章制度,不能轻易用"专制"二字简单概括,而是应探寻其中的历史沿革与内在原理:

> 我们中国政治,总是君权专制,本没有什么可贵,但是官制为甚么要这样建置?州郡为甚么要这样分划?军队为甚么要这样编制?赋税为甚么要这样征调?都有一定的理由,不好将专制政府所行的事,一概抹杀。就是将来建设政府,那项须要改良?那项须要复古?必得胸有成竹,才可以见诸施行。③

在这里,虽然他依然认为中国古代制度乃是"专制"政体,但也开始注意到必须仔细梳理沿革、总结得失,"改良"同时犹有可"复古"之处存焉,这样方能为未来的制度建设奠定基础。这表明,章太炎此刻已经将对中国未来政治的思考建立在从中国历史自身脉络出发,明晰当下具体的实际形势,考量本国各类制度利弊,视此为制度建设之根本。

基于此,章太炎批评当时作为引进西方政经学说之代表人

---

① 章太炎:《国故论衡·原学》,上海古籍出版社 2003 年版,第 103 页。
② 章太炎开始反思西学,一个不容忽视的缘由便是他由于《苏报》案而入西人监狱,在狱中饱尝苦头,使他开始质疑西人宣传的"文明"、"民主"是否真的名实相符。参见章念驰:《沪上春秋——章太炎在上海》,台北三民书局 1995 年版,第 32—33 页。
③ 章太炎:《在东京留学生欢迎会上之演讲》,载章念驰编订:《章太炎演讲集》,第 7 页。

物的严复"所译泰西群籍,于中国事状有毫毛之合者,则矜喜而标识其下;乃若彼方孤证,于中土或有抵牾,则不敢容喙焉"。即将西方的历史进程视为普世性的真理,并以此为出发点思考中国历史与现状,进而遮蔽了中国历史的复杂性与现实的独特性。章太炎指出,这一认知模式,"不悟所谓条例者,就彼所涉历见闻而归纳之耳,浸假而复谛见亚东之事,则其条例又将有所更易也"①。作为被近代西方所宣扬的带有规律性的"条例",主要伴随着 19 世纪资本主义的全球扩张而生,特别是被用于向非西方地区宣扬西方文明的进步性与普世性,究其实,并无放之四海皆准之理。②认识中国问题、解决时代危机,须根植于中国自身的历史进程,从中归纳总结蕴含原理性质的、具备解释力的"条例"。

当时无论是革命派或立宪派,包括清廷内部的改革派官员,都认为未来中国的制度设计应借鉴近代西方的代议制,只是存在着认同共和政体或君主立宪政体之别。而章太炎则一反潮流,主张代议制不可照搬于中国。他认为施行这一制度不但不能恢廓民权,反而会从制度上将乡里土豪与资本权贵对广大民众的政治与经济压迫合法化,③并且无助于在广土众

① 章太炎:《〈社会通诠〉商兑》,载《章太炎全集》第 4 册,第 337 页。当然,据今人研究,严复的翻译在当时引起极大的论争,一个不容忽视的原因在于时人对"民族"等近代术语的理解与界定颇不一致,这一知识储备的差异性,也导致了彼此在思想上的冲突。参见王宪明:《语言、翻译与政治——严复译〈社会通诠〉研究》,北京大学出版社 2005 年版,第 121 页。

② 关于在近代资本主义扩张背景下,西方社会科学如何被西方列强建构为主导的世界体系的地缘文化基础,参见[美]沃勒斯坦:《现代世界体系》第 4 卷,吴英译,社会科学文献出版社 2013 年版,第 273—319 页。

③ 汪晖:《现代中国思想的兴起》下卷第 1 部,生活·读书·新知三联书店 2015 年版,第 1064—1066 页。

民的中国将各地民众动员凝聚起来共承救亡重担。而章太炎分析政代议制之所以不适合于中国,首先便从历史流变入手,指出近代西方议会中的上议院成员(或曰"贵族院")继承了封建贵族的权力与地位,议会的架构很大程度上是先前封建制度的遗产,而非与之断裂,因此,代议制的出现,与西方中古以来的政治与社会情状息息相关。①中国两千余年来并无与之相似的历史过程,所以不可径直照搬,否则方枘圆凿,会产生许多弊病。在这里,历史论述成为章氏表达政见的主要论据。相应的,他批评当时讲政治的新派人士"法理学、政治学的空言,多少记一点儿,倒是中国历代的政治,约略有几项大变迁,反不能说。"②

本乎此,在1908—1910年间,章太炎发表了多篇论述中国古代典章制度的文章,如《官制索隐》《五朝法律索隐》《说刑名》等,努力挖掘其中蕴含的平等、重视弱者生命、抑制权贵等因素。③《秦政记》也产生于这样的背景之下。而他批评前文提及的夏曾佑之书,认为主要缺点便是"典章制度,全然不说"④。

值得注意的是,《秦政记》1910年刊于由黄侃主持的《学林》杂志。《学林》的办刊主旨,在称赞章太炎学术成就的同时,一方面批评以康有为为代表的"今文诸师"治学"背实征,任臆说,舍人事,求鬼神",造成中国历史文化虚无化的危险,另一方面批评一部分谈"国学"之人"钩援岛客,趣以干誉,其言非碎,则浮言

---

① 章太炎:《代议然否论》,《章太炎全集》第4册,第311页。
②④ 章太炎:《常识与教育》,载章念驰编订:《章太炎演讲集》,第63页。
③ 王锐:《章太炎的典章制度之学》,《辅仁历史学报》2016年第36期。

也"。其后果,"浮使人惑,碎使人厌,欲国学不亡无由"①。这一指控,很可能是针对当时的国粹派而言。后者虽然提倡"国粹",但在知识结构与论述主题上深受明治时代日本的"国学"思潮以及经由日本转述的西方社会科学理论影响。不可否认,章太炎亦活动于这一"意识形态环境"里,故也汲取了不少日本"国学"的思想特色。②但他在 1908 年以后开始反思这一论说方式。1908 年他为《国粹学报》撰写祝辞,强调应警惕在论述中国传统之时,因为"视新学与之合",于是简单比附,"内契于愚心,外合于殊国",为带有近代资本主义色彩的"豪强自治""工商兼并""喻利轻义"等有利于权贵的政治宣传张目辩护,不利于平民伸张权益,致使"世受其弊",而其作俑者,"非独新学,亦国粹之咎已"③。置诸时代语境,这篇祝辞更像是对国粹派的箴言。因此,章太炎在《学林》上刊登《秦政记》,或许也正是希望在国粹派式的历史文化论述之外,尝试从一种接近平民的立场出发,分析总结两千余年来由秦政所塑造的中国政治文化之特色,以及背后维系中国延续与发展的内在原理。

二、"古先民平其政者,莫遂于秦"

在《秦政记》一文里,章太炎开篇就指出:"人主独贵者,其政

① 《学林缘起》,《学林》1910 年第 1 册。
② 王小林:《何谓"国学"》,载孙江、刘建辉主编:《亚洲概念史研究(第一辑)》,生活·读书·新知三联书店 2013 年版,第 225—230 页。
③ 章太炎:《〈国粹学报〉祝辞》,载《章太炎全集》第 4 册,第 214 页。

平,不独贵,则阶级起。"①他以此为基准审视中国历代王朝,认为唐、宋虽然有一段升平岁月,但在制度上却不如秦、汉二代更体现平等精神。反之,明代最为不平等。因为终明之世,皇室子弟拥有极大的特权与地位,汲取了大量国家财政收入,并且倚仗权势,凌驾百官,破坏了官僚机构正常的运行。但相较秦代,后世王朝仍难达"政平"之境。在章太炎看来,"秦皇负扆以断天下,而子弟为庶人。所任将相,李斯、蒙恬,皆功臣良吏也。后宫之属,椒房之孽,未有一人得自遂者"。这一举措,使得"其卓绝在上,不与士民等夷者,独天子一人耳"②。通过论述这段史事,章氏指出:"夫贵擅于一人,故百姓病之者寡。其余荡荡,平于浣准矣。"③秦政的特点,即抑制帝室与贵族,使之不具备政治与经济特权,这一点,依章太炎之见,体现了中国政治制度中独特的平等局面。

1909 年,梁启超致信章太炎,谈及自己近期的治学计划,其中包括撰写一部中国史。在回信中,章氏批评当时的作史风气是"喜取他国旁观之论以为臻宝"④。因此,章太炎在《秦政记》里的这番论述,在当时极有可能是回应梁启超对于中国历史上有无贵族的讨论。戊戌之后,梁启超在日本广泛阅览东籍,感到眼界大开,于是运用所理解的相关理论对中国的历史与现实展开一系列讨论。⑤在《中国专制政治进化史论》一文里,他根据当时日本政治学界流行的政体分类学说来论述中国政治史,其中

---

① 章太炎:《秦政记》,载《章太炎全集》第 4 册,第 64 页。
② 同上书,第 64—65 页。
③ 同上书,第 65 页。
④ 章太炎:《与梁启超》(1909 年),载马勇编:《章太炎书信集》,河北人民出版社 2003 年版,第 45 页。
⑤ 郑匡民:《梁启超启蒙思想的东学背景》,上海书店出版社 2003 年版,第 17—19 页。

关于"贵族"的部分,他强调:"贵族何自起?起于族制,起于酋政,故地球上一切国,无不经过贵族政治一阶级。"①但梁氏回顾中国历史,发现"吾国自秦、汉以来,贵族政治早已绝迹",对此他认为:"我祖国之历史,有可以自豪于世界者一事,曰无'喀私德'、无'埃士梯德',此实由贵族政治之运不长所致也。"②只是相比于庆幸中国历史上没有导致阶层固化的种姓制度,梁启超更为遗憾的是,正因为深受秦政影响的中国历代王朝总体上抑制了贵族的地位与特权,使得他心目中的"平民政治"无缘出现。在他看来,"贵族政治者,虽平民政治之蟊贼,然亦君主专制之悍敌也。"③具体言之,西方历史上正因为有贵族的存在,所以能够分享君主的权力,上下之间,建立"国宪之根本",之后平民亦可循此途径,向贵族争取自己的权利,并且由于贵族的存在,使得君主难以一人独自占据因权力而生的神圣光环,这样平民便不会对肉食者心生畏惧,可以向其展开抨击。所以,梁启超指出:"泰西之有贵族而民权反伸,中国之无贵族而民权反缩。"④

戊戌之后,康、梁都在努力探索中国的历史与现实问题。有论者指出,康有为在进行中西比较时,"总是要细致辨析同一问题上不同国家的不同形态,以及细致辨析为何两种被放在一起的现象往往属于不同的问题类型",这一思考方式不是"抽象的、类型化的比较"⑤。但同一时期的梁启超却不像乃师那样,依然停留在按照根据西方历史演进总结出来的"理论",对中西历史发

---

① 梁启超:《中国专制政治进化史论》,载吴松等点校:《饮冰室文集点校》,第 3 集,第 1655 页。
② 同上书,第 1656 页。
③④ 同上书,第 1661 页。
⑤ 张翔:《列国竞争、乡邑自治与中央集权——康有为海外游记中的"封建—郡县"问题》,《开放时代》2011 年第 11 期。

展进行简单比较,把近代西方的政治社会形态视为人类历史发展的高点,然后从历史与现实两方面分析中国为何不能臻于此境。而在传播方面,黄遵宪认为梁启超为文"惊心动魄,一字千金,人人笔下所无,却为人人意中所有,虽铁石人亦应感动,从古至今文字之力之大,无过于此者矣"①。后者文章在清末风靡一时,许多立志于救亡图存的士人深受梁氏影响,他关于中国古代政治的论说自然也流风广披,成为人们思考中国现实问题时的知识预设。

章太炎并不反对政治变革,只是如何变革,他坚持必须保障广大平民的利益,促进社会平等,即"讲求吏治,哀念民生",②使得"豪民庶几日微,而编户齐人得以平等",③而非造成新的政治与经济压迫。梁启超式的历史论述,某种程度上是在论证当时乡绅与新兴资本家获取政治地位的合理性,即将这些群体的兴起,视为西方历史上促进民权的贵族之替代品。④在章氏眼里,这种政治改革,会步武当时西方与日本资本家或财阀、政阀统治的弊病,剥夺大多数个体的自主性,造就新的压迫齐民的国家机器。⑤

---

① 黄遵宪:《致饮冰主人书》,载丁文江、赵丰田编:《梁任公先生年谱长编(初稿)》,中华书局 2010 年版,第 138 页。

② 章太炎:《中华民国解》,载《章太炎全集》第 4 册,第 265 页。

③ 章太炎:《五无论》,载《章太炎全集》第 4 册,第 454 页。

④ 沟口雄三认为,清末革命的主导力量,是自清代以来由士绅主导日益扩大的"乡里空间"而生的地方自治力量,以此来对抗清廷。参见[日]沟口雄三:《中国历史的脉动》,乔志航、龚颖等译,生活·读书·新知三联书店 2014 年版,第 296—323 页。如果这一论述能够成立,那么章太炎的意义,就是指出了这一地方力量同样具有压迫民众的性质,是对追寻体现广大平民意志的"民权"之障碍。

⑤ 对章太炎这一政治思想的详细分析,参见[日]近藤邦康:《救亡与传统——五四思想形成之内在逻辑》,丁晓强等译,山西人民出版社 1988 年版,第 91—94 页。

因此他回溯历史,描绘中国历代制度中体现"损上益下之美""抑强辅弱之心"的因素,强调"贵均平、恶专利、重道艺、轻贪冒者,汉人之国性也"①。同时以此为基础,温故知新,希望在未来的制度设计中践行这样的政治文化。因此,《秦政记》中的相关观点,可以视作章氏试图从两千余年来中国典章制度的起点出发,更为深入地挖掘、阐释这一政治文化。

此外,在章太炎看来,所谓平等不只是约束帝室与贵族而已,还应该体现在管理者的选拔与任用上,这也是保证在广土众民的中国,政治制度有效运作的重要因素。《韩非子·显学》篇云:

> 明主之吏,宰相必起于州部,猛将必发于卒伍。夫有功者必赏,则爵禄厚而愈劝;迁官袭级,则官职大而愈治。②

章太炎由此出发阐释秦政:

> 汉武之世,女富溢尤,宠霍光以辅幼主。平生命将,尽其嬖幸卫、霍、贰师之伦。宿将爪牙,若李广、程不识者,非摧抑,乃废不用。秦皇则一任李斯、王翦、蒙恬而已矣。岂无便僻之使,燕昵之谒耶? 抱一司契,自胜而不为也。③

章氏指出,秦政践行了韩非所倡导的用人之道,官僚系统与军事系统中的高层官员皆提拔于最基层,只要在基层岗位上做出成

---

① 章太炎:《五朝法律索隐》,载《章太炎全集》第 4 册,第 81、79 页。
② 《韩非子》校注组编写:《韩非子校注》,凤凰出版社 2009 年版,第 573 页。
③ 章太炎:《秦政记》,载《章太炎全集》第 4 册,第 65 页。

绩,不论出身都可循序升迁。并且在铨选过程中杜绝了偏心于身边的亲信与宠幸。这较之汉武帝滥用外戚、打压功臣宿将,良莠之间,高下立判。

这一论述,既是章太炎对秦政特点的认识,同时也是他思考如何在中国建立良好制度的切入点。秦相李斯总结秦国国力强盛的重要原因,便是不拘一格,无分地域,唯才是举,"太山不让土壤,故能成其大;河海不择细流,故能就其深;王者不郤众庶,故能明其德"①。战国时期,随着周代封建体制的进一步瓦解,社会流动加剧,世袭卿大夫集团走向崩溃,许多出身寒微者步入历史舞台一展才华。②与这一社会转型相伴而生的是专业官僚集团的兴起,职务分类与专长观念相配合,并设置出一套较为完备的年终考绩制度。③凡此种种,皆与当时法家学说的流行密切相关。正是在这样日趋体系化、规范化的政治制度下,秦始皇才有可能组织、动员广泛的人力资源,治理疆域远迈三代的国土。正如章太炎所观察到的,此乃中国历代制度得以长期维系的根基所在,即将制度的合法性建立在广泛的社会集团参与之中。④而一旦背离了这一原则,也就开启了制度崩解的洪水闸门。

回到晚清的历史场景。面对时流纷纷瞩目于近代西方的代议制的态势,章太炎质问:

> 且众选者,诚民之同志哉?驰辩驾说以彰其名,又为之

---

① 司马迁:《史记·李斯列传》第8册,中华书局2014年版,第3089—3090页。
② 许倬云:《历史分光镜》,上海文艺出版社1998年版,第73—79页。
③ 杨宽:《战国史》,上海人民出版社2016年版,第235—238页。
④ 这里笔者借用亨廷顿的相关论点来进行表述,参见[美]亨廷顿:《变化社会中的政治秩序》,王冠华、刘为等译,上海人民出版社2008年版,第138页。

树旗表,使负版贩夫皆劝誉己,民愚无知,则以为诚贤。贤否之实,不定于民萌而操于小己,此犹出之内府,取之外府。①

在这一制度下,看似民众自主选择候选人,但后者形象已被各种政治团体形塑,用何种论调自我宣传,早已精密策划,然后以花言巧语表达之。民众所知者,只是被塑造出来的彼辈形象,却误以为自己真正做主,选出心目中的贤才。因此,章太炎十分质疑这种选举模式是否真能选出"贤人"。

在否定简单效仿近代西方代议制的同时,章太炎思考如何能真正在人才铨选上做到循名责实。依他之见:

诚听法者,督责在中朝,而清问收司遍氓庶,曾以一校私言为剂哉! 又诸登用吏士,循法者不尚贤,不尚贤者,选举视技能,而迁陟视阀阅年劳。贤不可知,虚论才调度量器宇之属,无为也。技能校乎学官,年劳伐阅省乎计簿,细大不越,以为选格之中,此所谓弃前识,绝非誉。②

在这里,章氏认为要想选拔真正的人才,铨选时以专业的"技能"为标准,升迁时以记载业绩的"计簿"为标准,因为此二者皆有客观标准可循,前者能使人尽其才,有专门才能者司职专门之事;后者能根据各人业绩高低来判断其良莠,此亦为法家"综核名实"之道的体现。章太炎的这番认识,虽然与议会选举相异,但

---

① 章太炎:《非黄》,载《章太炎全集》第 4 册,第 128—129 页。
② 同上书,第 125 页。

与现代国家兴起所产生的以法规成文条款为基准的制度化、理性化、客观化诸性格极为相似,①显现出他对于时代的敏锐体认。总之,他所思虑者,乃是如何有一套客观标准来评判人才优劣,让能真正代表广大民众利益并具备良好行政能力的基层官吏得以升迁提拔,确保官吏队伍的行政效率与道德准则,而不是靠一些难以实证的因素来作为用人依据,致使政风紊乱、所举非人。

犹有进者,关于如何使当时的中国振衰起微,章太炎指出:

> 今外有强敌以乘吾隙,思同德协力以格拒之,推其本原,则曰以四百兆人为一族,而无问其氏姓世系。为察其操术,则曰人人自竞,尽而股肱之力,以与同族相系维。其支配者,其救援者,皆姬、汉旧邦之巨人,而不必以同庙之亲,相昫相济。②

正如秦朝建立在战国时期形成的社会流动与社会动员之上,近代中国面临巨大的时代危机,也需要使广大民众从日趋残破的宗族共同体中解放出来,进而在国家层面上进行组织动员,产生一种新的民族国家认同,共同救亡图存。③章太炎早年所主张的"大独必群,群必以独成",就是对这一时代主题的清晰体认。④

---

① 笔者这一描述,主要参考韦伯对官僚制的定义。参见[德]马克斯·韦伯:《经济与社会》第2卷上册,阎克文译,上海人民出版社2010年版,第1095—1097页。
② 章太炎:《〈社会通诠〉商兑》,载《章太炎全集》第4册,第348页。
③ 汪晖:《现代中国思想的兴起》上卷第1部,第95页。
④ 章太炎:《訄书(重订本)·明独》,载《章太炎全集》第3册,第241页。

因此,章太炎从"宰相必起于州部,猛将必发于卒伍"的角度评价秦政,在历史论述与现实关怀的交织之下,很可能就具有了两层含义。就"古义"而言,章氏试图由此出发,总结秦以来中国基本政治制度与大一统国家格局得以大致延续的深层次原因,并将其作为未来克服近代西方代议制弊端、选拔良吏干才、保障平民利益、维系制度有效运作的重要思想资源;就"新义"而言,"宰相必起于州部,猛将必发于卒伍"之理想在晚周的社会形态下,有效地组织动员了大量人力资源,此乃秦这一巨型政治体能够出现的重要前提。因此,在充满时代危机的当下,需要继承这一理想的精髓,用新的形式与理念,再次将广大民众充分动员,参与到革命与救亡运动当中,使中国在列强环伺的世局之下走向独立富强。

三、"虽独制,必以持法为齐"

戊戌年间支持变法的严复,在《辟韩》一文里抨击秦以来的"法制"乃盗窃国柄者鱼肉百姓的工具:

> 秦以来之为君,正所谓大盗窃国耳。国谁窃?转相窃之于民而已。既已窃之矣,又惴惴然恐其主或觉而复之也,于是其法与令蝟毛而起,质而言之,其什九皆所以坏民之才,散民之力,漓民之德者也。①

----

① 严复:《辟韩》,载王栻主编:《严复集》第 1 册,中华书局 1986 年版,第35—36 页。

后来在翻译孟德斯鸠《法意》时所写的按语里,严复进一步阐述,孟德斯鸠所说的"法",是"治国之经制",一旦颁布,"上下所为,皆有所束"。而具有很强法家色彩的秦政,其所施行的"法","直刑而已"。目的是"驱迫束缚其臣民,而国君则超乎法之上,可以意用法易法,而不为法所拘。"结果"虽有法,亦适成专制而已矣"①。这一论述,对于时人关于中国秦以来历史的认知影响极大。如报人林白水用白话文向更广大的社会群体宣传革命时就言及:"秦汉以后中国的政体都是君主专制,这法律上事情就有两桩极不平等的了。一桩是皇帝的意思就是法律,做百姓的人一点儿不能干预;一桩是做皇帝的人不受法律拘束,听他无所不为。"②

在《秦政记》中,章太炎尝试回应这种观点。他认为:"人主独贵者,政亦独制。虽独制,必以持法为齐。释法而任神明,人主虽圣,未无不知也。"③以此为标准,"秦制本商鞅,其君亦世守法。"在这一政治传统下,秦政"使君民不相爱,块然循于法律中。秦皇固世受其术,其守法则非草茅、缙绅所能拟已。"④而其之所以亡国,很大原因也正是因为治国严格遵循法令,对仍有一定社会力量的六国公族"不假以虚惠",即拒绝给予后者法外的特权来作为政治妥协,以换取他们的支持,因此彼辈四处联络,立志于灭秦复国。⑤总之,章太炎指出:"秦政如是,然而卒亡其国者,

---

① 严复:《〈法意〉按语》,载王栻主编:《严复集》第 4 册,第 938—939 页。

② 林白水:《国民意见书·说法律》,载福建省新闻学会编:《林白水文选》,福建人民出版社 2016 年版,第 44 页。

③ 章太炎:《秦政记》,载《章太炎全集》第 4 册,第 65 页。

④ 同上书,第 65、66 页。

⑤ 据今人研究,秦代的缺失之一,就在于没有建立起来一个真正的"中层",六国后代,不愿与秦合作,因此整个统治解构极不稳定。参见许倬云:《历史分光镜》,第 216—217 页。

非法之罪也。"①

　　章太炎表彰秦法的优良作用,体现出他对历史演进颇为准确的把握。秦因商鞅变法而强。《商君书·修权》篇曰:"法者,君臣之所共操也。""君臣释法任私,必乱。故立法明分,而不以私害法,则治。"《赏刑》篇云:"所谓壹刑者,刑无等级,自卿相将军以至大夫庶人,有不从王令、犯国禁、乱上制者,罪死不赦。"②因此,"秦律的基本精神,就是要把行政各个细节、社会各个方面都纳入法律的调整范围,不让危害行为逃脱制裁。"③而在社会层面,由于世袭等级制的解体,以及社会经济的发展,各国开始整编户籍,全民身份日趋平等,成为新兴国家控制下的编户齐民。因此战国时期编撰法典之风日盛,从制度层面保障他们财产完整与生命安全,因此"盗律"与"贼律"成为当时成文法典里的大宗。④另一方面,在编户齐民的社会里,秦律泰半针对官吏而设,其着眼点就是防止贪官污吏欺压基层民众,破坏社会安定,侵蚀统治根基。⑤在那个时代里,秦法体现了比较强的平民色彩。

　　因此,从章太炎所诠释的视角出发,对于秦代的政治遗产就不能简单服膺孟德斯鸠式的论述。从今日的后见之明来看,这一论述来源于当时西人所能接触到的及少量关于中国历史的材料,因此很难汲取对中国历史比较完整的知识。加之在启蒙运

---

① 章太炎:《秦政记》,载《章太炎全集》第 4 册,第 66 页。
② 高亨:《商君书注译》,清华大学出版社 2011 年版,第 120、138 页。
③ 阎步克编著:《波峰与波谷:秦汉魏晋南北朝的政治文明》,北京大学出版社 2009 年版,第 57 页。
④ 杜正胜:《编户齐民——传统政治社会结构之形成》,台北联经出版事业公司 1990 年版,第 229—259 页。
⑤ 同上书,第 370—371 页。

动前夕,思想界爆发了影响广泛的"古今之争",崇今派主张屏弃古典知识,贬低古人思想,宣扬技术与理性的价值。在这样的背景之下,希腊罗马文明遭到猛烈抨击,而中国更被视为学问上的童稚,中国形象渐渐以落后、专制、蒙昧出现于世人面前。①中国秦以降的法制也一样难逃被如此这般来描绘,成为当时大多数西方人对中国的主观印象之一。②

章太炎自然承认,秦政的特点是"独制",即皇帝拥有极大的权力。但"独制"与"持法为齐"并不矛盾。在他看来,只要是行之有效、民受其利的制度,"共和之名不足多,专制之名不足讳"③。甚至在共和政体下,如果不能防止富民压迫平民,那么从普通民众的立场出发,"犹不如专制政体之为善也。"④在这里,章太炎并未率由旧章,认为"专制"尽善尽美,而是强调如果替代这一制度的新制,实际效果较之先前反而每况愈下,那么就不能因为它符合风行一时的时代思潮而避免被批评。同时也需要从中国自身的历史与现实出发,超越流行的政治话语体系,重新思考各种制度在政治实践中的良莠。

正是在这样的基础上,章太炎认为秦政由于恪守法令、杜绝私门,反而在古代的社会条件下一定程度上体现了某种社会平等。这一政治文化传统流传后世,成为大多数人心中政权合法性的重要标准:

---

① 刘小枫:《古今之争的历史僵局》,载《古典学与古今之争》,华夏出版社 2016 年版,第 127—130 页。
② [美]络德睦著:《法律东方主义:中国、美国与现代法》,魏磊杰译,中国政法大学出版社 2016 年版,第 40—50 页。
③ 章太炎:《代议然否论》,载《章太炎全集》第 4 册,第 323 页。
④ 章太炎:《五无论》,载《章太炎全集》第 4 册,第 455 页。

铺观载籍,以法律为《诗》、《书》者,其治必盛;而反是者,其治必衰。且民所望于国家者,不在经国远猷,为民兴利,特欲综核名实,略得其平耳。是故韩、范、三杨为世名臣,民无德而称焉。而宋之包拯、明之况钟、近代之施闰章,稍能慎守法律,为民理冤,则传之歌谣,著之戏剧,名声吟口,愈于日月,虽妇孺皆知敬礼者,岂非人心所尚,历五千岁而不变耶?①

因此,未来中国的制度建设,不应再纠缠于"专制""立宪""共和"等术语,需继承由秦政所体现的法制传统,行综核名实之政,"惩创贪墨,纠治奸欺",让"监守自盗者必诛,挪移假借者必戮",以此"救弊扶衰"。②

在重订本《訄书》里,章太炎认为商鞅变法的缺点在于"毁孝弟,败天性",③用整齐划一的法制来替代许多约定俗成的伦理。当他撰写《秦政记》时并未对此有所阐述。但在同一时期出版的《国故论衡》之《原道篇》里,章氏专门详论这一问题。他指出:"政之所行与俗之所贵,道固相乏,所赏者当在彼,所贵者当在此。"④秦政强调综核名实,会流于严刑峻法,在动员大量社会资源的同时忽视民众由长期文化积淀而形成的生活习俗与心理诉求,而后两者正是在政治活动之外大多数人不断在日常活动里践行的行为准则。这样,"有虎狼之民、牛马之士,国虽治,政虽理,其民不人"。所以法家政治传统的最主要缺点就是"有见于

① 章太炎:《官制索隐》,载《章太炎全集》第 4 册,第 92—93 页。
② 章太炎:《记政闻社员大会破坏状》,载《章太炎全集》第 4 册,第 396 页。
③ 章太炎:《訄书(重订本)·商鞅》,载《章太炎全集》第 3 册,第 265 页。
④ 章太炎:《国故论衡·原道下》,第 115 页。

国,无见于人;有见于群,无见于子"①。

因此,章太炎主张借庄子学说以济其穷。章太炎指出:

> (庄子)其道在分异政俗,无令干位。故曰得其环中以
> 应无穷者,各适其欲以流解说,各修其行以为工宰,各致其
> 心以效微妙而已矣。政之所具,不过经令;法之所禁,不过
> 奸害。能说诸心,能研诸虑,以成天下之亹亹者,非政之所
> 与也。采药以为食,凿山以为宫,身无室家农圃之役,升斗
> 之税,不上于王府,虽不臣天子、不耦群众,非法之所禁。版
> 法格令,不得剟一字也。操奇说者能非之,不以非之剟其
> 法,不以尊法罪其非。君臣上下,六亲之际,雅俗所守,治眇
> 论者所驳也;守之者不为变,驳之者无所刑。②

很明显,章氏认为庄学要义即在"分异政俗"四字。他借此来
强调政府权力应有明确界限,止于颁布法令、惩处犯罪,政治
活动之外犹有广阔天地存焉。其他民间行为,特别是文化与
思想方面,更是不可横加干涉。民众只要不违反国家法律、危
害政权基础,在不形成新的经济剥削的前提下,其行为应任其
自由,即便自外于国家与社会,不与众人为伍,避世独居,亦无
可厚非。章太炎对于庄子思想的这番诠释,并非是向往上古
日出而作日落而息的无怀氏之民,而是正如姜义华老师所言,
章氏在清末"坚决地反对将世界、社会、国家与其他社会成员
变成一个人们所无法控制的异己力量,力图防止这一切异化
成为一个高高在上的新的强制者。"③因此他在阐释秦政之时

---

① ② 章太炎:《国故论衡·原道下》,第 115 页。

③ 姜义华:《章太炎的人性论》,载《现代性:中国重撰》,北京师范大学出版社
2008 年版,第 313 页。

不忘以庄学作为必要补充,强调后者"分异政俗"之论,将综核名实限制在特定的政治范围之内,此外一任众人自为,这才是"以百姓心为心",才是真正的"齐物"。所以章太炎指出,良好的国家治理图景应是"一者以为群众,歧者以优匹士。因道全法,则君子乐而大奸止"①。

相似的,章太炎认为秦政之下,"君民不相爱,块然循于法律之中",强调"亡其国者,非法之罪也"②。正如阎步克先生所论,秦政十分强调法的作用,任用大量文吏来处理国政,造成一种"片面的深刻",在厉行法治的同时,"既未能把活跃繁荣的学士群体及其思想文化传统有机地整合在内,也未能把聚落村社及其'亲亲'教化传统有机地整合在内"③。如此一来,便不能在大一统的新局之下提出一套能涵盖文化积淀与社会伦常的思想文化论述,掌握"文化领导权",以此来团结凝聚乡里共同体中的代表人物与新兴的士人阶层。这恰被后来的西汉王朝所借鉴,即在反思秦历二世而亡的经验教训基础上,朝廷与儒生都开始重视仁义、经艺、伦理教化所形塑的社会秩序,借此来稳定汉代的政治体制。④章太炎论述秦政,聚焦于阐扬其中的法治传统,所以对这些面向并未展开讨论,特别是未涉及在新政权成立后如何培养一批具有基本政治认同与历史认同的文化担当者,这不能不说是一个让人遗憾的瑕疵。

---

① 章太炎:《国故论衡·原道下》,第116页。
② 章太炎:《秦政记》,载《章太炎全集》第4册,第66页。
③ 阎步克:《士大夫政治演生史稿》,北京大学出版社2015年版,第235页。
④ 关于这一点,参见林舒聪:《儒学与汉帝国意识形态》,上海人民出版社2016年版。

四、余　论

章门弟子钱玄同曾言:"师(章太炎)熟于中国历史,而于历朝之典章制度尤所究心。"[1]在《秦政记》一文里,章太炎试图挖掘深刻影响中国两千余年政治制度与政治文化的秦政之精髓,从中总结中国古代政治实践中所体现出来的内在原理,以此作为未来中国制度建设的历史参考。章氏自言中国的政治应"依于历史,无骤变之理",[2]因此《秦政记》不但是他尝试对历史提出解释,更有着极强的现实指向。他强调理解秦政不可简单套用源自近代西方的"专制"话语。秦政的运作,一定程度上保障平民的利益。并且在铨选人才方面,秦制具有古典式的社会流动性,实践韩非主张的"宰相必起于州部,猛将必发于卒伍",有效动员了当时的基层社会力量,杜绝皇族贵戚弄权干位,树立了良好的政治风气。此外,秦政厉行法治,赏罚一准于法,拒绝对特权集团法外开恩,这一点体现了社会平等,同时形成流传后世的政治文化传统,此乃未来中国法治建设的重要传统资源。

值得注意的是,章太炎虽对秦政多有表彰,但他绝非为君主制度辩护。在他的政治理想中,"人君者,剽劫之类,奄尹之伦"[3]。他藐视一切被颂扬、纪念的政治领袖,更不会对古今肉食者卑躬屈膝,而是希望有朝一日能"操金椎以趋冢墓,下见拿

---

[1]　杨天石整理:《钱玄同日记》上册,北京大学出版社 2014 年版,第 384 页。

[2]　章太炎:《自述学术次第》,载虞云国整理:《菿汉三言》,第 198 页。

[3]　章太炎:《国故论衡·原道下》,第 114 页。

破仑、华盛顿,则敲其头。"①只是他清楚认识到,"今之建国,由他国之外铄我耳。他国一日不解散,则吾国不得不牵帅以自存"。②中国身处列强环伺之际,若放弃国家建设,则会惨遭列强蹂躏,山河破碎,民不聊生。在此严峻的现实之下,不去谴责列强的帝国主义行径,却对中国救亡图存事业嗤之以鼻,此举非愚即诬。在这一前提下,章太炎主张制度建设不应被源自近代西方的政治话语体系束缚,真正从本国的历史与实际出发,切中时弊,以广大民众的利益为旨归,再造良政,实现近代中国的政治转型。犹有进者,20余年前当苏联解体之际高唱"历史终结论"的福山,目睹一系列并未按其预期所发展的世变之后,在最近的著作里开始重新思考"国家能力"对一国发展的重要性,提出不应用各种政治宣传口号来否定国家本身的意义。他回溯全球政治发展史,认为"中国是第一个创建现代国家的世界文明",发明了一套稳定、持久的政治体系,确保中华文化绵延不断。③我们在钦佩福山进行理论反思的勇气同时,或许也应重新思考,对当代中国而言秦以来的政治遗产究竟有何意义,进而提出尽可能贴近历史本相、契合当代实践感觉的历史论述。就此而言,章太炎之论秦政,实予人不少启发。

---

① 章太炎:《官制索隐》,载《章太炎全集》第4册,第82页。
② 章太炎:《国家论》,载《章太炎全集》第4册,第492页。
③ [美]弗朗西斯·福山:《政治秩序的起源(上卷)》,黄忠宪、林锦慧译,台北时报文化出版有限公司2014年版,第180—181页。

莅民理政之要

——《五朝法律索隐》的政治思想史解读

章太炎对政治有着十分浓厚的兴趣。沈瓞民回忆青年章氏"言吏治,至三时许,滔滔不绝,真雄才大略也"[1]。章门弟子姜亮夫则认为乃师"学术之中心思想,在求'救世之急'",而"其方法在教人不忘本,不忘本故尊史",以此"求'用'于救民"。基于此,大凡"变更故常,不轨于典籍,或有危于宗邦者,皆为心所甚忧"。[2]在章太炎那里,研究中国历史,在方法上固然要尽可能地呈现历史本相,祛除各种充满主观臆断的荒诞不经之言,[3]但另一方面,对中国而言,代代相传的历史叙述同时也是一个不断凸显历史主体的政治与文化意义的过程,"历史民族"与"政治民

① 沈瓞民:《记凤凰山馆论学——纪念亡友太炎先生》,载陈平原、杜玲玲编:《追忆章太炎》,生活·读书·新知三联书店 2009 年版,第 146 页。

② 一士:《章太炎弟子论述师说》,载陈平原、杜玲玲编:《追忆章太炎》,第342、344、335 页。

③ 章太炎:《征信论上》,载《章太炎全集》第 4 册,上海人民出版社 2014 年版,第 46—48 页。

族"实为一体两面,因此,历史实属决定民族形成的最终力量。①
在这个意义上,章太炎的不少史论都值得从政治思想史的角度
进行分析。

钱玄同说章太炎"熟于中国历史,而于历朝之典章制度尤所
究心。"②发表于 1908 年的《五朝法律索隐》即为章氏考论中国
典章制度的代表之作。在这篇文章中,他认为虽然魏、晋、宋、
齐、梁这五个朝代的律令典制"其篇籍虽放失,因事钩求,犹可得
其放物"③。但章太炎撰写此文,绝非仅为饾饤考史,效仿清儒
所为,而是相信五朝法典"有可傅以西方之制者,有孑杰于汉土
者;有可拟以近世之制者,有孑杰于前代者",体现出"重生命"
"恤无告""平吏民""抑富人"四个特点。④置诸当时背景,"光绪
以后,时局改变,世界法治思想输入我国。旧有法典,不适于用,
乃有修订法律馆,着手起草民刑律及商法。计自光绪二十九年
以后,先后产生《新刑律》、《民律草案》、《诉讼法草案》及《大清商
律》等新式法典,开我国法制革新之先声"。同时由于"清室复标
榜新政,于是一改沿袭旧日法制之传统观念,而多采用外国法。
如《新刑律》则系参酌各国刑法,折衷历朝旧制而成;而《民法草
案》则纯仿德国编制法,实为近代我国法典采用外国法之开
端"⑤。晚清新政,司法改革地位尤为重要,关系全局得失。⑥对
此,虽然基于反清革命的政治立场,章太炎自然不会襄赞其中,

① 张志强:《一种伦理民族主义是否可能? ——论章太炎的民族主义》,《哲
  学动态》2015 年第 3 期,第 6—9 页。
② 杨天石主编:《钱玄同日记》上册,北京大学出版社 2014 年版,第 384 页。
③④ 章太炎:《五朝法律索隐》,载《章太炎全集》第 4 册,第 73 页。
⑤ 杨幼炯:《近代中国立法史》,中国政法大学出版社 2012 年版,第 41 页。
⑥ 黄源盛:《法律继受与近代中国法》,台北原照出版公司 2007 年版,第
  45—86 页。

为其出谋划策，但作为一项社会影响至为广泛的政治事件，他同样借由观察清廷如何改革，思考未来中国法制建设的重点与可能性。①就此而言，《五朝法律索隐》堪称章太炎的法制改革意见书。在此文中，章太炎如何评价清廷及其支持者的相关作为？如何通过五朝法律来审视、批判当时流行的法律思想与其背后的政治与社会基础？以及他借助考论五朝法律，提出了怎样的法律改革要义，视其为政治治理的关键组成部分？本文即对这些问题展开分析，以期能更为深入地理解章太炎的历史论述与政治论述之表达特色与思想内涵。

一、法律改革的名实之辨

在《五朝法律索隐》的开篇，基于"輓近士大夫喜言法律"的政治风气，章太炎分析法律在中国政治文化传统中的位置。在他看来，"法律者，模略格令仪注而为言。此则六典、通礼之流悉包之矣"②。章氏青睐荀学，认为"荀子则入圣域，固仲尼后一人。持衡诸子，舍兰陵其谁哉！"③在荀子的思想体系里，"国无

---

① 对于清末新政，章太炎虽然明确反对，但他同样借由观察前者利弊，作为思考未来中国发展的重要借鉴，对此，笔者曾以清末新式教育引进为切入点，分析章太炎如何评论、反思这一事件，并提出自己关于教育问题的看法。参见王锐：《〈教育今语杂志〉与章太炎的教育实践》，《现代中文学刊》2018 年第 1 期。

② 章太炎：《五朝法律索隐》，载《章太炎全集》第 4 册，第 71 页。

③ 章太炎：《兴浙会章程》，载姜义华、朱维铮编注：《章太炎选集》，上海人民出版社 1981 年版，第 17 页。

礼则不正。礼之所以正国也,譬之犹衡之于轻重也,犹绳墨之于曲直也,犹规矩之于方圆也,正错之而人莫之能诬也"①。因此"隆礼至法则国有常"②。在这里,"礼"已经不只是具体的仪文,而是国家制度之根本,在实践层面与"法"的作用极为相似。因此,章太炎强调中国的法律与礼制之间关系密切,很大程度上是对荀学的再阐发。在此基础上,他强调"出于礼则入于刑,空为仪式者,令不必行,诚不必止,故中国重刑"③。为了有效的进行社会治理,中国自有一套法律传统,从李悝著《法经》到陈群作《魏法》,杜预撰《刑名法例》,中国古代的法律学说愈发完善,以上论著中对"刑""法""律"等字的内涵与考外延之考辨与解释,就是这一过程具体而微的表现。

基于此,章太炎遂如此评价当时清廷的法律改革:

> 季世士人,虚张法理,不属意旧律,以欧、美有法令,可以儳之也。虏廷设律例馆,亦汲汲欲改刑法,比迹西方。其意非为明刑饬法,以全民命,惩奸宄,徒欲杜塞领事法权,则一切不问是非惟效法泰西是急。法律者,因其俗而为之约定俗成,案始有是非之剂。故作法者当问是非,不当问利害,今以改律为外交之币,其律尚可说哉! 虏廷瞀御无道,诸士人醟涵于西方法令者,非直不问是非,又不暇问利害,直以殉时诡遇,又愈在虏廷瞀御下矣。④

---

① 北大哲学系注:《荀子新注》,台北里仁书局 1983 年版,第 205 页。
② 同上书,第 241 页。
③ 章太炎:《五朝法律索隐》,载《章太炎全集》第 4 册,第 71 页。
④ 同上书,第 72 页。

可以看到,章太炎强调制定法律的关键在于"因其俗而为之约定俗成",对于历史上长期形成的社会道德、风俗、习惯应予以充分重视,使得法律条文能和广大民众的生活习惯相吻合,在维护社会基本秩序、改革已经不适合时代风气的社会弊端的同时,不去人为破坏民间习之已久的基本生活方式,这样的法制建设,才堪称具有"是非之剂"。然恰恰相反,清廷猝尔效仿西方,进行法律改革,很大程度上只是出于现实利害关系的考量,而未曾思考如何让新式法律与中国社会接榫,这样做很难达到创立良法的实际效应。当然,这里所谓的"约定俗成",并非一仍旧贯,不事更张。在先前的《訄书》重订本中,章太炎指出:"法之不足以惩民者,非轻重为之也,畛庶之使必不可行耳。"以此为标准,"中国所患,非刑重之失也,特其米盐琐细,罪不至死,而必致之弃市磐首者,可为减耳"①。值得注意的是,19 世纪的西方,德国的历史主义法学颇为盛行,它强调一种历史进程中"发展起来的法律",即"通过确立发展原则去探寻法律的稳定性,而所谓确立发展原则,也就是探寻法律发展所遵循的并将继续遵循的路线"②。明治二十二年(1889 年)以后,日本开始大规模引进德国法,相关的法学理论也随之而来。章太炎在戊戌之后广泛阅读日本转译的西学著作,在这一过程中,他或许受到了德国历史主义法学的些许影响,并通过观察中国的历史与现状,形成自己关于法律改革的思路。

正如章太炎所言,清廷自庚子之后,开始着手法律改革。光绪二十八年(1902 年)的上谕写道:"现在通商交涉,事情益繁

① 章太炎:《訄书(重订本)·定律》,载《章太炎全集》第 3 册,第 270 页。
② [美]庞德:《法律史的解释》,邓正来译,商务印书馆 2013 年版,第 14—15 页。

多,著派沈家本、伍廷芳将一切现行律例,按照交涉情形,参酌各国法律,悉心考订,妥为拟议,务期中外通行,有裨治理。"①清廷之所以有此举动,很大程度是因为西方列强的因素。立足于作为帝国主义意识形态的"文明论"与民族优越论,在 19 世纪的一般西方人眼里,中国的法律从条文内容到审讯方式,充斥着野蛮与残忍,借此将中国"想象"成为一个落后、愚昧的地区。②在现实政治层面,这种论调成为西方列强在中国获取治外法权的意识形态幌子。时人颇为深刻地观察到:

> 夫国家者主权所在也,法权所在,即主权所在,故外国人之入他国者,应受他国法堂之审判,是谓法权。中国自通商以来,即许各国领事自行审判,始不过以彼法治其民,继渐以彼法治华民,而吾之法权日削。近且德设高等审判司于胶州,英设高等审判司于上海,日本因之大开法院于辽东,其所援为口实者,则以中国审判尚未合东西各国文明之制,故遂越俎而代谋。更以东三省近日情形言之,长春以南遍地有日人,长春以北遍地有俄人,既遍住日、俄之人民,势将设日、俄之法院,民习于他国之法律,遂忘其为何国之子民,法权既失,主权随之,言念及此,可为寒心。③

清廷在一次次的对外交涉中逐渐认识到列强政治与外交的真正

---

① (清)朱寿朋:《光绪朝东华录》第 9 册,中华书局 1960 年版,第 48 页。
② 李秀清:《中法西绎:〈中国丛报〉与十九世纪西方人的中国法律观》,上海三联书店 2015 年版,第 86—105 页。
③ 《御史吴钫奏厘定外省官制请将行政司法严定区别折》,载故宫博物院明清档案部编:《清末筹备立宪档案史料》下册,中华书局 1979 年版,第822—823 页。

行为逻辑后,开始设想通过改革中国旧有的法律体系,引进西方的法律知识,以此来希望与列强进行平等的交涉往来,保障国家的基本权益,甚至能够进入由西方列强所主导的"文明国"圈子当中。①此恰如《清史稿》所言:"清季士大夫习知国际法者,每咎彼时议约诸臣不明外情,致使法权坐失。"因此,"尔时所急于改革者,亦曰取法东西列强,藉以收回领事裁判权也。"②而从思想史的角度看,这些举措背后,显示出近代中国伴随着国势日益衰微,在自我认知与世界认知方面已经失去了主动权,旧有的一整套政治运作内在理路不再能够作为政治合法性的根基,必须经由携坚船利炮而来的列强的知识体系与价值标准,来定义、评判中国的政治与法律该如何设置与执行。因此有论者指出,清廷所主导的法律改革,很大程度上是一场为取得西方列强之政治"承认"而进行的学习、适应与改造。③

在整体的中西文化观上,自从 1906 年东渡日本以来,章太炎一直反对肇自近代西方的普世主义,他以"风律"为喻,认为"风律不同,视五土之宜,以分其刚柔奢敛。是故吹万不同,使其自己,前者唱喁,后者唱于,虽大巧莫能齐也"④。因此坚持"中国之不可委心远西,犹远西之不可委心中国也"⑤。具体到法律

---

① 林学忠:《从万国公法到公法外交——晚清国际法的传入、诠释与应用》,上海古籍出版社 2009 年版,第 230—240 页。

② 赵尔巽等撰:《清史稿·刑法三》,中华书局 1977 年版,第 15 册第 4216 页。

③ 梁治平:《礼教与法律:法律移植时代的文化冲突》,上海书店出版社 2013 年版,第 52—53 页。

④ 章太炎:《驳中国用万国新语说》,载《章太炎全集》第 4 册,第 353 页。

⑤ 章太炎:《国故论衡·原道》,上海古籍出版社 2003 年版,第 103 页。关于章太炎的文化观,参见汪荣祖:《康章合论》,台北联经出版事业公司 1988 年版,第 53—60 页。

问题上,他坚持立法应从中国的历史与实际出发,在知识体系上,不能只聚焦于西方的法律知识,必须对中国数千年的法律沿革有清晰的认知。①在《五朝法律索隐》中,他分析中国历代法律:

> 余观汉世法律贼深,张汤、仲舒之徒,益以《春秋》诛心之法,又多为《决事比》,转相贸乱,不可依准。其次文帙完具者,独有《唐律》,乃近本齐、隋,北齐始制重罪十条,犯此者不在八议之列。隋氏以降,入叛,虵益不睦一条,始称十恶,唐世亦依其法,至今承用,此魏、晋、江左所无也。《汉律》无十恶名,大不敬罪辄逾等。故汉、唐二律皆刻深,不可施行。②

章太炎认为:"铺观载籍,以法律为《诗》、《书》者,其治必盛;而反是者,其治必衰。"③他的政治思想里,有非常强的法家因素。而他认为法家学说之所以被人诟病,很大程度上是由于汉代张汤根据人主之意滥施严刑峻法,以及今文经学家鼓吹《春秋》决狱,致使法律的客观性被严重破坏。④所以在此基础上形成的汉律

---

① 在1910年的演讲中,章太炎就批评当时喜好新学者,"讲了政治呢,法理学、政治学的空言,多少记一点儿,倒是中国历代的政治,约略有几项大变迁,反不能说,这还是算久远的事情。只问现在的政治,几种的款目,几种款目中间,真正的利弊在哪里,又说不出来。看来他们所说的政治法理,像一条钱串子,只得一条绳子,并没有一个钱可穿。"参见章太炎:《常识与教育》,载章念驰编订:《章太炎演讲集》,上海人民出版社2011年版,第63页。
② 章太炎:《五朝法律索隐》,载《章太炎全集》第4册,第72—73页。
③ 章太炎:《官制索隐》,载《章太炎全集》第4册,第92页。
④ 章太炎:《訄书(重订本)·商鞅》,载《章太炎全集》第3册,第263—264页。

便体现出"刻深"的特征，不可作为今日制定法律的依据。与之相似，对于《唐律》，章太炎认为其受到北朝法律的影响，对冒犯君主予以极重的处罚，以此彰显君主的绝对权威。①而居今之世，章氏认为体现平等的要义之一便是"去君臣"，②因此带有浓厚的维护君主地位意涵的《唐律》也不应作为当代法制的参考。

值得注意的是，作为章太炎当时主要论辩对象的梁启超，③也强调"法治主义，为今日救时唯一之主义；立法事业，为今日存国最急之事业。"同时他主张："法律者，非创造的而发达的也。固不可不采人之长以补我之短，又不可不深察吾国民之心理，而惟适是求。故自今以往，我国不采法治主义则已，不从事于立法事业则已，苟采焉而从事焉，则吾先民所已发明之法理，其必有研究之价值，无可疑也。"④本乎此，他在《论中国成文法编制之沿革得失》一文中梳理中国古代的法律传统，认为"我国之成文法，至唐代而始极浩瀚，而其现存于今者，亦以唐之成文法为最古"⑤。具体言之：

---

① 后来陈寅恪进一步论证了《唐律》如何深受北魏与北齐律令的影响。不过在陈氏看来，北齐有颇为完备的法律文化传统，因此北齐律的地位与价值不容小觑，这与章太炎立论的着眼点又有不同。参见陈寅恪：《隋唐制度渊源略论稿》，台湾商务印书馆 1994 年版，第 107—123 页。

② 章太炎：《訄书（重订本）·平等难》，载《章太炎全集》第 3 册，第 238 页。

③ 章太炎在晚年回忆："我们可知学术的进步，是靠着争辩，双方反对愈激烈，收效方愈大。我在日本主《民报》笔政，梁启超主《新民丛报》笔政，双方为国体问题辩论得很激烈，很有色彩，后来《新民丛报》停板，我们也就搁笔。"参见章太炎：《国学十讲》，载章念驰编订：《章太炎演讲集》，第 238 页。

④ 梁启超：《中国法理学发达史论》，载《饮冰室合集·文集十五》，中华书局 1989 年版，第 43 页。

⑤ 梁启超：《论中国古代成文法编制之得失》，载《饮冰室合集·文集十六》，第 22 页。

日本博士织田万氏，谓我国行政法法典，发达最早，而推本于周礼。此其言吾虽未能纯表同情，然近世学者解释行政法之定义，谓行政法者，总括关于政权作用之法规的全体也。此定义若当，则今传之《唐六典》，足以当之矣。①

梁启超自言撰写此文，参考了日人穗千陈重、奥田义人、梅谦次郎、织田万等人的法学著作，并声称从总体上看，中国"固有之法系，殆成博物院中之装饰品，其去社会之用日远，势不得不采他人之法系以济其穷"②。因此，在论述中国传统法律流变时，他基本上是按照从日本学者那里获取的西方法学知识作为论述基础，特别是按照近代西方法律分类来审视中国历代法典编撰，如果后者有些许符合前者标准与门类的痕迹，那么才是可堪阐扬之物。③这种"外部视角"的分析模式，与章太炎看待中国历代法律得失的角度极为不同，因此二人对《唐律》的评价，便呈现出截然相反的观点。

总之，章太炎认为，作为当代法律改革的本土思想资源，"求宽平无害者，上至魏，下讫梁，五朝之法而已"④。在另一篇文章《五朝学》当中，章氏复表彰五朝学术颇具高妙独到之处，五朝士人有"孝友醇素"之风，不可因五朝国力劣弱而将其历史地位贬低。⑤正如江湄所论，章氏表彰五朝学术，凸显出他对"学术""道

---

① 梁启超：《论中国古代成文法编制之得失》，载《饮冰室合集·文集十六》，第25—26页。
② 同上书，第1—2、5页。
③ 关于梁启超在清末如何受到日本学术与知识体系的影响，参见［日］狭间直树编：《梁启超·明治日本·西方》，社会科学文献出版社2012年版。
④ 章太炎：《五朝法律索隐》，载《章太炎全集》第4册，第73页。
⑤ 章太炎：《五朝学》，载《章太炎全集》第4册，第66—71页。

德"与"政治"的重新定义,即不以体现国力强弱的"政治"作为衡量一个时代的标准,这一思路强调"真""俗"分际、"政""俗"分异,实属章氏"齐物哲学"的具体表现。①正是在这样的思想背景之下,章太炎重新阐释了五朝法律的意义与价值。

二、以保障平民为旨归

　　1906 年以后,章太炎在日本主持《民报》笔政,在彼时同盟会的政治理论里,极为重视社会平等的相关议题。②章门弟子黄侃就颇为详实地描绘了晚清底层农民的生活境况,特别是不法官吏与土豪劣绅对他们的压迫与剥削,痛言:"生民之穷,未有甚于中国之今日也。"③而关于中国的政治文化传统,章太炎认为在广大民众心中,一个政权能否维持政治与社会平等是衡量其执政优劣的重要标准:

　　　　民所望于国家者,不在经国远猷,为民兴利,特欲综核名实,略得其平耳。是故韩、范、三杨为世名臣,民无德而称焉。而宋之包拯、明之况钟、近代之施闰章,稍能慎守法律,

---

① 江湄:《"齐物"世界中的"学术"、"道德"、"风俗"与"政治"》,载《创造"传统"——晚清民初中国学术思想史典范的确立》,台北人间出版社 2014 年版,第 139—142 页。

② 朱浤源:《同盟会的革命理论:〈民报〉个案研究》,台北"中研院"近史所 1995 年版,第 155—224 页。

③ 黄侃:《哀平民》,载《黄季刚诗文集》下册,中华书局 2016 年版,第 653 页。

为民理冤,则传之歌谣,著之戏剧,名声吟口,逾于日月,虽
妇孺皆知敬礼者,岂非人心所尚,历五千岁而不变耶?①

他认为在这样的历史积淀下,中国古代制度有许多彰显平等的
内容,比如在均田制之下,"贫富不甚悬绝,地方政治容易施行"。
甚至在当时饱受诟病的科举制度,普通人"只要花费一二两的纹
银,就把程墨可以统统买到,随口咿唔,就像唱曲一般,这做工农
的事,也还可以并行不悖,必得如此,贫人才有做官的希望。若
不如此,求学入官,不能不专让富人,贫民是沉沦海底,永无参预
政权的日子了"②。基于这些因素,章太炎指出:"魏、晋、南朝诸
律,虽已残缺,举其封略,则有损上益下之美;抽其条目,则有抑
强辅微之心。"③

在章太炎看来,作为五朝法律特征之一的"平吏民",首先体
现在"部民杀长吏者,同凡论",即不对平民诛杀官吏定以更为重
的处罚。章氏指出:

盖法律者,左以庇民,右以持国。国之所以立者,在其
秩分,秩分在其官府,不在其任持官府者。故谋反与攻盗库
兵,自昔皆深其罪。及夫私人相杀,虽部民、长吏何择焉?④

在这里,章太炎区分了作为政治与文化共同体的"国"和作为国

---

① 章太炎:《官制索隐》,载《章太炎全集》第 4 册,第 92 页。
② 章太炎:《在东京留学生欢迎会上之演讲》,载章念驰编订:《章太炎演讲
　　集》,第 7 页。
③ 章太炎:《五朝法律索隐》,载《章太炎全集》第 4 册,第 81 页。
④ 同上书,第 76 页。

家权力执行者的官吏。前者为了施行有效的政治与社会治理，必须设立权力等级秩序——即"秩分"，但这种"秩分"的权力属性只应存在于政治组织机构当中，而非附属于执行权力的具体的官员身上。明乎此，法律的"庇民"与"持国"之功效才能全面地体现出来。因此，平民诛杀官吏，只要不是借此以攻击政府机构，就根据一般法律进行判罚，不应对之额外加重罪名。

杨度认为："凡国家欲成为法治国，必经一种阶级，即由家族主义进而为国家主义也。国家采用何种主义，一切政治、法律皆被支配于其主义之下。"①正如其言，在晚清，随着时人认识到必须增强国家力量抵御东西列强，国家有机体论遂成为许多士人颇为青睐的学说。梁启超认为"中国今日所最缺点而最急需者，在有机之统一与有力之秩序"，于是他转述伯伦知理的理论，认为国家自有其独立意志，实属一"有机体"，作为国家机器重要组成部分的"政府各部分"，各自"有其固有之性质及其生活职掌"，堪称国家的"肢骸"。②而在实践层面，为落实清末新政中的各项举措，经由各级地方官吏，国家权力更为深入的渗入基层，国家开始直接插手社会事务，一般民众颇受其扰。③有感于此，章太炎强调"于国家中求现量所得者，人民而外，独土田山渎耳"，所以"夫国家之事业者，其作料与资具，本非自元首持之而至，亦非自团体持之而至，还即各各人民之所自有"，质言之，广大生活在

---

① 杨度:《关于修改刑律的演讲》，载刘晴波主编:《杨度集》第 2 册，湖南人民出版社 2008 年版，第 527 页。
② 梁启超:《政治学大家伯伦知理之学说》，载《饮冰室合集·文集十三》，第 69、71 页。
③ 罗志田:《国进民退:清季兴起的一个持续倾向》，载《权势转移:近代中国的思想与社会(修订版)》，北京师范大学出版社 2014 年版，第 272—298 页。

这片土地上的民众，才是国家真正的主体。①因此，虽然在帝国主义全球扩张的年代里，身处劣势的中国必须建设国家，宣扬爱国思想，但就国内情形而言，必须对各级官吏的地位与权力在法律上予以制约与限定，避免彼辈借国家建设之名，行欺压平民之实。由是言之，章太炎通过阐释五朝法律，区分政府与官吏之不同性质，就是通过论述往昔之事，表达自己对于如何设置良法的意见。

此外，章太炎指出，五朝法律"平吏民"的另一特征，乃"官吏犯杖刑者，论如律"。彼时一旦官吏违法，如需杖刑，即执行之，并无宽假，直至宋代，在优待士大夫的名义下，才施以特殊照顾。对此章氏强调"刑不上大夫者，封建之政也"，秦政废封建，行郡县，在法律名义上，"民无贵贱矣"。所以"礼可下庶人，独刑不可上大夫乎"？具体言之：

> 笞杖之制犹在，独用于民，不用于吏，何其尫也……然刑不上大夫者，特肉食者所以自谋，民心弗扰明矣。梁时，官吏杖督之法犹在，老人已觇望。今又剟去此律，故知古之为法，急于佐百姓；今之为法，急于优全士大夫。托其名曰重廉耻，尊其文曰存纲纪。不悟廉耻方颓于此，纲纪亦坏于此。明世，虽举贡诸生，亦免笞杖，此与印度四姓阶级之制何异？乃思李悝、萧何、陈群、杜预诸贤，其用心至无偏党也！②

沟口雄三曾指出，从晚明开始，乡绅等地方精英的活动范围与社

---

① 章太炎：《国家论》，载《章太炎全集》第 4 册，第 486、489 页。
② 章太炎：《五朝法律索隐》，载《章太炎全集》第 4 册，第 77、78 页。

会影响日益扩大,及至晚清,随着乡里空间的扩充,地方精英成为变法与立宪运动的主要参与者,许多新式社会治理模式的引进,归根结底体现了乡绅及其代言人在政治与经济上的诉求。①梁启超的"欲兴民权,先兴绅权"之论,就是这一社会形势的具体表现。而章太炎通过反思戊戌变法与早期革命运动的挫败,认为地方乡绅,以及基本上脱胎于其中的新式学生,实不足以担当救国救民的使命。在发表于 1906 年的《革命道德说》一文里,他认为官吏、士人、乡绅以各种形式与清廷的腐败统治同流合污,道德水准甚为低劣,"知识愈进,权位愈申,则离于道德也愈远"。与之相对,身处社会底层的农民、工人,一旦被组织动员起来,反而在这些被大人先生长期视作"下等人"的身上,能在革命活动中体现出儒家伦理中"知耻""重厚""耿介""必信"等道德品质。②因此,无论古时的法律是否真正做到"急于佐百姓",当下"急于优全士大夫"的法律显得极不合理,看似借此来让彼辈涵养道德,实则包庇其劣行,更易造成堕廉耻、坏纲纪,还加剧了社会不平等。章太炎此处并未基于近代启蒙的立场分析"笞刑"本身是否合理,而是分析法律条文背后的社会状况,强调制定法律必须从广大平民的立场出发,使后者作为国家真正的主体,能够通过法律的形式予以确认。

关于法律的性质,章太炎在《复仇是非论》一文里认为私人之间的报复行为,因"感愤激昂",失去理智,容易流于偏激过当,于是"法律者,则以公群代私人复仇。"而一般所言的依法用刑以

---

① [日]沟口雄三:《动荡的清末民初时期》,载龚颖等译:《中国历史的脉动》,生活·读书·新知三联书店 2014 年版,第 255—269 页。
② 章太炎:《革命道德说》,载《章太炎全集》第 4 册,第 284—296 页。

"偿害而惩后",实为"其所孳生之利息,荡及之余波耳"①。但也正因为如此,根据量刑定罪的原则,一旦证据不足,便很难对杀人者进行惩罚,特别是巧言令色之徒,善于利用法律漏洞,"常得脱逃"。在此情形下,复仇就具有济法律之穷的效用。②而依章氏之见,五朝法律里便存在承认复仇的条款,彰显"恤无告"之义:

> 汉、魏旧法,谋杀、故杀、贼杀诸科,官未能理者,听其子姓复仇。何者? 法吏断狱,必依左证报当。佐证不具,虽众口所欲杀,不得施。如是,狡诈者愈以得志,而死者无有可申之地。且受赇枉法,犹可治也。姻族相私,犹可使回避也。若法吏与囚人故交友,或以他事而相朋比,罪在疑似,非有极成左证者,则藉法令省以释之,谁能问者? 及夫被劾逃亡,其成事尤亟见。前代听子姓复仇者,审法令有窒跋,不足以尽得罪人,故任其自相捕戮,且不以国家之名分制一人也。③

据今人研究,汉、魏、晋、南朝的关于复仇的态度,牵涉到儒家"忠""孝"两种伦理之间的拉扯。东汉因整体士风激昂敢言,故

---

① 章太炎:《复仇是非论》,载《章太炎全集》第 4 册,第 277、278 页。
② 章太炎:《复仇是非论》,载《章太炎全集》第 4 册,第 278 页。章太炎在《复仇是非论》中,主要是想论证汉人复被清政权夺取江山之仇,意在宣扬革命党的民族主义。不过他此处所论的法律的本质是为受害者复仇,在今天已被法学界进一步阐释,认为"如果说今天的复仇少了,那也不是人们的复仇愿望减少了、弱化了,而是有了司法制度这个替代和制约,人们可以借此更有效地复仇。"参见苏力:《法律与文学:以中国传统戏剧为材料》,生活·读书·新知三联书店 2017 年版,第 44 页。
③ 章太炎:《五朝法律索隐》,载《章太炎全集》第 4 册,第 75 页。

倾向于认同民间复仇行为。曹魏统治者为了能约束社会行为，遂订下禁止复仇的法令。南朝强调孝道，于是对复仇颇为宽宥，及至唐代，统治者希望"法"大于"礼"，但民间舆论依然颇赞许复仇行为，致使这一问题成为终唐之世，士大夫群体反复论辩的对象。①因此章太炎此处只是举其大略言之。

然章太炎爬梳五朝法律中许可复仇之条款，乃是为了强调良法应实现真正的社会公平，使平民百姓的权益得到维护，而非追求形式上的绝对权威。按照韦伯的定义，近代国家的本质为"在一定疆域之内（成功地）宣布了对正当使用暴力的垄断权"，并且"其他机构或个人被授予使用暴力的权利，只限于国家允许的范围之内。国家被认为是暴力使用'权'的唯一来源"②。反观章太炎，在他的政治观念中，一切外在权力的压迫本质上皆不具备合理性，因此强调"个体为真，团体为幻"③。由于国家本身并未消亡，因此法律有其存在必要性，但章太炎不将法律视为国家意志的直接体现，而强调应从平民的视角出发，审视法律之利弊良莠，使其首要任务是抒民困，伸民隐，在此意义下，民间复仇行为看似有损法律权威，实则补充了法律制裁范围所不及之处，从惩恶理冤的角度而言，二者相辅相成，并无冲突。④所以他表

---

① 关于先秦至唐的复仇观，参见李隆献：《复仇观的省察与诠释——先秦两汉魏晋南北朝编》，台北台大出版中心 2012 年版。

② ［德］马克斯·韦伯：《学术与政治》，冯克利译，生活·读书·新知三联书店 2005 年版，第 55 页。

③ 章太炎：《国家论》，载《章太炎全集》第 4 册，第 485 页。

④ 与之相似，章太炎认为古代侠客，"当乱世则辅民，当治世则辅法"，也能为平民复仇，伸张正义。参见章太炎：《訄书（重订本）·儒侠》，载《章太炎全集》第 4 册，第 139 页。不过章太炎关于复仇的论述，虽有颇为深刻的洞见，但毕竟理想色彩太浓，在现实复杂的社会关系网络中，恐怕也很难真正达到其目的。

彰五朝法律承认复仇,某种程度上也可视为对近代尘嚣直上的
国家主义思潮之批判。

三、抑制资本的力量

19 世纪以来,随着西方资本主义的全球扩张,中国被卷入
由西方列强所主导的资本主义世界体系之中,中国经济的欠发
达与依附性日益彰显,本土经济生产方式呈现凋敝之象。①在此
情形下,许多士人主张效仿西方列强的发展模式,振兴工商业,
保护利权,一方面由清廷倡导商业发展,一方面成立商人自治团
体,维护商业利益。②而随着清末革命党人逐渐接触到社会主义
学说,他们开始反思近代西方的资本主义背后的殖民扩张与阶
级压迫,并从中国底层民众的角度看待中国早期资本主义所造
成的官商勾结、农村经济破产、贫富差距加重等弊病。作为晚清
革命党的机关报,《民报》的"发刊词"宣称:"世界开化,人智益
蒸,物质发舒,百年锐于千载,经济问题继政治问题之后,则民生
主义跃跃然动,20 世纪不得不为民生主义之擅场时代也。"革命
党人敏锐的观察到:"近时志士舌敝唇枯,惟企强中国以比欧美。
然而欧美强矣,其民实困,观大同盟与无政府党、社会党之日炽,
社会革命将其不远。吾国纵能媲迹于欧美,犹不能免于二次之

---

① [美]斯塔夫里阿诺斯:《全球分裂:第三世界的历史进程》上册,王红生等
译,北京大学出版社 2017 年版,第 269—273 页。
② 朱英:《辛亥革命前期清政府的经济政策与改革措施》,华中师范大学出版
社 2011 年版,第 1—13 页。

革命,而况追逐于人已然之末轨终无成耶!"①

章太炎亦然。针对当时声势浩大的立宪思潮,他指出:

> 议院者,受贿之奸府;富民者,盗国之渠魁。专制之国无议院,无议院则富人贫人相等夷。及设议院,而选充议士者,大抵出于豪家。名为代表人民,其实依附政党,与官吏相朋比,挟持门户之见,则所计不在民生利病,惟便于私党之为。故议院者,国家所以诱惑愚民,而钳制其口者也。②

可见,章太炎十分警惕在发展资本主义的幌子下,以议院为组织架构,出现新的官商勾结:一方面,商人通过对国家权力的渗透获取特殊利益;另一方面国家借振兴商业来扩大国家权力,致使民众遭受盘剥,获利者仍是豪强富民。③此外,与孙中山等人向西方列强频频示好不同,章太炎认为中国的资本主义发展本质上依附于西方列强对中国的经济攘夺。一方面"驵侩攘臂,讼言国政,齐民愈失其所",另一方面"晳人又往往东走,矿冶阡陌之利,日被钞略",二者之间实为同一历史过程里的不同表现形式,加之"政府且为其胥附",最终造就"富者与晳人相结,以陵同类"的后果。④

职是之故,在《五朝法律索隐》中,章太炎认为五朝法律体现

---

① 孙文:《发刊词》,载张枬、王忍之编:《辛亥革命前十年间时论选集》,生活·读书·新知三联书店1961年版,第81、82页。
② 章太炎:《五无论》,载《章太炎全集》第4册,第454页。
③ 汪晖:《现代中国思想的兴起》下卷,生活·读书·新知三联书店2014年版,第1部第1067页。
④ 章太炎:《〈总同盟罢工〉序》,载《章太炎全集》第4册,第403页。

了"抑富人"的特征。他强调:"夫訾议法律者曰:法律所以拥护
政府与货殖民。余省汉土诸律,徒有拥护政府者,未有拥护货殖
民者。数朝所定,虽良楛殊,幸无拜金之辱。"①中国古代社会重
农耕,经商之人位于四民之末,儒家伦理反复讲求义利之辨,历代
法典大体皆以保护乡里基本秩序为职志,商业行为在某一时期或
许显得较为活跃,但总体上不被国家权力赋予过高地位。在这样
的政治文化熏陶之下,"贵均平、恶专利、重道艺、轻贪冒者,汉人
之国性也"②。具体到五朝,章太炎指出《晋令》规定"商贾皆殊其
服",实为良法。因为"殊其章服,以为表旗,令兼并者不得出位而
干政治;在官者亦羞与商人伍",如此这般,"今世行之便":

> 余以为求治者,尚其实,不尚其华。纵辱文明,则奸政
> 役贫之渐自此塞,岂惮辱之? 且商人、工人,虑非有高下也。
> 今观日本诸庸作者,织布为袒,大书题号其上,背负雕文,若
> 神龟毒冒焉。工人如是,未有以为谲怪者,顾独不可施诸商
> 人耶? 崇实业者,皆尊奖商人为国宝,闻以法令抑之,将涕
> 泣为讼辩。抑国所与立者,商尔、工尔、农尔,谁得废其一
> 者? 沾体以兹稻粱,重趼以凿石碳者,不被尊显,而尊此受
> 成者乎? 汉土之民,孳生亟而酌孔撠,一有不给,千里转尸,
> 故自昔以劭农为国。非好迂阔,以情势异于诸方也。商益
> 恣,工益繁,农益减,旷土罢犁,稔岁已趣趣忧不饱。③

清末以降,源自近代西方的"文明论"话语经日本传入中国,许多

---

① 章太炎:《五朝法律索隐》,载《章太炎全集》第 4 册,第 80 页。
② 同上书,第 79 页。
③ 同上书,第 78—79 页。

士人渐渐接受西方列强对中国所贴的"半文明"标签,希望以后者为样板,跻身文明之列。[1]孙中山就痛感"中国人不能由过代之文明变而为近世的文明",希望将来能"取法兰西人的文明而用之,亦不难转弱为强,易旧为新"。[2]而章太炎则批判"文明论"本质上"非以道义为准,而以虚荣为准。持斯名以制挟人心,然人亦靡然从之者"。崇拜"文明","即趋时之别语"。[3]因此,他并不认为让商人身着特定服饰以区别于其他社会群体是不"文明"之举。他所重视的,是防止在鼓励商业的环境下富商巨豪"奸政役贫"。

犹有进者,1903 年清廷成立商部,作为管理工商事务的中央机构。随后商部颁布一系列鼓励发展近代资本主义经济的法律,如 1906 年颁行的《公司律》、1906 年颁行的《破产律》等,给予新兴的中国资本家群体比较完善的法律保障。此外,清廷还鼓励工商业者成立新式社团,商部于 1904 年颁布《商会简明章程》,使全国各地商会成为联络工商的统一组织,并且得到官方的认可。[4]对此章太炎指出:

> 自满洲政府贪求无度,尊奖市侩,得其欢心,而商人亦自以为最贵,所至阻挠吏治,掣曳政权,已有欺罔赃私之事,长吏诃问,则直达商部以解之,里巷细民小与己忤,则嗾使

---

[1] 关于近代西方"文明论"的真实意指与政治目的,参见唐晓峰:《地理大发现、文明论、国家疆域》,载刘禾主编:《世界秩序与文明等级:全球史研究的新路径》,生活·读书·新知三联书店 2016 年版,第 15—42 页。

[2] 孙中山:《在东京中国留学生欢迎大会的演说》,载《孙中山全集》第 1 卷,中华书局 2011 年版,第 278 页。

[3] 章太炎:《复仇是非论》,载《章太炎全集》第 4 册,第 281 页。

[4] 朱英:《辛亥革命前期清政府的经济政策与改革措施》,第 228—230 页。

法吏以治之,财力相君,权倾督抚;官吏之贪污妄杀者不问,
而得罪商人者必黜,泯庶之作奸犯科者无罚,而有害路矿者
必诛;上无代议监督之益,下夺编户齐民之利,或名纺纱织
布而铸私钱,或讬华族寓居而储铅弹;斯乃所谓大盗不操戈
矛者。①

基于此,章太炎认为在立法过程中,必须根植于中国社会的基本
情形,尽量抑制资本势力的过度膨胀,同时需要照顾到备受中外
资本主义压迫的农民与工人,这些群体的生存状况不应在奖励
工商的名义之下被忽视。如果法律条款过分偏向资本势力,那
么资本扩张过程中的掠夺性占有将被合法化,劳动者愈发生计
艰难,"商益恣,工益繁,农益减"。此外,章太炎指出《晋律》规定
"常人有罪不得赎",意在"惧贫民独死,而富人独生",这同样是
他对当时资本力量可能造成新的政治压迫与社会不平等之
担忧。②

　　最后,章太炎认为《晋律》中规定的"走马城市杀人者,不得
以过失杀人论"值得阐扬。随着近代资本主义经济的发展,中国
不少城市的规模日益扩张,出现了电车这样的新式交通工具。
章氏指出:"自电车之作,往来迅轶,速于飞矢,仓卒相逢,不及回
顾,有受车轹之刑而已。观日本一岁死电车道上者,几二三千
人。将车者才罚金,不大诃谴。汉土租界,主自白人,欲科以罚
金且不得。夫电车只为商人增利,于民事无益毫毛,以为利贼杀
人,视以轻狡贼杀人,其情罪当倍蓰。"③从伸张民气,惩治豪商

---

① 　章太炎:《革命道德说》,载《章太炎全集》第 4 册,第 291 页。
② 　章太炎:《五朝法律索隐》,载《章太炎全集》第 4 册,第 79—80 页。
③ 　同上书,第 74 页。

的角度出发,章太炎认为当代法律应借鉴《晋律》中的相关规定,将电车压死人视作古代的骑马杀人,不以过失杀人罪量刑,而应隶之于"贼杀"。总之,章太炎借诠释五朝法律之要义,展开对晚清政经现状的批判,并指明创立良法的关键在于抑制资本力量的过分膨胀,充分保障广大平民的基本权益。

四、余　　论

姜义华老师指出,章太炎"重视中国古代政治制度史、法制史的研究,目的是为了能够根据中国的实际,参照历史的经验,找到在中国进行整治变革、实行法治的适宜形式"①。章氏自谓,对五朝法律遗文"为之节文,参以今制,复略采他方诸律,温故知新,亦可以弗畔矣。"②他认为立法之事应本于中国现实状况,对于历史上长期形成的社会道德、风俗、习惯应予以充分重视,使得法律条文能和广大民众的生活习惯相吻合,在维护社会基本秩序、改革已经不适合时代风气的社会弊端的同时,不去人为破坏民间习之已久的基本生活方式。他通过疏解五朝法律相关内容,强调制定法律应从平民的立场出发,以保障平民权益为旨归。就此而言,五朝法律中所体现的"平吏民""恤无告"诸特色,尤值得后人充分参考借鉴。此外,伴随着中国被卷入全球资本主义经济体系,章太炎对中国国内中西资本力量的扩张十分

---

① 姜义华:《章太炎》,台北东大图书公司 1991 年版,第 68 页。
② 章太炎:《五朝法律索隐》,载《章太炎全集》第 4 册,第 81 页。

警惕，担心在创办新政、发展工商业的名目下，广大平民遭受新式压榨与剥削。因此他表彰五朝之法颇有"抑富人"的特征，其根本精神足以为当下如何通过法律形式抑制资本的力量提供思想资源。章太炎之于五朝法律，考史其名，鉴今其实，表达了他对政治平等、社会公平，以及每一个生活于中国大地上的人都能真正独立、免于压迫的强烈向往。

值得一提的是，晚清修改法律，许多新的法规与中国数千年社会伦理发成冲突，于是张之洞、劳乃宣等人，与主持修订新律的沈家本之间就如何解决这个问题展开论辩。张之洞强调"盖法律之设，所以纳民于轨物之中，而法律本原实与经术相表里，其最著者为亲亲之义，男女之别，天经地义，万古不刊"①。同时学部亦坚持立法应本于中国礼教伦常，即所谓"因伦制礼，因礼制刑"，这与沈家本等人主张借鉴西方法律体系的改革思路针锋相对。②章太炎宣称的法律制定应"因其俗而为之约定俗成"，在表面上看来与张之洞等人的观点极为相似。但究其实，章太炎所谓的"因其俗"，是充分挖掘中国古代政治、社会与学术中重视平等、保障平民、对抗豪强的历史实践经验与思想学说资源，是基于平民立场去审视传统，这与张之洞等人本乎士大夫的立场去维系礼教以及礼教背后的士绅支配格局并不相同。可以说，章太炎虽然主张阐扬传统，但在他那里，传统被赋予了平民的，甚至是革命的色彩，是审视当代政治良莠的镜鉴，对抗各种新式压迫的武器。

---

① 张之洞：《遵旨核议新编刑事民事诉讼法折》，载苑书义等主编：《张之洞全集》第3册，河北人民出版社1998年版，第1772页。
② 关于晚清法律改革的礼法论争，参见李连贵：《沈家本评传》，南京大学出版社2005年版，第235—310页。

最后，前文所总结的章太炎在清末提出的政治与法律主张，比如立法应从中国实际出发，要重视对平民利益的保护，要避免因资本的力量而出现新的剥削，是中国现代政治进程中所必须面对的。辛亥革命虽然推翻了清政府，但并未改变由传统士绅蜕变而来的新式豪强对广大平民的支配。当革命爆发之际，"革命党未能指导群众运动，更勿论动员人民"。而革命之后，随着中央政权的瓦解，士绅在地方上的独立性更为突出，以至于"民国的各级地方政府几全赖士绅的经济支持，根本不能冒犯包括'劣绅'在内的士绅阶级。"①在此局面下，章太炎心目中的理想政治可以说毫无实现的可能性。而在这之后，中共所领导的农民运动，彻底否定了已经千疮百孔、劣迹斑斑的士绅及其代言人的支配地位。当年章太炎所期盼的最底层的民众被组织动员起来，便具备最为优秀的道德品质，在这场新的革命中不断显现。更为重要的是，《五朝法律索隐》中包装在典雅古文与数千年前史事里的社会平等理想，在这一"改地换天"的变局之下，也终于有了真正被实践的历史机遇。就此而言，章门弟子吴承仕积极参与中共的革命活动，左派理论大家侯外庐以太炎私淑自居，也就不那么让人感到意外了。

---

① 汪荣祖：《士绅与民国肇建》，载黄兴涛、朱浒主编：《清帝逊位与民国肇建》上卷，社会科学文献出版社 2016 年版，第 128 页。

历史叙事与政治文化认同

——章太炎的"历史民族"论再检视

　　在近代中国的政治思潮当中,民族主义无疑具有巨大且持久的影响力。由于近代中国遭受东西列强侵略,致使山河破碎、民不聊生,因此近代中国的民族国家建设的重要任务就是确保主权完整,维系清代以来奠定的版图,反抗各种政治上、经济上、文化上的侵略,并在此基础上保障民生,实现富强。许多现代事物与现代观念在中国的流传,只有以能促进实现这些目标为前提,才能获得大多数人的认可。可以说,民族主义"作为一种政治纲领,一种理论体系,一股社会思潮,绵延不断而又高潮迭起,在近代中国社会大变动中具有举足轻重的地位,发挥了异乎寻常的作用"①。可以说,近代许多政治势力、社会组织、文化团体、思想流派,都曾对民族主义的思想内容、表现形式、实践方法展开分析与讨论,并以此作为表达自身政治与文化主张的不证

---

① 姜义华:《论二十世纪中国的民族主义》,载刘青峰编:《民族主义与中国现代化》,香港中文大学出版社 1994 年版,第 143 页。

自明之基本前提。

在近代的民族主义主要阐释者当中,章太炎的地位十分重要。他在清末发表的一系列文章,较为系统地论述了自己的民族主义主张,并且随着大众传播领域的蓬勃发展,对时人有着广泛的影响。不过,由于章太炎在清末的不少文章中用慷慨激昂的笔调呼吁"排满"革命,以至于长期以来,学界多认为他的民族主义具有"种族主义"的特征。如强调章氏相较于梁启超等人,主张建立"单一民族国家";此外声称章太炎一面宣传革命,一面弘扬中国传统乃一种"文化民族主义"。在此视角下,他在清末的政论名篇《中华民国解》被看作是章太炎宣传"华夏为一个种族建立的国家,夷狄入据中国是破坏中国政治自立,不能允许其存在"①的复仇、光复主义等。②通观这些论点,基本都是以近代西方民族主义的相关概念为衡量标准,来审视章太炎在民族主义论说中的各项内容。本文要讨论的则是从章太炎思想的内在脉络出发,分析他民族主义论说中的"历史民族"概念,此乃理解章太炎民族主义思想的关键,同时也可由此出发,进一步认识章太炎为何反复强调历史的重要性,在他那里,"历史"具有怎样的具体内容。而与章氏这一思想相类似的论说,在近代中国也能窥见一二。③

---

① 张玉法:《晚清的民族主义(1895—1911):以章炳麟为中心的考察》,载《近代变局中的历史人物》,九州出版社 2013 年版,第 65 页。
② 王柯:《中国,从天下到民族国家》,政大出版社 2014 年版,第 212 页。
③ 张志强曾分析章太炎的"历史民族"说的政治意义,强调其与所谓"文化民族"说的重要区别。这对本文极有启发。参见张志强:《一种伦理民族主义是否可能?——论章太炎的民族主义》,载章念驰编:《章太炎的生平与学术》下册,上海人民出版社 2016 年版,第 1016—1035 页。

一、"历史民族"的产生背景与具体内涵

近代民族主义兴盛于法国大革命之后,随着大革命对于王权的冲击、普遍意义的国民登上政治舞台,政治认同的主要对象也随之转移至新兴的民族国家。后者由于具有更为有效的整合能力、组织能力、汲取能力与动员能力,很快就成为西方世界最为流行的政治体。在此情形下,需要用一种意识形态来对广大国民进行宣传,使之形成较为稳固的政治与文化认同,同时强调本国区别于别国的特性,为政权的建立与发展寻求合法性根基。民族主义作为一种政治意识形态,就在这样的背景下流行开来。①而当民族主义蔚为兴盛之后,为了巩固民族主义论说,时人常用的一个方法就是通过重新叙述与本民族相关的历史事件,用新的史观与方法论,将其整合成一个具有长时段与自洽性的历史叙事,以此来证明本民族具有悠久的历史与独特的文化。

---

① 关于近代西方民族主义的兴起过程,参见[英]霍布斯鲍姆:《民族与民族主义》,李金梅译,台北麦田出版公司 1997 年版,第 21—170 页。值得注意的是,霍氏在书中明言:"除了少数具有悠久历史的政体之外,比方说像中国、韩国、越南、伊朗和埃及这类如果出现在欧洲,必然会被划归为'历史民族'的地区之外,其他那些打着民族运动口号追求独立的领土单位,绝大多数都是帝国主义者的发明,其历史都不超过数十载。"[英]霍布斯鲍姆:《民族与民族主义》,李金梅译,第 186 页。他很清楚的指出,分析近代中国的民族主义,不能用"发明"、"想象"这样的概念去进行,因为中国具有非常悠久的历史,其民族主义特征绝非与那些晚近才被打造出来的政治体相似。而这一点,恰恰是许多学者借用霍氏观点来审视近代中国民族主义时经常有意或无意忽视的。

而启蒙运动时期兴起的"历史主义"思潮，无疑十分有助于这项工作的进行。借用著名的民族主义研究者史密斯的观点，对于近代的民族主义阐释者而言，"'历史主义'是一种对人群与文化的出生、成长、繁荣和衰亡过程的信仰。它作为一种探究过去与现在之间关系的框架和阐明过去与现在的事件之意义的解释原则，变得越来越有吸引力。通过将事件和人物置于适当的历史环境中，并试图对这些事件和时代的'真实面目'进行刻画，人们就能够获得对历史事件和过程的同情式理解，并明白它们是如何发展成今天的样子的"①。正因为如此，在19世纪，历史编撰学，特别是关于各种国别史的研究十分盛行。

戊戌变法之后，许多中国士人东渡日本。明治维新以来的日本，各种西学在社会上颇为流行，不少中国士人一到彼处，就立即被这些闻所未闻的新说所吸引，并渐渐地受到影响，使许多概念、名词、思想成为自己知识体系的重要组成部分。而民族主义思潮作为近代西方国家强盛的重要原因之一，也在此背景下在中国知识界与政界流行开来。正如马戎所言，"受到西方概念（如'民族'、'民族国家'）与话语体系影响的中国各族精英群体不仅开始使用这套话语来解释中国外部的一个全新世界，也不可避免地使用这套话语解读中国近代政治史和历朝历代的族群演变与族际互动史，从而逐步由内而外、由上而下、由今及古，推动了中国社会话语体系的整体转换"②。按照时人的理解，"凡可以为国民之资格者，则必其思想同，风俗同，语言文字同，患难同。其同也，根之于历史，胎之于风俗，因之于地理，必有一种特

---

① ［英］史密斯：《民族认同》，王娟译，译林出版社2018年版，第109页。

② 马戎：《西方冲击下中国话语转变、认同与国家重构》，载《历史演进中的中国民族话语》，社会科学文献出版社2019年版，第87页。

别的固结不可解之精神"①。此处所言的"风俗""历史""语言文字",意在强调民族主义思潮与过去延续的传统之间具有不可或缺的关联。也正因为如此,晚清许多历史论著,都强调如何在认识历史的过程中培育爱国思想。只是与近代西方许多新兴民族国家,特别是中欧、东欧的国家不同,中国周代以来就具备了统一性的特征,②秦汉以降更是形成了大一统政权。汉代奉儒学为官学之后,伴随着政治与文化力量的展开,中国各地区基本上形成了较为一致的伦理道德与生活方式,使用一样的文字,精英阶层颂读相同的典籍,具有大体相似的政治与文化认同,郡县制、科举制维系并促进了古代社会条件下的社会流动与经济往来,这使得中国具有兼具政治与文化共同体的特征。因此,当近代民族主义思潮着眼于重新审视、叙述中国历史时,不但有着极强的经验基础,还有许多可供采获的历史遗产与思想资源。

章太炎的"历史民族"论正是在这样的背景下提出的。它对于"历史民族"的论说,首见于 1902 年出版的重订本《訄书》的《序种姓上》一文中。章氏指出:

> 古者民知渔猎,其次畜牧,逐水草而无封畛;重以部族战争,更相俘虏,屦处互效,各失其本。燥湿沧热之异而理色变,牝牡接构之异而颅骨变,社会阶级之异而风教变,号令契约之异而语言变。故今世同种者,古或异;异种者,古或同。

① 余一:《民族主义论》,载张枬、王忍之编:《辛亥革命前十年间时论选集》第1卷下册,生活·读书·新知三联书店 1960 年版,第 487 页。
② 许倬云:《西周史(增补二版)》,生活·读书·新知三联书店 2018 年版,第 328—329 页。

要以有史为限断,则谓之历史民族,非其本始然也。①

在这篇文章的另一处,章太炎又说道:

> 懿!亦建国大陆之上,广员万里,黔首浩穰,其始故不一族。太皞以降,力政经营,并包殊族,使种姓和齐,以遵率王道者,数矣。文字政教既一,其始异者,其终且醇化。是故淳维、姜戎,出夏后、四岳也,审而为异,即亦因而异之。冉駹朝蜀,瓯越朝会稽,驯而为同,同则亦同也。然则自有书契,亦《世本》《尧典》为断,庶方驳姓,悉为一宗,所谓历史民族然矣。②

在这里,所谓的"历史民族",不同于一种本质主义式的民族主义论说,即从抽象的层面强调某一民族之所以能够存在并发展,而是着眼于在历史流变中民族的定居、生活、交往、斗争、壮大、融合的过程。在这样的漫长历史变迁中,产生出一种朴素的民族观念与民族情感,共同体意识随之显现,形成较为稳固的政治与文化认同。同时,在这一"历史民族"形成的过程中,主体民族并非封闭的、强调某种排斥他者的神圣血缘,而是开放的、流动的,即可以吸纳借由新的交往与融合而加入这一民族共同体中的新成员。此外,必须强调的是,主体民族的文化与生活方式必须具有极强的生命力,否则这些历史过程将不能成为"历史民族"形

---

① 章太炎:《訄书(重订本)·序种姓上》,载《章太炎全集》第3册,上海人民出版社2018年版,第169页。
② 同上书,第171页。

成的根据。就此而言,"章太炎历史民族观念的重点在于向我们深刻揭示了历史民族的形成,从根本上讲不是一个无主体的融合过程,而是一个有主体的历史同化过程"①。在这个意义上,章太炎的"排满"论述,如果越过他那表面上那些激越的名词与情绪的表达,他之所以持此主张,除了在庚子年间彻底认识到清廷不能挽救中国的危机之外,更基于对占中国人口极小一部分的满族权贵支配着政治与经济资源的强烈不满,因为这对占人口绝大多数的汉人而言是不公平的,是让"主体民族"处于被支配状态的。②也正由于这样,在武昌起义爆发不久,章太炎立即致信留学日本的满族学生,劝他们不必因此感到恐慌,强调革命成功之后,"君等满族,亦是中国人民,农商之业,任所欲为,选举之权,一切平等"③。一改宣传革命之时那种极尽煽动之能的姿态。而辛亥革命之后,章太炎唯一一次担任政府职务,就是1913 年出任东三省筹边使,整合当地的政治与经济力量,探索完善当地交通的办法。而众所周知,东三省正是满族的发源地。

犹有进者,笔者认为值得深入讨论的是,作为晚清梁启超之外提倡新史学的另一位代表人物,④章太炎如何将在他所提倡的历史之学的内容里进一步证明中华民族作为一个"历史民族"能够不断地繁衍壮大。

1902 年章太炎给梁启超写了一封信,谈到自己打算编撰一

---

① 张志强:《一种伦理民族主义是否可能? ——论章太炎的民族主义》,载章念驰编:《章太炎的生平与学术》下册,第 1023 页。
② 整个清朝历史是否如此是一回事,但章太炎如此认为却是另一回事。
③ 章太炎:《与满洲留日学生》,载马勇编:《章太炎书信集》,河北教育出版社 2003 年版,第 292 页。
④ 关于章太炎在晚清新史学思潮中的地位,参见汪荣祖:《章太炎与现代史学》,台北麦田出版社 2002 年版,第 181—217 页。

部《中国通史》。他声称:

> 窃以今日作史,若专为一代,非独难发新理,而事实亦无由详细调查。惟通史上下千古,不必以褒贬人物、胪叙事状为贵,所重专在典志,则心理、社会、宗教诸学,一切可以熔铸入之。典志有新理新说,自与《通考》、《会要》等书,徒为八面锋策论者异趣,亦不至如渔仲《通志》蹈专己武断之弊。然所贵乎通史者,固有二方面:一方以发明社会政治进化衰微之原理为主,则于典志见之;一方以鼓舞民气、启导方来为主,则亦必于纪传见之。①

可见章太炎眼中符合时代需求的《中国通史》,应该做到贯通古今,使其能成为具有国民教育性质的"国史"的作用。在内容上,重点应在"典志",并且把晚近的新学理熔铸其中,区别于往日沾染科举策论之风的史论,这样便可以"发明社会政治进化衰微之原理"。当时他为了获取更多的新知识,阅读了许多涉及进化论与社会有机体论的日本学者的论著与译著。②他指出:"物苟有志,强力以与天地竞,此古今万物之所以变。"而另一面,则是许多生物因不明合群竞争之道,致使日渐退化。③在这样的思虑之下,章氏遂认为需要在历史论述中强调能促进"合群明分"的因素。而历代典制,便是一个很好的切入点。同样的,在收录于重订本《訄书》中的《中国通史略例》一文里,章太炎认为中国传统

① 章太炎:《与梁启超》,载马勇编:《章太炎书信集》,第 42 页。

② 关于章太炎在当时所阅读的西学与东学著作之情况,参见姜义华:《章太炎思想研究》,上海人民出版社 1985 年版,第 164—165 页。

③ 章太炎:《訄书(重订本)·原变》,载《章太炎全集》第 3 册,第 191—193 页。

史籍中的典制之书,有助于"知古今进化之轨",使得"一事之文野,一物之进退,皆可以比较得之"。因此在他设想撰写的《中国通史》中,"典"这一体裁占据了很大一部分内容。①他强调:"诸典所述,多近制度。及夫人事纷纭,非制度所能限,然其系于社会兴废,国力强弱,非眇末矣。"②通过论述这些规范了人事诸多面向的制度之建立与流变,章太炎希望能历史地呈现中国立国之根基所在与得以维系至今的经验教训。③

此外,在与梁启超的信中,章太炎认为"纪传"可以"鼓舞民气,启导方来"。因此在《中国通史略例》中,他计划撰写数篇属于传记性质的《考纪》与《别录》,以此"振厉士气,令人观感"④。而当 1906 年向东京留学生宣传历史的重要性时,章氏又在强调:"中国人物,那建功立业的,各有功罪,自不必说,但那俊伟刚严的气魄,我们不可不追步后尘。"所以"若要增进爱国的热肠,一切功业学问上的人物,须选择几个出来,时常放在心里,这是最紧要的"⑤。

由章太炎所强调的历史之学里典章制度与人物事迹的重要性,可见在他所构想的"历史民族"之形成过程中,从促进这一共同体"合群明分"的角度出发,制度与人物在其中的作用至为关

---

① 章太炎所设想的《中国通史》一书中的"典",包含了种族典、民宅典、浚筑典、工艺典、食货典、文言典、宗教典、学术典、礼俗典、章服典、法令典、武备典。参见章太炎:《訄书(重订本)·中国通史略例》,载《章太炎全集》第 3 册,第 336 页。

②④ 章太炎:《訄书(重订本)·中国通史略例》,载《章太炎全集》第 3 册,第 334 页。

③ 关于章太炎的典章制度之学,参见王锐:《自国自心:章太炎与中国传统思想的更生》,商务印书馆 2019 年版,第 202—251 页。

⑤ 章太炎:《在东京留学生欢迎会上之演讲》,载章念驰编订:《章太炎演讲集》,上海人民出版社 2011 年版,第 7、8 页。

键。按照这样的历史观,中国是具有一套颇为完备的政治与社会治理架构的政治共同体,而参与制定、实践、记录、传播这套政治与社会治理架构的,就是历史上各个时期的人物。制度是保障中国能够不断演进、壮大的政治基础,人物则是这一历史进程中的历史主体。借用章太炎后来在《驳建立孔教议》中的观点,受此传统熏陶,"国民常性,所察在政事日用,所务在工商耕稼。志尽于有生,语绝于无验。人思自尊,而不欲守死事神,以为真宰,此华夏之民,所以为达"①。正是拥有了数千年丰富的生产、交往与组织经验,"历史民族"才有可能成为具有自觉政治意识的"政治民族"。②如果说章太炎在清末的一系列思考是出于强烈的救亡图存意识,那么他的"历史民族"论的政治意义,也由此凸显出来。

二、"历史民族"与"文化民族"之辨

　　章太炎的"历史民族"论,并非仅是学理上的探讨,而是与他

---

① 章太炎:《驳建立孔教议》,载《章太炎全集》第 8 册,第 200 页。

② 章太炎的这些观点,与 19 世纪德国历史法学的代表人物萨维尼颇为相似。后者通过检讨当时流行于世的关于"民族"之定义,认为"笼统意义上的'民族'并不具有任何政治权力。他们必须首先以国家的形式组织起来,在国家中他们才第一次取得了行为的人格和资格。"参见[美]梅里亚姆:《卢梭以来的主权学说史》,毕洪海译,法律出版社 2006 年版。但值得注意的是,在 19 世纪之前德国长期处于分裂的状态,并无一个与后来政治疆域大体吻合的政权,位于后来疆域内的各个邦国与自治城市,彼此之间各有其政治传统与历史记忆,这和中国拥有数千年大一统意识的历史传承并不相同。因此,思考章太炎与近代德国思想家之间的关系,应该注意到他们所面对的不同历史遗产。

当时鼓吹革命息息相关。1907 年,他在革命党的机关报《民报》上刊登了著名的《中华民国解》一文,较为系统地阐发了自己的革命主张。这篇文章的一个重点,就是详尽批判当时立宪派的代表人物杨度发表的《金铁主义说》一文。为了强调君主立宪的合法性,在杨度看来:

> 中国自古有一文化较高、人数较多之民族在其国中,自命其国曰中国,自命其民族曰中华。即此义以求之,则一国家与一国家之别,别于地域,中国云者,以中外别地域之远近也。一民族与一民族之别,别于文化,中华云者,以华夷别文化之高下也。即此以言,则中华之名词,不仅非一地域之国名,亦且非一血统之种名,乃为一文化之族名。故《春秋》之义,无论同姓之鲁、卫,异姓之齐、宋,非种之楚、越,中国可以退为夷狄,夷狄可以进为中国,专以礼教为标准,而无亲疏之别。其后经数千年混杂数千百人种,而其称中华如故。以此推之,华之所以为华,以文化言,不以血统言,可决知也。故欲知中华民族为何等民族,则于其民族命名之顷,而已含定义于其中。与西人学说拟之,实采合于文化说,而背于血统说。华为花之原字,以花为名,其以之形容文化之美,而非以之状态血统之奇,此可于假借令意而得之者也。①

基于此,杨度主张中国境内各民族,特别是满、汉之间,在拥有共

---

① 杨度:《金铁主义说》,载刘晴波主编:《杨度集》,湖南人民出版社 1985 年版,第 374 页。

同文化的基础上,本身便可视作同一民族,即"文化民族"。在此前提下,革命党人所宣传的"排满"革命也就不具备合理性。其实这也并非杨度一人的看法,当时康有为、梁启超等人在反驳革命党的理论时,也经常强调中国境内各民族在文化上已经趋同,以"排满"为名推翻清廷统治已无必要。如梁启超认为此时言民族主义,应宣扬"大民族主义",其理由就是"中国同化力之强,为东西史家所同认。今谓满洲已尽同化于中国,微特排满家所不欲道,即吾亦不欲道,然其大端,历历之迹,固不可诬矣"。①随后列举了历代边疆民族文化上被同化的例子。

针对杨度的这些观点,章太炎强调:

> 中国之名,别于四裔而为言。印度亦称摩伽陀为中国,日本亦称山阳为中国,此本非汉土所独有者。就汉土言汉土,则中国之名以先汉郡县为界。然印度、日本之言中国者,举土中以对边郡,汉土之言中国者,举领域以对异邦,此其名实相殊之处。诸华之名,因其民族初至之地而为言。②

在章氏看来,"中华"之"中",乃是针对四周的"异邦"而言的,显示中国自身的独特性与整体性。而"华",则是以生活在中国这块土地上的民族之最初定居生活的地域为名。根据这样的定义,章太炎梳理了中国民族定居、繁衍、发展的历史过程:最初的人们,以西北的雍州、梁州为落脚生根之地,此二州范围"就华山以定限,名其国土曰华,则缘起如是也"。随后逐渐地扩大版图

---

① 梁启超:《政治学大家伯伦知理之学说》,载吴松等点校:《饮冰室文集点校》第1集,云南教育出版社2001年版,第454页。

② 章太炎:《中华民国解》,载《章太炎全集》第8册,第257页。

范围,最后"遍及九州"。及至秦汉,"则朝鲜、越南皆为华民耕稼之乡,华之名于是始广"。所以"华本国名,非种族之号"。相似的,"夏之为名,实因夏水而得",于是衍生为族名。最后,"汉"之所以也被视为族名,同样是缘于"汉家建国,自受封汉中始"。因此,章太炎指出:"是故华云、夏云、汉云,随举一名,互摄三义。建汉名以为族,而邦国之义斯在。建华名以为国,而种族之义亦在。此中华民国之所以谥。"①显而易见,《中华民国解》中章太炎对"中华"之名得以成立的历史性描述,在逻辑上就与之前在重订本《訄书》中的《序种姓》一文所叙述史事颇为相似。

由此可知,《中华民国解》中章太炎强调"中华"之名义乃以生活在中国的民族最初定居活动的范围为名,就是彰显在具体的地域空间里,作为实践主体的中国人,建立各种规范政治与社会生活的制度,产生具有认同感与参与感的政治向心力的重要历史意义。而这种通过记载与传播流传至今的历史记录,也是作为"历史民族"一份子的仁人志士前仆后继,建立"中华民国"这一新政权之不可替代的合法性基础。同样的,《中华民国解》中所谓的"夫言一种族者,虽非铢两衡校于血统之间,而必与多数之同一血统者为主体","容异族之同化者,以其主权在我,而足以翕受彼也",②即指其他少数民族参与到"中华"的制度实践历史进程中来,在这种与大多数人的互动与交流中,成为新的"历史民族"一分子。而非用强制手段抑制、拆散、曲解"历史民族"充满政治实践感的历史记忆,致使后者的主体性隐而不彰,进而丧失担当政治救亡重任的动力。在这个意义上,章太炎在

---

① 章太炎:《中华民国解》,载《章太炎全集》第8册,第257—258页。
② 同上书,第258、259页。

《中华民国解》中关于国名性质的定义与他对"历史民族"的申说,具有学理上的一致性。

也正因为这样,才能理解为何章太炎批评杨度"特以同有文化,遂可混成为一,何其奢阔而远于事情"①。在重订本《訄书》的《忧教》篇中,章太炎指出:

> 泰西之黠者,其于中国且善厚结之,如桑螵蛸而箸之,勿易其士,勿变其贴经;其举者置以为冗官,或处郡县,则比于领事;又令西士之习于华者,籀读吾经纬以号于众曰:"吾有仲尼之遗计籍焉!"若是,则西教瘉杀也,而中国自是终于左衽矣。②

萨义德在《东方学》一书中强调,近代西方列强所描绘的"东方"是一种具有异域风情的、长期停滞的、凸显独特文化的刻板形态,在这种论述之下,"东方"的形象被固定化了,即一直位居落后之列,消解了后者反抗压迫、寻求解放的政治诉求。甚至东方人自己也难以使用自己在长期实践中所形成的话语来自我描述,一旦摆脱西方话语,他们将处于"失语"的状态。③在这里,章太炎也产生了相似的担忧:在华列强借弘扬中国文化的名义,把中国传统事物从具体的历史脉络中抽离,使之成为一种不具主体意识的文化符号,以此来蛊惑中国人,打着热爱中国文化的旗号,将列强的支配合法化。此正是章氏所极力避免的"笼统无主

---

① 章太炎:《中华民国解》,载《章太炎全集》第 8 册,第 259 页。
② 章太炎:《訄书(重订本)·忧教》,载《章太炎全集》第 3 册,第 295 页。
③ [美]萨义德:《东方学》,王宇根译,生活·读书·新知三联书店 1999 年版。

体状态".①

值得注意的是,章氏此论,置诸近代以来"文明等级论"在中国颇为流行的背景下,绝非杞人忧天之举。作为近代列强全球殖民扩张的意识形态,"文明等级论"以近代西方文明为标准,将广大的非西方地区划分为"半文明"与"不文明"两个等级,旨在"论证"西方列强对这些地区进行殖民扩张的合法性,把殖民活动打造成"教化""规训"非西方地区的"义务",同时强调非西方地区如若想成为"文明"社会一员,必须效仿近代西方的一整套政治、文化、社会体制。在近代东亚,福泽谕吉于《文明论概略》一书中大力宣扬这一观念,使之成为日本社会中的流行思潮。戊戌变法之后,梁启超东渡日本,阅读了不少福泽谕吉的论著,因此也时常宣扬"文明等级论"。②比如他认为:"泰西学者,分世界人类为三级。一曰野蛮之人,二曰半开化之人,三曰文明之人。其在春秋之义,则谓之据乱世、升平世、太平世。皆有阶级,顺序而生。此进化之公理,而世界人民所公认也。"③同时他还接受了近代西方把中国视为"半文明"的论调,声称:"以今日论之,中国与欧洲之文明,相去不啻天壤也。"④因此,如果以"文化"作为"中华"的主要标识,那么极有可能落入"文明等级论"的

① 张志强:《一种伦理民族主义是否可能?——论章太炎的民族主义》,载章念驰编:《章太炎生平与学术》下册,第 1023 页。

② 关于梁启超对于福泽谕吉学说的吸收,参见刘文明:《欧洲"文明"观念向日本、中国的传播及其本土化述评——以基佐、福泽谕吉和梁启超为中心》,《历史研究》2011 年第 3 期。

③ 梁启超:《自由书·文野三界之别》,载吴松等点校:《饮冰室文集点校》第 4 集,第 2254 页。

④ 梁启超:《中国与欧洲国体异同》,载吴松等点校:《饮冰室文集点校》第 2 集,第 769 页。

话语寰臼中,把作为政治与文化共同体的中国,视为在文明等级上低于西方的境地,中国历史的重要性也随之被消解。①

　　相似的,由章太炎 1902 年致梁启超的信函可知,章氏对后者当时发表的讨论中国历史学的文章十分熟悉。在《中国史叙论》一文里,梁启超认为"吾人所最惭愧者,莫如我国无国名"。因为"曰'中国',曰'中华',又未免自尊自大,贻讥旁观"②。而根据章太炎的历史论述,"中国"所代表的,是在特定疆域内创建各种政治与社会治理的制度,以及不断实践与完善这套制度的人,"中华"是对这一历史过程的承认与概括,而非一种文化意义上的"自尊自大"。所以可以这样认为,章太炎基于"历史民族"论而对"中华"所做的解释,是在反思当时各种政治思潮,特别是"文化民族"说的基础之上形成的。③

　　当然,就中国历史流变而言,"文化"与"政治"密不可分,若无政治的延续性与稳定性,以儒学为主导,具有极强实践性的文化是很难形成并处于支配地位的。反之,若无文化因素注入其

①　也正是因为这样,章太炎在清末对近代西方的"文明"观念进行了猛烈地抨击。他认为:"今之言文明者,非以道义为准,而以虚荣为准,持斯名以挟制人心,然人亦靡然从之者。盖文明即时尚之异名,崇拜文明,即趋时之别语。吾土孔子为圣之时,后生染其风烈,虽奋力抵拒者,只排其阶级礼教之谈,而趋时之疾,固已沦于骨髓,非直弗击,又相率崇效之。然则趋步文明,与高髻细腰之见相去有几? 诚欲辨别是非者,当取文明野蛮之名词而废绝之。"参见章太炎:《复仇是非论》,载《章太炎全集》第 8 册,第 281 页。

②　梁启超:《中国史叙论》,载吴松等点校:《饮冰室文集点校》第 3 集,第 1621 页。

③　黄兴涛教授也指出,章太炎"能看到在杨度等人的民族认同意识中,只是关注文化认同一点的不足"。参见黄兴涛:《现代"中华民族"观念形成的历史考察——兼论辛亥革命与中华民族认同之关系》,《浙江社会科学》2002 年第 1 期。

中，也很难出现中国历史上的政治延续性与稳定性。所以，章太炎的"历史民族"论并不排斥文化的因素，只是拒绝把这种因素本质主义化，并且将政治的因素排除在文化的范畴之外。"历史民族"论着眼于作为政治与文化共同体的中国的流动与变化过程。而记录这一流动过程的，就是中国源远流长的历史书写传统。

三、章太炎"历史民族"论式的分析
框架在民国学界的延续

章太炎民族主义思想中的"历史民族"论——注重历史流变过程中塑造政治与文化共同体的具体实践，强调制度、疆域、人物事迹等奠定历史活动主体之政治基础的要素，以及由此而产生的历史记忆与历史叙事，在近代中国的民族主义思潮中其实并不占据主流位置。因为近代中国的民族主义虽然时常诉诸于传统的符号与理念，但是更多的则是相信只有全面的效仿西方才能达到救亡图存的目的。特别在政治观念上，梁启超《中国专制政治进化史论》中的历史观，即以近代西方对于中国古代政治实践的基本认知为标准，认为一部中国政治史，就是一部"专制政治"演进史，历史中的政治实践之主要特征就是所谓"专制手段"不断强化，"专制程度"不断加深。因此，中国的历史，特别是中国的政治史与制度史，就时常处于一种较为负面的，需要被批判或否定的因素。在此风气下，即便有心之人主张提倡中国传统的正面意义，要么就是以近代西方的相应门类为标准进行评价,要么就是刻意突出抽象的、不具历史感的"文化"因素,避而不谈具体的、在历史实践中时常显现的政治特征。例如在新文化运动期间,就有表彰中国传统的人士强调:"吾民族之可宝贵者,乃此所以形成东方文化之精神(原理),而非其所演之事迹。"①

进一步而言,虽然章太炎在清末设坛讲学,培养了不少颇有成就的弟子,但是基本无人能在这一方面继承发扬师说。曾经与章太炎论学频繁、交往甚密的钱玄同,后来走向了激烈的反传统主义,虽然晚年一度重新肯定中国传统的价值,但也只是在日记与私人书信中有所表达,并未形成较广的影响。②黄侃与章太炎在价值观层面十分相近,但用力之处却在于文学与小学。周氏兄弟思想颇为复杂,一度也走向批判传统之路。唯鲁迅晚年出版《故事新编》,表彰在中华民族发展史中肯于辛苦付出、默默奉献的人,这或许算是与章太炎的相关主张有些许一脉相承之处。朱希祖虽然主要以史学为业,并且民族主义情绪也十分强烈,但是其用力之处却在史实考订,并且相较于章太炎对于西学有较为系统的反思,朱希祖在不同时期都颇受各自流行于世的西学之影响,因而无法像乃师那样,从中国历史自身流变出发总

---

① 陈嘉异:《东方文化与吾人之大任》,载陈崧编:《五四前后东西文化问题论战文选》,中国社会科学出版社1989年版,第312页。
② 由于长期以来钱玄同以强烈的反传统面目示人,所以对于这一点恐怕需要略作说明。据钱玄同之子钱三强致钱秉雄的信中透露,钱玄同晚年曾写信给钱三强,谈到自己"民五以后对于经义略有所窥知。故二十年来教诲后进,专以保存国粹昌明圣教为期,此以前常常向你们弟兄述说者"。参见杨天石:《钱玄同、钱三强家书解读》,《世纪》2019年第5期。很明显,从史实上看,"民五(1916年)"以后,钱玄同非但没有在公开场合"保存国粹",反而时常撰文批判传统,成为五四新文化运动的健将之一。因此,这段回忆,与其说是在追忆往事,不如说显现了他晚年重新认识传统之价值后的自我定位。

结出具有原理性、政治性的观点。旦焘1920年代在《华国月刊》上发表了一系列研究中国古代制度的文章，不过见识却较为有限，很大程度上只是复制章太炎先前的观点，而少有发挥与升华。而民初与章太炎往来密切，后来也被视为章门高足的吴承仕，1930年代以后成为马克思主义者，虽然对马克思主义中国化贡献极大，并且讨论古代礼制极有见地，但其学术路径较之章太炎却属另辟蹊径。

不过即便如此，在民国学界，特别是史学领域，依然有类似于章太炎式的分析框架。1920年代，章太炎致信吴承仕讨论重修清初历史之事，认为"南则柳翼谋于此最明"，透露出对于柳诒徵史学涵养的充分肯定。①正如其言，柳诒徵在新文化运动以后，目睹举世趋新之风，反复申说中国历史与文化的正面意义，希望借此来增强民族自信，发扬民族精神。从广义上讲，他的许多论著，也是近代民族主义思潮的一部分。1934年4月，柳诒徵在南京中国文化学会演讲如何认识中国文化的基本特征。其中他特别强调：

> 我们看过去的历史已可想到中国的政法就很特别，有人说古代的历史是儒家伪造，托古改制的话，现在姑且不分辨。单讲自秦朝统一中国以来，汉唐宋元明清，都是车同轨，书同文，天下一家。就政府管辖的区域而论，秦汉两代与希腊罗马疆土的广狭比较之下，那中国就大得多。唐宋几朝比英法、日耳曼、俄罗斯诸国所领的版图又要辽阔得多了。现在物质科学昌明，一切交通的工具完备，在从前中国便没有这许多利器。今日世界各国疆域之大要推到美国，

---

① 章太炎：《与吴承仕》，载马勇编：《章太炎书信集》，第319页。

可是美国有了良好管辖的工具尚且行的是各州分治,还不能集中央职之权统治全国,外交军事之外,各州政务都是自理。英国的属地虽然很多,各属邦都纷纷要求自治,苏维埃共和国也是行的社会主义的联邦政治。何以中国从前后没有许多良好的交通工具,而历代都能统驭这样广大的疆域呢? 可见中国是有他特到的文化,国威隆盛,并不是侥幸苟存了几千年的。①

可见,在柳诒徵看来,中国文化的核心特征之一就是典章制度,此乃维系中国疆域统一与政治发展的关键,也是彰显中国之所以为中国的主要特征,其正面意义不容小觑。对于这一点,柳诒徵在其学术代表作《中国文化史》中有着更为详尽的分析。与章太炎关于中华民族起源史的论述相似,柳氏也着眼于上古文明草创之世的制度沿革与人物事迹。例如他指出应从上古时代广大劳动人民的生产实践中认识所谓的"三代之世":

故洪水以前,实以黄帝时为最盛之时。后世盛称黄帝,有以也。然黄帝时之制作,或恃前人之经验,或赖多士之分工,万物并兴,实非一手一足之烈。故知社会之开明,必基于民族之自力,非可徒望于少数智能之士。而研究历史,尤当涤除旧念,着眼于人民之进化,勿认开物成务,为一人一家之绩也。②

① 柳诒徵:《对于中国文化之管见》,载杨共乐、张昭军主编:《柳诒徵文集》第12卷,商务印书馆2018年版,第284页。
② 柳诒徵:《中国文化史(上)》,载杨共乐、张昭军主编:《柳诒徵文集》第6卷,第16页。

又如他强调古代文化的主要根基在于前人能从生产实践中形成一套有利于组织与治理的制度规划：

> 古人立国，以测天为急；后世立国，以治人为重。盖后人袭前人之法，劝农教稼，已有定时；躔度差微，无关大体。故觉天道远而人道迩，不汲汲于推步测验之术。不知邃古以来，万事草创，生民衣食之始，无在不与天文气候相关，苟无法以贯通天人，则在在皆形枘凿。故古之圣哲，殚精竭力，绵祀历年，察悬象之运行，示人民以法守。自羲、农，经颛顼，迄尧、舜，始获成功。其艰苦愤悱，史虽不传，而以其时代推之，足知其常耗无穷之心力。吾侪生千百世后，日食其赐而不知，殊无以谢先民也。①

总之，柳诒徵认为在中国文化里，值得珍视与挖掘的遗产之一就是在历史进程中集众人智慧而形成的生产实践与政治实践，此乃中国历史之所以能被人所称颂的重要原因。②

1936 年章太炎去世之后，钱穆撰文纪念，对于章氏学术，独重其史学，强调"今论太炎学之精神，其在史学乎！"称其史论"平时而能博大，不为放言高论，而能真为民族文化爱好者"③。而在章氏去世前，钱穆曾赴苏州与之一晤。后来他回忆，章太炎当

---

① 柳诒徵：《中国文化史（上）》，载杨共乐、张昭军主编：《柳诒徵文集》第 6 卷，第 46 页。
② 关于柳诒徵的这些观点，还值得做进一步的详尽分析，篇幅所限，本文先行揭出，更细致的研究，当以另文为之。
③ 钱穆：《余杭章氏学别记》，载《中国学术思想史论丛（八）》，台北东大图书公司 2006 年版，第 384、389 页。

时认为若撰写一部新国史，"列传与年表等当无何相异。惟书志
一门，体裁当有大变动。即如外交志，内容牵涉太广，决非旧史
体例可限。因言居沪上，深知治外交法权影响深广。如加叙述，
所占篇幅必钜。其他方面更然。外交以外，食货刑法诸门皆然。
所需专门知识亦更增强。惟此'书志'一门，必当有大变动"①。
很明显，钱穆认可章太炎的民族主义思想，并对章太炎强调典章
制度的重要性印象深刻，他自己一生也已弘扬中国历史之精神、
中国文化之价值为己任。

本着这样的想法，在发表于 1937 年的《如何研究中国历史》
一文里，钱穆认为现代历史知识当中，"历代政制"应为重点：

> 希望有志于研究中国史的，多注意于其历代政制的演
> 变上。但我们要研究政治制度，不可不连带注意到其背后
> 的政治理想；我们要研究某一时代的政治理想，又不得不牵
> 连注意到其时一般学术思想之大体。所以我希望有志研究
> 中国史的，应多注意于中国历代学术思想之演变。与制度、
> 学术有关系的，我又希望能多注意于历代人物的活动。"学
> 术"、"制度"、"人物"三者相互为用，可以支配一时代的
> 历史。②

众所周知，中国传统史籍中对政治制度与政治事件有大量的记
载，中国历史之所以能延续不断，主要在于华夏文明具有十分丰
厚的国家治理与地方治理经验，能够维系、光大作为政治与文化

---

① 钱穆：《八十忆双亲、师友杂忆（合刊）》，台北东大图书公司 2013 年版，第
　 165 页。
② 钱穆：《如何研究中国历史》，载《中国历史研究法》，第 159 页。

共同体的中国。而在近代中国,中国历史所遭受的最主要冲击也正是华夏传统政治制度被不断非议,特别是清末士人讲"专制"概念从日本转译过来,以此来定义中国古代制度,致使中国古代国家治理的许多实践不再具有历史与现实的合法性。①按照梁启超的说法,既然现代历史教育要成为"国民之明镜",②要承担维系政治与文化认同的重任,那么在"专制"话语笼罩之下,中国历史很大程度上只有负面意义,而乏正面价值。由此引申的,既然中国历代的史籍大部分皆为关于政治思想与政治实践的记录,那么整个中国文化就被贴上了所谓"落后""愚昧""奴性"的标签,如此一来,怎能指望中国历史成为良性的、正面的民族主义话语的组成部分。因此,如何通过历史教育来培养国民的爱国情感,在实践层面就必须处理如何论述中国"历代政制的演变",以及典章制度背后的学术思想与实践这套典章制度的人。一言以蔽之,在现代历史知识中,政治史知识实为重中之重。③可见,钱穆关于中国古代典章制度之政治与文化意义的思考,与章太炎在清末倡导的"历史民族"论有着许多相似之处。后来钱穆的《中国历代政治得失》一书,也可视为他对这一问题的系统论述。④

---

① 关于"专制"这一话语在近代中国的传播,参见侯旭东:《中国古代专制的知识考古》,《近观中古史——侯旭东自选集》,中西书局 2015 年版,第 310—343 页。

② 梁启超:《中国历史研究法(正补编·新史学合刊)》,台北里仁书局 1984 年版,第 47 页。

③ 钱穆的这些观点,笔者已在别处详尽讨论过了。参见王锐:《现代中国需要怎样的历史教育——钱穆的历史教育论表微》,《北京大学教育评论》2019 年第 3 期。因此,本文仅揭要点,而不再做具体展开。

④ 关于这一点,参见王锐:《钱穆的"政治史学"——以〈中国历代政治得失〉为例》,载洪涛主编:《汉代经学与政治:复旦政治哲学评论(第 11 辑)》,上海人民出版社 2019 年版。

四、余　　论

在清末的民族主义思潮当中,章太炎的"历史民族"论颇具特色。固然,正如他自己所说,"自从甲午以后,略看东西各国的书籍,才有学理收拾近来",①他在清末的许多论学论政之作,都可以看出不少近代西学与东学的痕迹,②但是如要形成具有原理性、思辨性的观点,那么必须与中国的历史与现实相结合,契合中国政治与社会发展的基本状况。这一点,在他的"历史民族"论中有较为明显的体现。这一观点强调历史的动态过程,强调制度、疆域、人的活动与融合,对于形成民族意识与民族记忆的重要性,而历史则是维系这种认同,并赋予其政治与文化内涵的最主要载体。他之所以在清末提倡历史之学,归根结底肇因于此。同时他的这些思考也贯穿于他在清末与立宪派的论争当中。章太炎此论,在民国学界虽少有回声,但柳诒徵与钱穆的史学思想,从论述框架来看,则与章氏颇为相似,此一脉络,实为理解现代中国史学发展与民族主义思潮变迁时不容忽视的线索。当然,必须认识到,章太炎的这些论说在清末的历史语境里,并非单纯是一种学理性的探讨,而是为了进行革命宣传。这就意味着他在学理层面的论述必然难以严谨翔实、面面俱到,而是有

---

① 章太炎:《在东京留学生欢迎会上之演讲》,载章念驰编订:《章太炎演讲集》,第1页。

② 关于这一点,参见[日]小林武:《章太炎与明治思潮》,白雨田译,上海人民出版社2018年版。

这样或那样的疏漏。但今天需要重视的并非是其观点的周密性,而是提出了一种思考中国历史与现实问题的视角,阐述了一种汲取近代民族主义资源并使之内化为中国自身历史与政治论述的理路。

从今天的角度来看,章太炎的这些论说对于在当代建立自治的、稳固的政治与文化认同颇有启示意义。作为民族主义思潮兴起之后现代史学研究的先驱,兰克认为:"政治与历史的基础是相同的。没有一种完整而精确的、治理国家的知识,就没有政治——而这种知识如果没有对过去时代所发生事情的了解,则是难以想象的——而历史研究的正是这样的知识,或者是试图理解这种知识。很清楚的是,政治与历史以这种方式紧密地相连。"[1]在这里,他揭示了一个颇为重要的观点,即历史研究的重点必须是政治史,包括一个共同体有无能力造就复杂且稳定的政治组织,形成能够让大多数人服膺的政治文化,以及在此组织中是否能出现具有政治担当能力的政治家,此乃"民族精神"的核心要素。后来亨廷顿所强调的"西方文明的本质是大宪章(Magna Carta)而不是'大麦克'(Magna Mac)"也正是此意。[2]这就启示我们,在叙述中国的"历史故事"时,如何讲好中国古今的"政治故事",关系到国家与民族认同的巩固。章太炎在清末就相关问题给出的答案未必都正确,肯定有着各种各样的时代局限性,但是他所揭示的核心问题与呈现出来的思考框架,却是我们今天构建具有中国特色的思想与学术话语时

① [德]兰克:《历史、政治及哲学之间的关系》,易兰译,载《世界历史的秘密:关于历史艺术与历史科学的著作选》,复旦大学出版社 2012 年版,第 151 页。
② [美]亨廷顿:《文明的冲突》,周琪等译,新华出版社 2017 年版,第 47 页。

必须予以重视的。毕竟,章太炎在清末所期盼的目标——"推
其本原,则曰以四百兆人为一族,而无问其氏姓世系。为察其
操术,则曰人人自竞,尽尔股肱之力",①在今天依然值得我们
继续为之奋斗求索。

---

① 章太炎:《〈社会通诠〉商兑》,载《章太炎全集》第8册,第348页。

风俗良莠与政治兴衰

——《思乡原》的思想史解析

1906 年，章太炎出狱东渡日本，主持《民报》笔政。在此期间，他撰文讲学，对于中国的政治与历史、学术与文化有大量的思考。据弟子许寿裳回忆，章太炎分析古今政治，"注意于道德节义，和同志们互相切励；松柏后凋于岁寒，鸡鸣不已于风雨，如《革命道德论》、《箴新党论》二篇，即系本此意而作。"①关于这一问题，章太炎曾呼吁革命者要有狂者气象：

> 独有兄弟欲承认我是疯癫，我是有神经病，而且听见说我疯癫，说我有神经病的话，倒反格外高兴。为甚么缘故呢？大凡非常古怪的议论，断不能想，就能想也不敢说。说了以后，遇着艰难困苦的时候，不是神经病人，断不能百折不回，孤行己意。所以古来有大学问成大事的，必得有神经

_____

① 许寿裳：《章炳麟》，转引自汤志钧编：《章太炎年谱长编（增订本）》上册，中华书局 2013 年版，第 130 页。

病才能做到。①

　　章氏之意,在当时革命还处于困难曲折的形势下,只有"神经病",方能不畏艰险,奋发有为。因此,"不怕有神经病,只怕富贵利禄当面现前的时候,那神经病立刻好了"②。"神经病"之大忌,便是假装如此这般,实则心系富贵,其行近乎伪。

　　犹有进者,章太炎认为居今之世,若要从古典文化中寻找立身处世之法,那么"侠"道实为一份珍贵的遗产。后者"当乱世则辅民,当治世则辅法",所以,"今之世,资于孔氏之言者寡也,资之莫若十五儒"③。侠是维护社会公平正义的重要力量。他的弟子黄侃在 1908 年也发表《释侠》一文,表彰侠客有庇护平民、除暴安良之功。④正因为这样,章太炎的政治道德论被赋予极强的"狂侠"色彩。因此,章氏的这一特征长期以来为人所重视,成为分析他政治思想与精神特色的主要切入点。

　　但正如章太炎自己所强调的:"兄弟所说的神经病,并不是粗豪卤莽,乱打乱跳,要把那细针密缕的思想,装载在神经病里。"⑤萧公权认为章氏论政,除了"一腔热血",复有"一片

---

① 　章太炎:《在东京留学生欢迎会上之演讲》,载章念驰编订:《章太炎演讲集》,上海人民出版社 2011 年版,第 2 页。
②⑤ 　章太炎:《在东京留学生欢迎会上之演讲》,载章念驰编订:《章太炎演讲集》,第 2 页。
③ 　章太炎:《訄书(重订本)·儒侠》,载《章太炎全集》第 3 册,上海人民出版社 2018 年版,第 139 页。案:此处所提及的"十五儒",指的是《礼记·儒行》篇中对于儒者的描述。章太炎认为其形象"皆刚毅特立者",近乎侠道。
④ 　黄侃:《释侠》,载《黄季刚诗文集》下册,中华书局 2016 年版,第 659—662 页。

冰心",其思想学说的复杂性不应轻易忽视。①就道德问题而言,章氏在 1910 年发表《思乡原》上下篇,力言在当时的历史情境下,"不得中行,宁置狂狷,思乡原"②。且不论"乡愿(原)"在儒学的话语里长期是一个负面的形象,这一观点还与他表彰不畏流俗、刚毅进取的侠道表面上颇不一致。因此,如何理解这篇文章,关乎如何认识章太炎在辛亥革命前夕对于中国古今政治与学术的思考,以及他与当时各种政治力量的关系。本文即从历史语境出发,通过解析章氏思想,对这一问题略作探讨。③

一、乡愿、狂狷与诚伪之辨

"乡愿"在儒学史上常被揭出讨论,成为定义某一种有悖道德之人的重要概念。孔子说:"乡愿,德之贼也。"朱熹如是诠释此语:

---

① 萧公权:《中国政治思想史》下册,台北联经出版公司 2011 年版,第932 页。

② 章太炎:《思乡原上》,载《章太炎全集》第 8 册,第 130 页。

③ 关于这一问题,林少阳认为章太炎的"乡愿"论具有现实政治意味,"这是他评价朱子学、阳明学的伦理、政治前提。也就是说,他从宋明以来的朱子学、阳明学上看出两者作为晚清儒家革命理论的可能性。"参见林少阳:《鼎革以文——清季革命与章太炎"复古"的新文化运动》,上海人民出版社 2018 年版,第 336 页。这是笔者所见对此问题的最新研究。作者将章太炎的论述置于理学史的流变中考察,对于认识章氏言说的历史渊源而言,具有不小的启发性。

乡愿,乡人之愿者也。盖其同流合污以媚于世,故在乡人之中,独以愿称。夫子以其似德非德,而反乱乎德,故以为德之贼而深恶之。①

所谓"似德非德",因其迹近乎伪,所以一时间难以辨别。以紫乱朱,反而更有损儒家的德行。《孟子·尽心章句下》曰:

万子曰:"一乡皆称原人焉,无所往而不为原人,孔子以为德之贼,何哉?"

曰:"非之无所举也,刺之无刺也,同乎流俗,合乎污世,居之似忠信,行之似廉洁,众皆悦之,自以为是,而不可与入尧舜之道,故曰'德之贼'也。"②

可见,孟子也认为乡愿之害,在于处处以"似",在表面文章之下,行为举止十分虚伪,丧失道德准则,"同乎流俗,合乎污世",以此讨好众人,让"众皆悦之",这有悖于孟子所提倡的"大丈夫"之道,更极不符合儒家所倡导的"直道而行"(《论语·卫灵公》)。与之相反,孔子认为:"不得中行而与之,必也狂狷乎!狂者进取,狷者有所不为也。"何晏《论语集解》引包咸之言:

中行,行能得其中者。言不得中行,则欲得狂狷者。狂者进取于善道,狷者守节无为,欲得此二人者,以时多进退,取其恒一者也。③

① 朱熹:《四书章句集注·论语集注》,中华书局1983年版,第179页。
② 杨伯峻译注:《孟子译注》下册,中华书局1984年版,第341页。
③ 程树德:《论语集释》第3册,中华书局1990年版,第1201页。

狂狷固然不符合中道,但在举世滔滔,伪行遍地之际,狂狷者流能坚持原则,拒绝同流合污,其"恒一"之心难能可贵,与儒家的"士志于道"异曲同工,故而值得表彰。也正因为如此,狂狷在儒学史上多呈现为正面形象,甚至不少不得志于当世的士人,也多效仿狂狷之举,以示傲然独立。

章太炎深谙中国古典,自然对儒学话语里的狂狷与乡愿之辨了熟于胸。然在他看来,今世对于狂狷与乡愿需要作出更为细致的辨析:

> 狂狷者,有进取一概之操,虽阔略杪小哉,然不舍人伦之际,百姓当家之务,父子耘瓜,华冠缊饱,以自肆志。不求其名,故不崇伪;不歆其得,故不燿世。今即反是矣。不得中行,宁置狂狷,思乡原。古之狂狷者,自才性感慨至;自唐以降之狂狷者,自辞章夸诞至。辞章之于人也,教之矜伐,予之严饰,授之抵娸,致之朋党,野人持此以游市朝,朝士又以是延进野人也。更相塓墀,而忘其才之朽,故有敢谏似直,荐贤似忠,搏击似勇,廉察似慧,平反似恕,周急似任,让爵似高,一节才著,其名播于歌咏。反纠察之,留污声色,黩货无厌,内不慈于亲戚,又好同产,外则卖朋友,其为狂者,不以为誉,即以为权藉也。①

依他之见,上古时代的狂狷虽然行为不合于中道,但他们却具有一些基本的为人准则,在日常行为中遵循大多数人所奉行的伦理道德,即"不舍人伦之际"。而且其之所以狂狷,主要是不想与

---

① 章太炎:《思乡原上》,载《章太炎全集》第 8 册,第 130 页。

浊世合流,而非为了借此来博取声名,引人注意。相较于乡愿之"伪",此乃本性流露之"真"。而唐以降的"狂狷"之人,乃通过"辞章夸诞"来赢得美名,并且其目的不是为了避世,而是为了获取更为有效的"入世"捷径。"朝士"与"野人"之间,彼此互相配合,共同采获利禄。在此情形下,狂狷之行反倒是在刻意作伪,心术不正,这些行为的背后,彰显出对进入权力体系的极度向往,以及对中国社会基本伦常准则的违背。

章太炎论学论政,常从历史渊源处入手,通过探讨具体问题在历史进程中的流变来论证自己的观点。他强调:"狂狷有伪,于今则宁予乡原矣",[①]而从历史上看,"人之文学,多与其行相傅,执礼者质而有科条,行亦匡饬。礼过故矜,平之以玄,玄过故荡"[②]。过于遵循礼法,容易使人拘谨约束;而过于喜好情玄谈,则会流于放荡恣肆。以此为切入点,章氏认为可以考察中国历代士风的变迁,进而洞察狂狷与乡愿在不同时期的具体形态,以及由此凸显的历代风俗之良莠。他指出,从战国后期的宋玉开始,直至西汉的司马相如、东汉的张衡,由于辞章歌赋兴盛,致使风俗已趋于"轻媚"。但幸亏同时期有申公、师丹、杜林、郑众、卢植、郑玄这样恪守礼法的儒者存在,他们"多耿介,好非世主",所以社会风俗,特别是士风,还能得到维系。魏晋南朝,同样如此:一方面文学之士层出不穷,另一方面"承汉余烈,六艺未衰",仍有不少深明礼教者,因此在玄谈风行一时之际,犹能"辞多而行不败"。[③]及至唐代,随着进士科的兴起,是否擅长诗文成为能否

---

① 章太炎:《思乡原上》,载《章太炎全集》第8册,第130页。
② 同上书,第131页。
③ 同上书,第131页。案:关于魏晋南朝的学术与士风,章太炎在《五朝学》一文里有更为详尽的叙述。

登科的关键,所以越来越黜实崇伪,"风纪陵迟"。这一状况在宋代有愈发明显的表现,彼时"言亦愈庄,辞亦愈不得其诚"。最后,明代王学流行,"王守仁变其节度,又益巧,足以取世资",风俗日益窳坏。通过扼要梳理历代风俗变迁史,章太炎认为:"能得三数乡原,犹愈于狂狷之为疢也。"①

可以看到,如果说孔孟之所以批乡愿,赞狂狷,是因为相比于前者的刻意作伪,后者行为更突显"真"的本色,那么章太炎之"思乡原",在出发点上与孔孟并无不同,都是反对伪言伪行,认为其对于社会风俗、政治治理具有极大的危害。只是在章太炎眼里,从历史与现实来看,狂狷作伪的概率更大,而且更容易博取声名,故为众人所好,进而形成某种华而不实、有损德行的氛围。而恪守谨言慎行,不悖日用伦常的乡愿,反而能体现出些许本真。其庸言庸行,虽缺少壮怀激烈,但亦能为人表率,让社会不脱离基本的伦理尺度。因此,虽然在具体结论上章太炎与主流儒学论述并不相同,但在思考问题的前提与标准方面,他仍旧是在儒学义理的范围之内展开的。

在重订本《訄书》里论述汉至晋学术变迁的《学变》一文中,章太炎认为:"东京之衰,刑赏无章也。儒不可任,而发愤者变之以法家。"而法家之教,"任贤考功,期于九列皆得其人,人有其第,官有其伍"。②在当时推崇法家循名责实之道的著作里,徐干的《中论》颇有代表性。他批评当时的虚伪之士"假先王之遗训以缘饰之,文同而实违,貌合而情远,自谓得圣人之真也"。是风一长,"父盗子名,兄窃弟誉,骨肉相诮,朋友相诈,

---

① 以上引文参见章太炎:《思乡原上》,载《章太炎全集》第8册,第132页。
② 章太炎:《訄书(重订本)·学变》,载《章太炎全集》第3册,第142、143页。

此大乱之道也"①。正因为这样,他对于乡愿行径大加抨击:"乡愿亦无杀人之罪也,而仲尼恶之,何也? 以其乱德也。今伪名之乱德者,岂徒乡愿之谓乎?"②对于世风的忧虑,特别是对于借虚文以饰伪行的不满,章太炎具有与徐干相似的感觉。③清末在东京,他时常与弟子钱玄同就各类政教问题进行探讨。1909 年 6月 12 日钱玄同在日记中写道:"今日与师讲修明礼教与放弃礼法问题。"④而关于章太炎就此问题的意见,辛亥革命之后,目睹民初政局乱象,钱玄同在日记中如是回忆:

> 至此始知章师之言真是确论。章师固言修明礼法与放弃礼法者皆是也。然修明礼法必如颜、戴,否则流于虚伪。放弃礼法必如嵇、阮,否则流于放僻邪伪矣。夫以嗣宗之狂,容甫之介,曾有荒淫女色、优伶,流连不反之事乎? 余也抱作颜、李之心,而行同嵇、阮,固有为为之。自问礼法虽放弃,而未尝敢得罪名教也。⑤

可见,关于礼教问题,章太炎并非像同时期的趋新之辈那样决绝

---

① 张舜徽:《中论注》,载《旧学辑存》下册,华中师范大学出版社 2008 年版,第 863、864 页。
② 同上书,第 865 页。
③ 一个例证,章太炎对于东汉末期的风俗评价并不高,很可能就是因为基于现实感而形成的历史见解,特别是对东汉末期政论中所描述的情形深有戚戚焉。参见章太炎:《五朝学》,载《章太炎全集》第 8 册,第 66—68 页。
④ 杨天石主编:《钱玄同日记(整理本)》上册,北京大学出版社 2014 年版,第165 页。
⑤ 同上书,第 243 页。

的反对,亦非如恪守旧章之人那样百般回护,而是十分在意奉行礼教或抛弃礼教之举是否发乎至诚,一旦流于虚伪,那么皆应谴责。章太炎之所以"思乡原",同样也可在这样的思想脉络下来理解。

进一步而言,章太炎之所以如此考虑,实与他对现实政治形势的感观息息相关。早在 1903 年,他就对好友吴君遂说道,当时的知识界"汤盘孔鼎,既不足为今世用;西方新学,亦徒资窃钩发冢,知识愈开,则志行愈薄,怵葸愈甚。观夫留东学子,当其始往,岂无颖锐陵厉者,而学成以后则念念近于仕涂"[1]。其道德品行实在难以担当大任。而在经历"《苏报》案"之后,他开始不太信任一些表面上立志于革命的士人,对他们能否真正不畏艰险的投入革命运动当中表示怀疑。[2]在发表于 1906 年的《革命道德说》一文里,他颇为尖锐的指出:

> 通人者,所通多种,若朴学,若理学,若文学,若外学,亦时有兼二者。朴学之士多贪,理学之士多诈,文学之士多淫,至外学则并包而有之。所恃既坚,足以动人,亦各因其时尚,以取富贵。[3]

在清末,参加革命活动之人,除了会党与海外华侨,主要就是出身士绅家庭的青年士子,以及留学海外,特别是日本的学生。他

[1]　章太炎:《与吴君遂书》,载汤志钧编:《章太炎政论选集》上册,中华书局 1977 年版,第 225 页。
[2]　特别是对吴稚晖。章太炎一直觉得他自己和邹容之所以身陷牢狱,与吴稚晖向清廷告密极有关系。
[3]　章太炎:《革命道德说》,载《章太炎全集》第 8 册,第 290 页。

们感受世界风潮，立言往往显得热血沸腾、慷慨激昂，甚至空泛的狂热性。①称之为晚近新形态的狂狷亦不为过。但按照章太炎的这番描述，他们却在道德上多有缺陷，留学海外习"外学"者，更是集士人劣根性之大成，因此他们很容易被"富贵"所裹挟。职是之故，章太炎心中理想的革命参与者，是身处社会底层的农民、工人与小商人。他呼吁"平民革命"，号召革命者不要沾染上流社会的种种恶习。②特别是惯于作伪的习性，前文提及他倡导的"疯子"之论，其要义也不外乎此。

此外，在政治言说方面，章太炎当时的主要任务之一就是回应、批判作为政治对手的立宪派之主张。在发表于 1906 年的《箴新党论》一文里，他声称：

> 综观十余年之人物，其著者或能文章矜气节，而下者或苟贱不廉与市侩为伍，所志不出交游声色之间。人心不同，固如其面，吾亦不敢同类而共非之，特其竞名死利则一也。③

章氏在戊戌变法期间曾和后来成为立宪派的士人关系密切，在一段时间内甚至还在张之洞的幕府中活动过。庚子事变之后，他毅然走上反清革命之路，但即便如此，他依然在梁启超主编的《新民丛报》上发表文章。所以他此刻对于立宪派的描述，固然

---

① 章开沅：《论 1903 年江浙知识界的新觉醒》，载《辛亥前后史事论丛》，华中师范大学出版社 1990 年版，第 184—187 页。
② 章太炎：《民报一周年纪念会上之言说》，载章念驰编订：《章太炎演讲集》，第 51 页。
③ 章太炎：《箴新党论》，载《章太炎全集》第 8 册，第 301 页。

有主观情感的因素,但也不能说纯属臆断,毫无根据。这里所谓的"文章矜气节",如果单从儒学论述来看,其实也可算作"狂"的体现,但章太炎强调的恰恰在于,此类"狂",其最终目的是"竞名死利"。

晚清以降,随着新学涌入,以及资本主义生产方式在中国大量出现,过去一些行之已久的道德原理与价值准则渐渐失去规范社会的效用。按照梁启超的说法,"今日中国之现状,实如驾一扁舟,初离海岸线,而放于中流,即俗语所谓两头不到岸之时也"。具体到社会风俗层面,"既厌三纲压抑虚文缛节之俗,而未能研究新道德以代之"。①对此章太炎则认为:"中国士民流转之性为多,而执著之性恒少,本无所谓顽固党者。特以边陬之地,期月之时,见闻不周,则不能无所拘滞,渐久渐通,彼顽固党又流转为新党。"②如果说古人之所以称赞狂狷是因为后者能持"恒一"之道,那么在章氏眼里,当时的国人所欠缺的正是坚持己见,不随流俗。具体到立宪派:

> 彼新党者,犹初习程墨者也,是非之不分,美恶之不辩,惟以新为荣名之归,故新党之对于旧党,犹新进士之对于旧进士,未有以相过也。原其用心,本以渴慕利禄之故,务求速化,一朝摈弃,率自附于屈原、韩愈之徒。③

在清末的政治论争中,除了具体政见,革命党与立宪派还时常就对方的道德问题进行批判。章太炎之所以于 1906 年发表《革命

① 梁启超:《过渡时代论》,载吴松等点校:《饮冰室文集点校》第 2 集,云南教育出版社 2001 年版,第 711 页。
②③ 章太炎:《箴新党论》,载《章太炎全集》第 8 册,第 297 页。

道德说》,一个很重要的直接原因就是回击梁启超对于革命者道德品质的质疑。①而随着 1907 年政闻社的建立,立宪运动在海内外蔚为风潮。相比之下,革命势力却显得难有进一步的突破,1909 年 7、8 月间,章太炎与孙中山、黄兴等人发生严重冲突,更是造成革命党内部大分裂。在此背景下,章太炎抨击立宪派的一个有效策略,或许就是从道德层面展开批判,强调参与其中者多为趋名好利的诈伪之徒,这样易于引起世人对立宪运动的恶感。因此,所谓新学、旧学,在章太炎眼里,无非就是彼辈借以"渴慕利禄"的工具。特别是在清末视讲求新学新政为时髦的喧嚣氛围里,更容易出现假盛名以哗众之士,似狂而实伪。如此一来,政治风气将会败坏,民德亦随之而衰。谨守人伦日用之道,安于本分的"乡原",反而显得难能可贵,可借之以"惩猖狂,检情貌"。②

二、乡愿与良政

对于清末的舆论场,章太炎在晚年曾回忆:"我在日本主《民报》笔政,梁启超主《新民丛报》笔政,双方为国体问题辩论得很激烈,很有色彩,后来《新民丛报》停板,我们也就搁笔。"③其实

① 张勇:《"道德"与"革命"——〈新民丛报〉与〈民报〉时期梁任公与章太炎的"道德"交涉》,载刘东主编:《中国学术(第 33 辑)》,商务印书馆 2013 年版,第 113—146 页。
② 章太炎:《思乡原上》,载《章太炎全集》第 8 册,第 132 页。
③ 章太炎:《国学十讲》,载章念驰编订:《章太炎演讲集》,第 138 页。

不止就"国体"问题,清末章太炎与梁启超之间的论争,涉及中国历史与现实的许多面向。①在梁启超看来,"苟有新民,何患无新制度,无新政府,无新国家?"②所以在《新民说》一书里,他极力鼓吹塑造符合时代需求的新国民道德。此书各章写作时间不一,1903 年梁启超赴美游历,目睹美国资本主义的状况与华埠的面貌,开始反思先前那种对于旧道德的激烈否定态度,在书中的《论私德》一章里,极力挖掘中国古代道德理念中的遗产。在他看来,"东汉节义之盛,光武明章之功,虽十之三,而儒学之效,实十之七也"。此外,"晚明士气,冠绝前古者,王学之功,不在禹下也"③。他分析"中国历代民德升降",认为东汉时期"尚气节,崇廉耻,风俗称最美"。明代"发扬尚名节,几比东汉"。而当下则是"浑浊达于极点,诸恶俱备"④。

对于当时社会道德的焦虑,章太炎与梁启超并无不同,表彰中国传统道德理念中的优良之处,这一点也是章氏十分认同的。但从他强调辨析诚伪的角度出来,梁启超所称赞的那些时代其实颇值得商榷。特别是东汉末期的士人,《后汉书·党锢列传》称赞他们"匹夫抗愤,处士横议,遂乃激扬名声,互相题拂,品核公卿,裁量执政",其行为颇有狂狷之风。但在《思乡原下》中,章太炎却指出:

---

① 关于章、梁之关系,参见王锐:《章太炎与梁启超》,载《新旧之辨:章太炎学行论》,广西师范大学出版社 2017 年版,第 161—191 页。
② 梁启超:《新民说》,台北文景书局 2011 年版,第 2 页。
③ 同上书,第 167 页。
④ 同上书,第 171、172 页。案:梁启超表彰东汉时期的民风,很大程度上是受到顾炎武论述的影响。参见顾炎武:《日知录集释》中册,黄汝成集释,上海古籍出版社 2006 年版,第 752—753 页。

后汉可慕,盖在《独行》《逸民》诸传,及夫雅俗孝廉之士而已,其党锢不足矜。然则孝弟通于神明,忠信行于蛮貊,居处齐难,坐起恭敬,道途不争险易之利,冬夏不争阴阳之和,见利不亏其义,见死不更其守,此后汉贤儒所立,著于乡里,本之师法教化者也。①

这里首先要认识章太炎为何强调东汉末期"党锢不足矜"。在与《思乡原》上下篇撰于同一时期的《五朝学》一文里,章太炎大量征引东晋葛洪《抱朴子》中《汉过》与《刺骄》二篇文章,以及汉末王符《潜夫论》中对于时代风气的描述,以此论证东汉末期党人末流的虚骄夸诞习气。②可见,他所在意的是一旦那种"激扬名声,互相题拂"的风气流行开来,对社会风气造成的不良后果是十分严重的,会出现许多借此来获取声名的伪言伪行。东汉末期真正值得表彰的是不求闻达、不务虚名、独居避世的《独行传》《逸民传》中记载的人物。"顺、冲以下,皇纲解纽,则死节之士作。然诸可称颂者,朝社小小,不过一端,犹以草野为众。"③而之所以有这样的人物出现,并非由于貌似慷慨激昂的狂狷之行,而是由于长期的"师法教化",使得社会上形成一套稳固的、有效的伦理准则,它维系着基本的社会关系与社会道德。而这一点,正是章太炎眼中谨守伦范的"乡愿"所体现出来的特征。判断一个时代是否风俗醇美,应该以此作为主要标准,否则难免流于浅陋。

此外,梁启超认为明代尚气节,值得表彰。章太炎则指出:

① 章太炎:《思乡原下》,载《章太炎全集》第 8 册,第 134 页。
② 章太炎:《五朝学》,载《章太炎全集》第 8 册,第 66—67 页。
③ 章太炎:《思乡原下》,载《章太炎全集》第 8 册,第 134—135 页。

> 晚明风烈,独有直臣,直臣可式,独有杨继盛,其余琐琐,皆党人矣。党人者,市朝之士,立行于朝,亦各政化文质所致。忿悁之心迎于前,圈属之议驱其尾,虽桀、跖则可以为烈士。①

章氏分析明代士风,区分"直臣"与"党人"两种不同的类型,前者独有在嘉靖年间弹劾权臣严嵩的杨继盛可当之,而被后世称道的晚明士人,则被归为"党人",他们很大程度上是由于具有"忿悁之心"才广为人所知,而非体现深厚的儒学教化之熏染,因此并不值得被表彰传颂。②

章太炎之所以要辨析这些史事,一个更为主要的原因是为了论证何谓良好的政治秩序、政治风气。他以明代为例,分析当时为何会有许多"党人"出现:

> 夫含血之性,生而自矜,亟遭挫辱,则壮厉之心生。一加诸膝,一队诸渊,而不平故弥甚。明太祖始尊儒行,又往往暴谴责之。后嗣勋伐,既不如祖宗,其善谴责犹如故。且诸生在乡曲,则姿之跛扈以长其骜;比邻为辅,则呼之先生以尊其礼。一失上意,大谴大呵,谹然出刑书外。以无功之主,遇不平之臣,不为戎首则幸矣!忿不上浃,故假儒言以责难,终以诟厉。主复冯怒,愈催其臣,佞幸中涓,又假借焉。累德参会,旋渊宕复,欲不以死怼上,不能也。诸党人者,其始藉众以要君,亢权贵,盟约既成,劫之以势,隐之以

---

① 章太炎:《思乡原下》,载《章太炎全集》第8册,第134页。
② 及至晚年,章太炎复撰文专门分析东林党人对于朝政的破坏,参见章太炎:《论东林误国事》,载《章太炎全集》第9册,第119页。

院,怵之以选举,鳙之以篝击,叱咤使其朋,所以要利者,非
危言犯上无由,虽少偄者,不得独弛焉。①

关于一般意义上的人性,章太炎认为"民者生而性恶",②除了
"好真、好善、好美而外,复有一好胜心"③。而明代的政治风气,
一方面君主权力过分集中,并在尊崇程朱理学为官学的名义下,
以理学的教条规范来监督、防范、苛责臣子;另一方面儒生在地
方上享有特权,养成跋扈恣肆的习气。这两方面因素一旦发生
冲突,就表现为君主言辞愈发严厉,臣子行为愈发激越,两相激
荡,使臣子必须经常表现出亢奋、激昂的不平之气,以此彰显自
己的所谓"气节",将"危言犯上"变成一种带有表演性质的常态,
众多的"党人"也于是焉生。在章太炎看来,这样或许能为史籍
增华彩,成为被后人瞩目的事迹,但这样的政治却有名无实,远
远达不到良政的标准。

基于此,章太炎指出:

夫建国宰世者,期于百姓得职,不期于孳殖忠臣。忠臣
者,自国家混乱招之。诚令刑赏已诺,仿乎版法,官人守要,
君不身践,献言者虽不用,终不得罪,不得罪而直谏,与对策
等矣。若君擅其威,臣殉其忿,苟以相复,犹狗豨之门也。
虽宁位之下,攘袂而危言,请室之间,纍纍而吏死,只以刻华
表,醮国殇,为椠人祠官赢其既禀耳,亦何益于烝民乎? 若

---

① 章太炎:《思乡原下》,载《章太炎全集》第 8 册,第 135 页。
② 章太炎:《〈中国秘密社会史〉叙言》,载《章太炎全集》第 10 册,第 358 页。
③ 章太炎:《俱分进化论》,载《章太炎全集》第 8 册,第 408 页。

夫礼义之度,授受之际,日用于民,其亟于朝事远矣。①

《老子》曰:"六亲不和,有孝慈;国家昏乱,有忠臣"。章氏对老学颇为青睐。②在这里他对于何谓良政的定义,很大程度上与老子的这段话极吻合。在他看来,"臣殉其忿"的前提常是"君擅其威",这样其实已经表明整个政治环境趋于恶化,因此并不值得过分推崇。犹有进者,所谓好的政治,应该是社会稳定,政治系统运作正常,能保证"百姓得职"。在制度建设良好的情形下,日常政治行为就会渐入轨道,刑赏之间有法可循,官吏作为合乎规范,这样也就不需要大量以狂者面目出现,激愤放言的"忠臣"了。由此可见,在清末的舆论环境里,章太炎固然有倡导儒侠之风、激励民德的一面,但对于中国古今政治的思考,他更多时候是从如何建立一个稳定的政治架构与符合大多数民众心理的政治道德出发,并认为这才是让中国长治久安之道,这其实也是他比同时代的革命党人在学理上更为成熟的地方。

犹有进者,从思想源流上看,章太炎对于乡愿的分析,虽然未曾脱离儒学话语的范畴,但由此引申而出的政治思考,实则带有比较明显的法家色彩。他认为:"法家者流,则犹西方所谓政治家也,非胶于刑律而已。"③在政治风格上,"夫法家者,辅万物之自然而不敢为,与行己者绝异。"④按照章氏所诠释的法家要义,思考政治必须要从如何建立能够行之久远的政治规范入手,

① 章太炎:《思乡原下》,载《章太炎全集》第8册,第136页。
② 王锐:《辛亥革命前后章太炎对道法政论之阐释》,《华中师范大学学报(人文社会科学版)》2018年第1期。
③ 章太炎:《訄书(重订本)·商鞅》,载《章太炎全集》第3册,第263页。
④ 章太炎:《释戴》,载《章太炎全集》第8册,第121页。

政治举措要符合大多数民众的基本利益,政治风气不应违背社会的基本道德原则。因此,所谓良政,其主要特征为各个部门之间能够有条不紊地运作,有助于社会安定,而非因政治紊乱致使时常涌现出激越慷慨的"党人"。"盖行商君之法,怯夫可以为贲、育;随明太祖之化,虽下士能为比干、泄冶。"①总之,章太炎所构想的政治秩序,是应能够体现"常道"而非"诡道"或"邪道"。

三、程朱理学与乡愿

在《思乡原》上下篇中,章太炎涉及的另一个重要问题,就是如何看待程朱理学。清代继承明代的科举制度,尊奉程朱之学为官学,最高统治者如康熙任用了一批"理学名臣",以示右文之治。随着近代国势衰微,理学也成为不断被质疑的众矢之的,不少士人认为正是因为理学话语和伦范的巨大约束,导致中国社会丧失活力,民气衰弱,忽视实学,不谙时务。因此,近代域外新学在中国的传播,很大程度上伴随着对于理学的严厉抨击。在晚清知识界富有盛名的宋恕就指出:"洛闽讲学,阳儒阴法:谈经则力攻故训;修史则大谬麟笔;诬贞诗为邪淫,丑诋夏《序》;恶《礼运》之圣论,敢摈游《传》;自谓接孟,实孟之贼!"理学"流毒"所披,"贪禄位而毁高隐,畏刑戮而毁孤直,惮读书而毁通人,短用武而毁良将"。造成"虚矫益甚,诈伪益多,廉耻全亡,恻隐尽绝"的不良风气。②高旭在叙述中国历代学术沿革时亦言:"二

---

① 章太炎:《思乡原下》,载《章太炎全集》第 8 册,第 135 页。
② 宋恕:《六字课斋卑议(印本)·贤隐篇》,载胡珠生编:《宋恕集》上册,中华书局 1993 年版,第 128 页。

程、朱子,其立说多主重实践,不重空谈,固为颠扑不破之论。要之其主静主敬,使人形如槁木,心如死灰,而人类活泼泼地之真精神,几使历百年而尽行消灭。"①在《新民说》中,梁启超认为当时中国人私德败坏,很大程度上"由于学术匡救之无力也"。在这一点上,清代理学堪称祸首:

> 李光地、汤斌,乃以朱学闻。以李之忘亲背交、职为奸谀;汤之柔媚取容、欺罔流俗,而以为一代开国之大儒,配享素王,末流所鼓铸,岂待问矣!后此则陆陇其、陆世仪、张履祥、方苞、徐乾学辈,以婉娈夸毗之学术,文致其奸。其人格殆犹在元许衡、吴澄之下。所谓《国朝宋学渊源记》者,殆尽于是矣。②

从学术本身来看,章太炎也认为"清世理学之言,竭而无余华",并无多少创新之处。③不过在分析乡愿的社会角色时,章太炎认为宋代理学自有其意义在。他指出:

> 乡原者,多持常训之士,高者即师洛、闽。洛、闽之学,明以来稍敝蠹,及清,为佞人假借,世益视之轻。然习苞、应撝谦、张履祥辈,修之田舍,其德无点。至今草野有习是者,虽陋,犹少虞诈。大抵成气类则伪,独行则贞,此廪廪庶几践迹君子矣!虽有矫情,未如饰狂猲者甚也。属之以事体,

---

① 高旭:《学术沿革之概论》,载桑兵等编:《国学的历史》,国家图书馆出版社2010年版,第66页。
② 梁启超:《新民说》,第168页。
③ 章太炎:《訄书(重订本)·清儒》,载《章太炎全集》第3册,第154页。

　　而无食言,寄之以财贿,幸而无失,期会无妄出入,虽碌碌无奇节,亦以周用。①

在这里,章太炎把乡愿与理学结合在一起,认为后者所主张的日常伦理规范很大程度上形塑着前者的行事风格。理学作为官学自然有不少弊端,并且易于被伪儒所假借,但理学的洒扫应对之道却并非一无是处。相较狂狷的夸饰,体现程朱理学色彩的乡愿反而能够慎独其身,不越绳尺,践行社会基本道德,维持日常秩序。而这一点,某种程度上也正是处于时代思潮激荡、社会戾气横行的中国所最为需要的。因此他声称:"是故辅存程朱者,将以孳乳乡原,上希庸德,令邑有敦诲之贤,野有不二之老,则人道不夷于鹑鹊,利泽及乎百世,非欲苟得狂狷,为史书增华也。"②

　　进一步而言,章太炎强调,从历史上看,程朱理学对于政治社会风俗的作用也不应被忽视:

　　洛、闽所以拙者,以其生长于长吏闻人之间,不更稼穑,不知人情隐曲,故节行不及中庸,徒谨敕寡过,事君以诚,上希萧何,下乃拟万石君。若夫管宁、胡昭、翟汤、朱冲者,无一民尺土之藉,政不逮下,而奸佻数万化之,明非程颐、杨时、李侗、朱熹之所至也。然其玄德高行,间世拔生,常人莫能从其步骤,相与駃騠,故犹赖洛、闽以承其乏。程、杨、李、朱者,可谓乡原之秀,中行则未也。③

---

① 章太炎:《思乡原上》,载《章太炎全集》第8册,第130—131页。
② 章太炎:《思乡原下》,载《章太炎全集》第8册,第136页。
③ 章太炎:《思乡原上》,载《章太炎全集》第8册,第132页。

清末革命党的革命纲领中,有"平均地权"一项,旨在保障平民权益。作为革命党的机关报,《民报》上也刊登了不少介绍社会主义思潮,剖析中国社会矛盾的文章。章太炎亦强调莅民理政,要务之一便是"均配土田,使耕者不得为佃奴",以此达到"豪民庶几日微,而编户齐人得以平等"的效果。①秉此原则,他遂认为宗尚程朱理学者"不更稼穑,不知人情隐曲",处于"长吏闻人"的地位,难以体会民生多艰,因此称不上"中道"。在这一点上,其实体现了章氏对于帝制时期士绅支配局面的否定。但理学强调修身,使得彼辈养成了"谨敕寡过"的习惯,这对于维系政治稳定具有一定的益处。而且这些道德准则能够在大多数人中间传播,不像"玄德高行"之士那样使人难以效仿,因此其历史意义值得肯定。

值得一提的是,晚清之际,无论是立宪派还是革命党,在社会道德上都主张应有所变更。特别是随着伦理学这门学科在中国的流传,不少人皆认为应该汲取近代西方的道德要目,在中国进行普及宣传。一些翻译或改写自日本的伦理、修身教科书也渐渐被有心追求新知者所关注。例如当时与章太炎论学极为契合的刘师培,就编撰了一本《伦理学教科书》,一方面对中国传统道德规范进行批判性的分析,一方面介绍近代资本主义体制下一些新的行为伦范。而对于这一问题,章太炎却有自己的见解:

> 陆子静所说的:"东海有圣人焉,此心同,此理同也。西海有圣人焉,此心同,此理同也"。都是凭空妄想的话。实在各国道德不同,既做了中国人,承中国的习惯,自然该守

---

① 章太炎:《五无论》,载《章太炎全集》第8册,第454页。

中国的道德。若说中国所守,只是古道德,不是新道德,现在世不相宜,那倒不然。中国的道德说,从三代两汉到现在,总是渐渐变来,并不纯和古代一样。就偶然还有不惬意处,也只该由自己想法子改正,不必照别国的法子改正。别国的道德纵然好,也只好照庄子说的:"水不可用车,陆不可用舟"。更何况有许多可笑可鄙的么。①

很明显,章太炎固然认为中国的道德准则需要不断改进,但改进的前提应是在中国自身的历史文化脉络中来进行。之所以如此,更是因为在章氏看来,中国古代的道德原理并非一成不变,而是随着时代不同而前后有异,如果按照简单的中西之别,自然会认为中国传统道德是一个固定的、不变的、陈旧的"他者",但思考中国的文教问题,却不应采取这样的视角,而是应当将晚近的变局置于中国历史的长时段进程中来审视。正是具有这样的分析意识,所以章太炎才会去思考自宋代以来影响中国社会至深的程朱理学对于维系社会日常道德的重要意义,以及为什么遵守日常道德的乡愿,较之颇成气类的狂狷,更有助于塑造能行之久远、符合芸芸众生对生活的期待之"常道"。

值得一提的是,章太炎虽然认为程朱理学虽有益处,但也只能与乡愿比肩。之所以这样认为,是因为在他看来道德修养不能仅靠诵读经籍来培育。他指出:

> 立德自情不自慧。不自慧,故虽智如挈瓶,辩如炙毂,无补益;自情,故忻望怨慕之用多。好德之慧,乃比于士女

---

① 章太炎:《经的大意》,载章念驰编订:《章太炎演讲集》,第74—75页。

衽席之私,爱而不见,犹乡往之……古之化民者,兴则在《诗》,立则在《礼》,成则在《乐》。《礼》以检式其身,《诗》乃可慕,《乐》或无文辞,徒有声音,此宁有性命之议,仁义之辩哉? 知立德依于情,不依于慧,是故其教不肃而成也。①

1908 年起,章太炎开始给在东京的中国留学生讲学。据朱希祖记载,是年 3 月 22 日,"太炎讲人之根性恶,以其具好胜心,二物不能同在一处,即排斥性也,而断定文明之人愈恶,愈野蛮其性恶愈减"②。在与《思乡原》上下篇著于同一时期的《国故论衡》之《辨性》篇中,他也在反复申说此意。③按照这样的逻辑,诵读经籍可使知识日增,自然也愈趋于"文明",那么"恶"的根性也就体现得越明显。所谓"立德依于情",却与知识水准的高下并无直接联系。至于如何培育情感,进而增进道德,这自然不是强调戒慎恐惧的程朱理学所能胜任的了。因此他坚信"六籍之化人,犹滑稽之称说"④。在这一点上,体现出章太炎不同于传统儒学义理之处。⑤

四、结　语

钱穆尝言:"太炎早岁奔走革命,故论史亦每与世事相发,而

① 章太炎:《思乡原下》,载《章太炎全集》第 8 册,第 137 页。
② 汤志钧编:《章太炎年谱长编(增订本)》上册,第 168—169 页。
③ 章太炎:《国故论衡·辨性下》,上海古籍出版社 2011 年版,第 141—147 页。
④ 章太炎:《思乡原下》,载《章太炎全集》第 8 册,第 138 页。
⑤ 关于这一问题,需要另辟专文进行分析。

论政俗尤深切。"①章太炎一反历代儒学常态,嫉狂狷,思乡愿,体现出他对于中国古今政治与社会的深入思考,以及对晚清政治形势的冷静审视。在他看来,当时政治社会所面临的一个主要任务就是要分辨诚伪。宗尚新学、激越昂扬虽然符合时代潮流,但其中有多少是发乎至诚,有多少是迎合时势,需要进行仔细辨析,否则社会风气将会被败坏。相较之下,恪守基本道德规范,不求闻达的乡愿,在这样的氛围里实难能可贵,因此反而显得更为真诚。章太炎并非认为乡愿为道德境界最高者,而是强调在一个喧嚣的时代里,需要这样的人存在,让社会保持基本常态,日用伦常得以维系。进一步而言,这也是政情稳定,制度得以有效运作的良政之基础。而欲收此效,强调修身慎独、力倡束身寡过的程朱理学实有可资汲取之处。可见,章太炎固然在清末倡导儒侠之道,表彰"疯子"性格,但在规划中国未来政治社会秩序方面,他其实更着眼于建立能够保证长治久安,符合芸芸众生心理期待的"常道"。在这一点上,传统与革命的辩证关系体现得尤为明显。而从中国近现代史上来看,20世纪中国革命必须面对的主要问题之一就是如何让革命理想在中国社会真正扎根,这涉及全面理解"变"与"常"的关系。1950年代,毛泽东在组织阅读讨论苏联《政治经济教科书》时谈道:"保守和进步,稳定和变革,都是对立统一,这也是两重性。生物的代代相传,就有而且必须有保守和进步的两重性。"因为"如果只有进步的一面,只有变革的一面,那就没有一定相对稳定形态的具体的生物和植物,下一代就和上一代完全不同,稻子就不成其为稻子,人

---

① 钱穆:《余杭章氏学别记》,载《中国学术思想史论丛(八)》,安徽教育出版社2004年版,第336页。

就不成其为人了。保守的一面,也有积极作用,可以使不断变革中的生物、动物,在一定时期内相对固定起来,或者说相对地稳定起来。"①这段话十分扼要地阐明了"保守"与"进步"各自的作用与彼此间的联系,这也是马克思主义中国化之所以能促使中国革命成功的重要原因。

---

① 中华人民共和国国史学会编:《毛泽东读社会主义政治经济学批注和谈话(简本)》,中华人民共和国国史学会 2001 年版,第 66 页。

清末民初章太炎对王学评析之再检视

　　有明一代，王学兴盛。虽然明末清初诸大儒对王学颇有批评，但在清代中叶李绂表彰王学"以博闻强记之学为陆王本心良知作发明，以考史论世为心性义理作裁判"，颇有影响①。及至清末，面对国势衰微，不少士人希望充分挖掘中国历代学术中可资致用救世的内容，尤其是有感于王学在明治以来气象一新的日本受到推崇，于是他们希望借提倡王学来重振士风、民风与政风。极为关心学术流变与现实政治的章太炎在《訄书》《检论》中专门分析论述王学，此外，在一些单篇文章中也有所涉。侯外庐谓章太炎乃"中国近代第一位有系统地尝试研究学术史的学者"，从他的著作中整理出一部"太炎的中国学术史论"实为"颇有意义"的事。②然章太炎论学并非简单地辨章学术、考订源流，而是与他对现实问题的思考紧密结合，故结合其对于中国政治、文化与社会问题的思考，厘清章太炎在清末民初关于王学的阐

---

① 钱穆：《中国近三百年学术史》上册，台湾商务印书馆，2009年，第312页。
② 侯外庐：《近代中国思想学说史》第4册，生活·读书·新知三联书店2014年版，第1278页。

释论析,犹有进一步探讨的空间①。

一、以现代科学衡准王学弊病

在撰于 1899 年的《今古文辨义》中,章太炎强调康有为、廖平式的今文经学之弊会导致历史记载虚无化,使得中国上古无信史可言,遂立志在此时代变局之下作一新史。1901 年 5 月 4 日,孙宝瑄在日记中写道:"诣彦复及枚叔谈。余尝论史分五种:曰国史,曰年史,曰政史,曰事史,曰人史。枚叔于政史之下,为增学史。彦复于国史之上为增地史。合为七史,史学该备矣。"②可见,作为 20 世纪新史学的倡导者与实践者③,章太炎认为,居今之日重新撰写历史,不能忽视历代学术流变。出版于 1904 年的重订本《訄书》除了于政治立场方面一反先前徘徊于改良主义,开始彻底走向革命道路之外,另一个十分突出的特色,就是加入了大量分析、评判中国古今学术的文章,其中就包

① 关于章太炎与阳明学的研究,参见朱维铮:《章太炎与王阳明》,载章念驰编:《章太炎生平与思想研究文选》,浙江人民出版社 1986 年版,第 264—297 页;孙万国:《也谈章太炎与王阳明——兼论太炎思想的两个世界》,载章念驰编:《章太炎生平与思想研究文选》,第 298—368 页;金文兵:《接着说"章太炎与王阳明"》,《读书》2010 年第 8 期;张天杰:《章太炎晚年对阳明学的评判与辨析》,《湖北大学学报》2018 年第 1 期;王锐:《章太炎晚年对"修己治人"之学的阐释》,载黄克武主编:《思想史》第 6 期,台北联经出版公司 2016 年版,第 113—121 页。
② 孙宝瑄:《忘山庐日记》上册,上海古籍出版社 1983 年版,第 356 页。
③ 汪荣祖:《章太炎与现代史学》,载《史学九章》,台北麦田出版公司,2002 年,第 181—217 页。

括《王学》一文。

章太炎认为，王阳明之所以能在明代建立功业，"职其才气过人，而不本于学术"，其学术往往流于阴谋使诈，本无多少深度可言。究其缘由，乃"王守仁之立义，至单也"①。其学说除了"致良知"之论算是独创之见，其余内容在章太炎看来，多"采自旧闻，工为集合，而无组织经纬"②。如"人性无善无恶"本诸宋儒胡宏，"知行合一"肇始于程颐，还有一些论点则吸收了孔融、阮籍的言说。总之，章太炎声称王阳明的学问至为浅陋，缺乏深度，其风格乃"不读书以为学，学不可久，为是阴务诵习，而阳匿藏之"③。在他看来，王阳明的学说缺少原创性，多因袭前人旧说，而且王学在风格上不重视通过大量阅读来汲取知识，致使其学说流于浅薄。

有论者认为章太炎之所以如此评判王学，"原因只能到现实生活中去寻找"，答案便是章太炎借讨论古代学术，"力图从理论上和历史上清算康有为的改良主义思想体系"④。即否定王阳明的论说，目的在于暗讽在政治立场上与其截然相反的康有为等人，揭露、批判其政治主张，宣扬革命理念。但除了现实政治原因，章太炎更关心如何在时代变局之下重建中国学术与文化体系，使之成为中国的自国根基。章太炎评价衡量传统学术包括王学的标准，正如姜义华先生所论："必须看它是否适应了社

① 章太炎：《訄书（重订本）·王学》，载《章太炎全集》第3册，上海人民出版社2018年版，第146页。
② 同上书，第147页。
③ 同上书，第148页。
④ 朱维铮：《章太炎与王阳明》，载章念驰编：《章太炎生平与思想研究文选》，第268—269页。

会与政俗变迁的历史趋势,看它在多大程度上解决了先前思想
学术的困境,看它自身包含着什么样的新的内在矛盾。"①

在撰于 1897 年的《〈实学报〉叙》中,章太炎强调:"空不足以
持世,惟实乃可以持世。"②置诸当时的历史语境,所谓"实学",
主要指的是近代西方的自然科学,以及由此衍生的各种实用技
术与基于实证研究的社会科学。章太炎感叹较之"欧罗巴学",
先秦时期犹有讲求实学的传统,但长期以来中国"于典章不讲,
艺术不考,媟点九能,如含瓦砾,而实学亡矣"③。因此今日之急
务便是寻找志同道合之人,"吾将与之共蹈于实学之域"④。章
太炎很早就对近代自然科学产生了浓厚兴趣,在《膏兰室札记》
读书笔记汇编中,他经常用自己所了解的自然科学知识——包
括天体运动学说、星球演化学说、生物进化学说、分子原子与物
质结构学说、光学、地层与考古学等,去解释先秦子书中的只言
片语⑤。他曾对谭献论及自己这一阶段的治学路数乃"近引西
书,旁及诸子";"历实训算,傅以西学",希望能收"简明确凿"
之效。⑥

章太炎之所以如此关注近代科学,自然与他对中国身处危
局而倍感焦虑息息相关。19 世纪西方资本主义的兴起,西方列
强国力大增,科学在其中发挥了很大作用。如极大地提高了生
产力,实现了机器化大工业生产;测绘技术与制图技术不断提

---

① 姜义华:《章炳麟评传》,南京大学出版社 2002 年版,第 356 页。
②③ 章太炎:《〈实学报〉叙》,载《章太炎全集》第 10 册,第 27 页。
④ 同上书,第 28 页。
⑤ 姜义华:《章炳麟评传》,第 306 页。
⑥ 章太炎:《与谭献》(1896 年),载马勇编:《章太炎书信集》,河北人民出版
社 2003 年版,第 2 页。

高,推动了资本主义国家的殖民扩张;统计学与数学有助于加强国家的动员与汲取能力,积累较为精确的人口与赋税等数据资料;通信技术迅猛发展使得信息流通更为便捷迅速,保障以西欧国家为主导的全球资本主义市场之维系与高效运转;被时人视为"科学"的人种学与体质学,更是作为殖民扩张之意识形态基础的"文明论"重要的理论依据。正是在这一背景下,道咸以降,许多新式报刊等出版物开始广泛介绍科学知识。京师同文馆、上海格致书院等学术机构也着眼于培养具备近代科学素养的青年学子,并时常举行以近代科学为主题的公开征文活动,吸引士人参与其中①。受此影响,包括章太炎在内的一批士人开始大力宣传科学的重要性。他晚年回忆道:

> 时新学初兴,为政论者辄以算术物理与政事并为一谈。余每立异,谓技与政非一术,卓如辈本未涉此,而好援其术语以附政论,余以为科举新样耳。②

他们热衷于追求科学,将其视为另一种"道"③,相信科学知识可以解决许多政治与社会问题。章太炎即以自己所理解的近代科学之特性,诸如精确、实证、思辨、有逻辑、有条理等为标准,去检视中国传统学术,阐扬与之能接榫的学说,批判有碍于这些要素生成、普及的学说。他指出:

---

① 关于其详情,参见熊月之:《西学东渐与晚清社会》,上海人民出版社 1994 年版。

② 章太炎:《太炎先生自订年谱》,台北文海出版社 1971 年版,第 6 页。

③ 罗志田:《从西学为用到中学不能为体:西潮与近代中国思想演变再思》,载《民族主义与近代中国思想》,台北三民书局 2011 年版,第 110—111 页。

古之为道术者,"以法为分,以名为表,以参为验,以稽为决,其数一二三四是也。"《周官》、《周书》既然,管夷吾、韩非犹因其度而章明之。其后废绝,言无分域,则中夏之科学衰。况于言性命者,抱蜀一趣,务为截削省要,卒不得省,而几曼衍,则数又无以施。①

章太炎之所以在《王学》篇中加入这段通论中国传统学术之整体弊病的文字,很大程度上是以此为标准来对王学进行评价。正是因为中国古代仅有的重实验、重思辨、重条理之传统中绝,导致包括王阳明在内的"言性命者"学说流于笼统含混、说理不清、繁简失当。章太炎相信但凡一种学说能言之成理,一定具有"其条支必贯,其䰅理必可以比伍"的特征。反观阳明之学,"今读其书,顾若是无组织经纬邪?"②其被人视为创见的"致良知"之论,以科学标准衡之,"既违于论理,推究之则愈难通。宜其弟子无由恢扩也"③。在章太炎看来,阳明之学所体现的这些弊病,是"中夏之科学衰"所造成的不良后果之一,需要予以批判性的省思④。需要指出的是,章太炎在这里其实混淆了心性之学与现代科学之间的界限,前者主要关乎个人的道德体验与人格培育,本来并不必然需要现代科学为之背书。自启蒙运动以来,随着现代性在全球范围内的展开,不少人已经在反思科学原理对于

---

① 　章太炎:《訄书(重订本)·王学》,载《章太炎全集》第3册,第146页。
②③ 　同上书,第148页。
④ 　孙万国认为:"太炎在写作《王学》时,占据他心中的,并非康有为的问题,而是中国学术史的问题。"参见孙万国:《也谈章太炎与王阳明——兼论太炎思想的两个世界》,载章念驰编:《章太炎生平与思想研究文选》,第313页。从章太炎旨在对中国历代学术进行批评性反思的角度而言,这一观点是可以成立的。

人生的影响是否一定有利无弊。但当时在出于救亡图存的诉求而强烈鼓吹现代科学的关怀下，章太炎并未充分考虑科学与人生之关系的复杂面相。

值得一提的是，当时严复亦主张对"阳明之学，简径捷易，高明往往喜之"的现象予以反思。他认为："吾国所谓学，自晚周秦汉以来，大经不离言词文字而已。求其仰观俯察，近取诸身，远取诸物，如西人所谓学于自然者，多不遑也"，王学亦沾染此弊，无法认识到"知者，人心所同具也；理者，必物对待而后形焉者也。是故吾心之所觉，必证诸物之见象，而后得其符"。因为"六合旷然，无一物以接于吾心，当此之时，心且不可见，安得所谓理者哉？"①显然，严复是以一种接近经验主义的方式来看待王学的，认为王阳明的修身之道缺少类似于科学实验的环节，因此失之玄虚。可见，章太炎基本上是秉持与严复相似的立场②。故1900年前后，章太炎曾对夏增佑说非常希望自己的论著得到严复的批评："鄙人乞食海上，时作清谈，苦无大匠为施绳削。又陵适至，乃以拙著二种示之，必当有所纠正，亦庶几嵇康之遇孙登也。"③

如果将重订本《訄书》中的《王学》篇与该书其他论中国古今学术的文章合而观之，则更能明晰章太炎当时的论学标准。他称赞荀子之学，"其正名也，世方诸认识论之名学，而以为在琐格拉底、亚历斯大德间。由斯道也，虽百里而民献比肩可也"④。

---

① 严复：《〈阳明先生集要三种〉序》，载王栻主编：《严复集》第2册，中华书局1986年版，第237、238页。

② 至于后来章太炎在主持《民报》笔政之时对严复多有批评，那是另一个问题了。

③ 章太炎：《与夏增佑》（1900年），载马勇编：《章太炎书信集》，第49页。

④ 章太炎：《訄书（重订本）·订孔》，载《章太炎全集》第3册，第133页。

他批评苏轼"使人跌遏而无主,设两可之辩,仗无穷之辞,遁情以笑,谓道可见端,而不睹其尾,谓求学皆若解闭者,以不解解之也"①,认为这种含糊其词、缺乏严谨的言说方式,对宋以后的文风造成了很不好的影响。他对于颜元之学"滞于有形,而概念抽象之用少"深感遗憾,认为中国学术缺少西方哲学那种重视抽象思维、强调逻辑性与思辨性的特征,此乃近代中学难以与西学抗衡的主要原因②。而他之所以表彰清代朴学,主要是由于其治学风格"一言一事,必求其征,虽时有穿凿,弗能越其绳尺"③,具有重视证据、强调精确、不尚空谈的特征。

二、从革命视角论"致良知"之限度

晚清以降,不少士人青睐王学。在为乃师康有为作传时,梁启超称其"独好陆王,以为直捷明诚,活泼有用,故其所以自修及教育后进者,皆以此为鹄焉"④。康有为强调:"言心学者必能任

① 章太炎:《訄书(重订本)·学蛊》,载《章太炎全集》第3册,第145页。关于章太炎对苏轼的讨论,参见王锐:《章太炎论宋学》,载上海社科院《传统中国研究集刊》编辑委员会编:《传统中国研究集刊》第19辑,上海社会科学院出版社2018年版,第98—102页。
② 章太炎:《訄书(重订本)·颜学》,载《章太炎全集》第3册,第150—151页。关于章太炎对颜元之学的阐释,参见王锐:《章太炎、钱玄同对颜元学说的阐释与讨论》,载《新旧之辨:章太炎学行论》,广西师范大学出版社2017年版,第14—23页。
③ 章太炎:《訄书(重订本)·清儒》,载《章太炎全集》第3册,第160页。
④ 梁启超:《南海康先生传》,载吴松等点校:《饮冰室文集点校》第3集,云南教育出版社2001年版,第1944页。

事,阳明辈是也。大儒能用兵者,惟阳明一人而已。"①又云:"明人学心学,故多气节,与后汉、南宋相埒。本朝气节扫地,皆不讲心学也。"②他希望借提倡王学来振奋人心、洗刷风气,以收致用之效。同样,梁启超有感于"今日学绝道丧之余,非有鞭辟近里之学以药之,万不能矫学风而起国衰",特意编辑《节本〈明儒学案〉》一书,希望借此来挽回世风。他承认道:"《明儒学案》,实不啻王氏学案也。前夫子王子者,皆王学之先河;后夫子王子者,皆王学之与裔;其并时者,或相发明(如甘泉之类),或相非难(如整庵之类),而其中心点则王学也。"③可见他对于王学的推崇。唐文治晚年更是如是回忆自己青睐王学的心路历程:

> 余未弱冠时治性理学……后读曾惠敏日记,谓程朱之徒处事过于拘谨,陆王之徒颇能通敏于事。余时阅世未深,未之省也。迨中年游欧美各国,审国势,采国风,问国制,更研究其国性,乃恍然大悟,豁然有得。扬子有言:'世异事变,人道不殊,彼能易处,未知何如。'于是反观默察,以列邦之国性与吾国之国性相较,乃知盛衰兴废之由,固大有在,而'致良知'之学,决然可以救国;'知行合一'之说,断然可以强国也。④

---

① 康有为:《南海师承记》,载姜义华、张荣华编校:《康有为全集》第2集,中国人民大学出版社2007年版,第248页。
② 同上书,第258页。
③ 梁启超:《节本〈明儒学案〉例言》,载吴松等点校:《饮冰室文集点校》第4集,第2162、2163页。
④ 唐文治:《论阳明学为今时救国之本》,载张靖伟整理:《唐文治国学演讲录》,上海交通大学出版社2017年版,第133页。

值得注意的是,晚清士人对王学之所以深有好感,离不开他们对明治以降的日本之理解。在《节本〈明儒学案〉例言》一文中,梁启超就征引近代日本鼓吹阳明学的代表人物井上哲次郎的言论作为佐证。近代日本学者宣扬阳明学,很大的原因在于借此来强调国家主义、民族主义与忠孝伦理①。而关于这一点,恰恰是晚清士人多少有所忽视的。

1906 年章太炎东渡日本,主编革命党机关报《民报》,开始更为深入地思考当时的政治与文化问题。在此期间,他对王学也有所论述。1908 年,章太炎发表《驳神我宪政说》一文,回应当时鼓吹君主立宪的主要政治团体政闻社代表人物马相伯的主张。针对马相伯宣传自己参与组织政闻社由于"遵良知之命令",章太炎指出:

> 人当服从良知固也。而良知所信者,未必皆正。即彼为盗贼者,亦有任侠可贵之名,凡诸椎埋攻掠之徒,赤心恂幅以效宋江为义士者,其心岂皆虚伪? 盖贞实自信者多矣。故虽服从良知,而所信既非不得以良知为解世之言。致良知者,始自余姚王守仁,以宸濠仁孝多闻,视武宗荒淫之主,一尧一桀可知也。而守仁拥戴乱君以诛贤胄,亦谓效忠天室,良知所信则然。今以匡扶胡羯、热衷巧宦之政党主义相同,同在慕羶之事,而以良知所信文之,斯良知亦不足邵矣。昔康德有言曰:过而为非,后必自悔,此良知之命令使然也。后有人驳之曰:过而以任卹之事许人,后亦自悔,此亦良知

① 吴震:《再论"两种阳明学"——近代日本阳明学的问题省思》,《社会科学战线》2018 年第 7 期。

之命令使然耶？若云至诚，所发悉本于良知者，一切悖乱作慝之事，苟出至诚，悉可以良知被饰。①

王阳明曰："鄙人所谓致知格物者，致吾心之良知于事事物物也。吾心之良知，即所谓天理也。致吾心良知之天理于事事物物，则事事物物皆得其理也。"②"良知"可以将个体与"事事物物"联系起来，形成具有普遍意义的道德实践。而在这里，章太炎则强调政治上的抉择固然离不开个人良知，但不能仅凭良知便可决定自己在政治上的行为。每一个个体在热衷于自己所参与的事件时都可以声称本于良知，而忽视了这种良知很可能并未扩散到所有人，仅仅是在自己的小团体中发生效应，甚至一些违背大多数人利益的行为，也可用"致良知"来进行辩护，必须要辨明"良知"在不同的政治立场上为谁服务。换言之，各种声称自己本着"良知"来行事的人，其行为需要从实际效果层面进行评判：一方面会出现所谓的"好心办错事"；另一方面，"良知"本身并不能有效厘清政治活动的复杂性，尤其是在牵扯到具体的阶级、团体、党派之时。早在发表于 1906 年的《遣王氏》一文中，章太炎同样提到王阳明替明武宗出兵讨伐宸濠，指出如果从武宗与宸濠的个人品质上来说，王阳明此举无异于为虎作伥③，反映了其对于"致良知"在政治领域中的作用一以贯之的看法。

需要指出的是，章太炎批评时人在政治领域提倡"致良知"，

---

① 章太炎:《驳神我宪政说》，载《章太炎全集》第 8 册，第 330 页。

② 王阳明:《传习录·语录二》，载吴光等编校:《王阳明全集》上册，上海古籍出版社 2012 年版，第 39 页。

③ 章太炎:《遣王氏》，载汤志钧编:《章太炎政论选集》上册，中华书局 1977年版，第 324 页。

并非仅针对政治上的对手立宪派①。1906年,同为革命党人的刘师培出版《伦理学教科书》,其中专辟章节倡导"致良知"之学。在刘师培看来,此有三益:奋发凡民之志气、促进学说之改良、振作士民之气节。因此,"处今日之中国,其足以矫正世俗之弊者,莫若良知学派之适用矣。'良知'者,非清净寂灭之谓,亦非放旷之谓也,岂不善哉?"②章太炎一直颇为欣赏刘师培,甚至说过:"国粹日微,赖子提倡。"③即便后来二人产生巨大的冲突,他依然对刘师培说:"与君学术素同,盖乃千古一遇。"④在《遣王氏》一文中,章太炎谈及"涂说之士羡王守仁"⑤,极有可能意在讽喻和劝诫像刘师培这样具有旧学修养的革命同志。

其实章太炎并非不重视政治道德和革命激情,他初抵日本,对留日青年学生演讲,即强调"用宗教发起信心,增进国民的道德",希望革命者变得"勇猛无畏,众志成城"⑥。章太炎借用儒学话语,主张革命同志必须具备"知耻""重厚""耿介""必信"四种道德品质,才有可能担当起革命重任⑦。不过在强调道德的重要性时,章太炎更在意哪个群体最能践行这些道德。他坚信:

① 朱维铮认为:"章太炎在主持《民报》后,一再批评王阳明,便有了双重涵义。它是对梁启超的继续驳斥,也是对自己同道的善意规劝。"参见朱维铮:《章太炎与王阳明》,载章念驰编:《章太炎生平与思想研究文选》,第282页。

② 刘师培:《伦理学教科书》,载万仕国点校:《仪征刘申叔先生遗书》第13册,广陵书社2014年版,第5879页。

③ 章太炎:《与刘师培》(1906年),载马勇编:《章太炎书信集》,第78页。

④ 章太炎:《与刘师培》(1907年),载马勇编:《章太炎书信集》,第81页。

⑤ 章太炎:《遣王氏》,载汤志钧编:《章太炎政论选集》上册,第324页。

⑥ 章太炎:《在东京留学生欢迎会上之演讲》,载章念驰编订:《章太炎演讲集》,上海人民出版社2011年版,第3、4页。

⑦ 章太炎:《革命道德说》,载《章太炎全集》第8册,第294—295页。

"知识愈进,权位愈申,则离于道德也愈远。"①这体现出他非常不满当时频繁参加政治活动的士绅,以及与士绅群体具有千丝万缕联系的新式学生。1906年,他在《民报》发行一周年纪念大会上的演讲中指出:

> 且看从古革命历史,凡从草茅崛起的,所用都是朴实勤廉的人士,就把前代弊政一扫而尽;若是强藩入侵,权臣受禅,政治总与前朝一样,全无改革。因为帝王虽换,官吏依然不换,前代腐败贪污的风俗,流传下来,再也不能打扫。像现在官场情景是微虫霉菌,到处流毒,不是平民革命,怎么辟得这些瘴气。②

可见,章太炎心目中理想的"革命道德",应是能够促进"平民革命"的,是不再沾染"前代腐败贪污的风俗"的,是区别于那种旨在维系士绅支配与皇权统治的。质言之,"革命道德"的关键之处在于它是为谁服务的。在他看来,王学具有很强的为士绅支配与皇权统治服务之特征。按照沟口雄三的研究,明代中叶以后王学的流传与以士绅为核心的"乡里空间"重要性的愈发凸显密切相关,前者在很大程度上是"地主制"的意识形态③,章太炎此论可谓并非无的放矢。如康有为、梁启超等立宪派多提倡王学,而立宪派的主要成员多为士绅。尤其是日本当时提倡王学,

① 章太炎:《革命道德说》,载《章太炎全集》第8册,第292页。
② 章太炎:《民报一周年纪念会上之言说》,载章念驰编订《章太炎演讲集》,第51页。
③ 参见[日]沟口雄三:《所谓东林派士人的思想》,载《中国历史的脉动》,乔志航等译,生活·读书·新知三联书店2014年版,第1—189页。

主要目的也是为了巩固统治,号召国民效忠于明治政府。而这一切都是借助"致良知"的口号来文饰的,他们的"良知"不是为广大平民服务的。基于革命的立场,章太炎自然要予以批判,正本清源。

三、王学与"政治成熟"的形塑

王阳明尝言:"见满街人都是圣人"①,因人人皆可"致良知",故王学其实颇具平民色彩。王门后学泰州学派的创始人王艮出身灶丁,更是讲求"百姓日用之学",强调"愚夫愚妇,能知能行,便是道",讲学对象多为下层百姓,体现出十分鲜明的"人民性"②。章太炎在讲学时也曾提及:"继承阳明底学问,要推王艮和王畿。"③可见他是了解心斋之学的,也知道王学的复杂性,不会因立宪派对其多有表彰便否定其自身所蕴含的平民性格。正如论者所言,章太炎"只担心良知之说为政治所假借,若是,能以良知为民族主义效力,他当然是不会反对的"④。在撰于1907年的《答铁铮》一文中,章太炎指出:

---

① 王阳明:《传习录·语录三》,载吴光等编校:《王阳明全集》上册,第102页。
② 侯外庐主编:《中国思想通史》第4卷下册,人民出版社1960年版,第974—980页。
③ 章太炎:《国学十讲》,载章念驰编订《章太炎演讲集》,第250页。
④ 孙万国:《也谈章太炎与王阳明——兼论太炎思想的两个世界》,载章念驰编:《章太炎生平与思想研究文选》,第316页。

> 明之末世,与满洲相抗、百折不回者,非耽悦禅观之士,
> 即姚江学派之徒。日本维新,亦由王学为其先导。王学岂
> 有他长? 亦曰"自尊无畏"而已。①

又言:

> 今人学姚江,但去其孔、佛门户之见,而以其直指一心
> 为法,虽未尽理,亦可悍然独往矣。②

他甚至认为,尊奉王学可与尼采所谓"超人"哲学相比肩:

> 王学深者,往往涉及大乘,岂特天人诸教而已;及其失
> 也,或不免偏于我见。然所谓我见者,是自信,而非利己,犹
> 有厚自尊贵之风,尼采所谓超人,庶几相近。③

王学强调通过自我心性修养,可以获得道德感的提升,最终在实
践层面表现出来,这样的"成仁""成圣"之路径对于革命事业其
实是有所助益的。这与章太炎先前所强调的"勇猛无畏,众志成
城"极为相似,同样可以激励革命意志,使人不畏艰险,奋发进
取。章太炎亦坚信革命之所以能最终成功,离不开革命者身上
的道德热情。

　　但在章太炎看来,进行革命以及革命成功之后的建设,除了
具备优秀的道德品质,更离不开熟识中国的历史与现状,充分认

---

① 章太炎:《答铁铮》,载《章太炎全集》,第 8 册,第 386 页。
② 同上书,第 388 页。
③ 同上书,第 393 页。

识中国内部的复杂形势，培养从中国自身的政治与社会状况出发思考问题的习惯，并在此基础上养成冷静、果断、清晰的政治判断，积累成熟的政治经验。晚清政治论争中很大一部分内容是关于未来中国应该建立怎样的制度。对此章太炎强调：

> 我们中国政治，总是君权专制，本没有什么可贵，但是官制为甚么要这样建置？州郡为甚么要这样分划？军队为甚么要这样编制？赋税为甚么要这样征调？都有一定的理由，不好将专制政府所行的事，一概抹杀。就是将来建设政府，那项须要改良？那项须要复古？必得胸有成竹，才可以见诸施行。①

在这里，虽然他认为中国古代制度乃"专制"政体，但主张梳理沿革、总结得失，从中国历史脉络本身出发，以本国为立足点，对中国未来政治进行思考，考量各类制度利弊，强调"改良"的同时犹有可"复古"之处存焉，方能为未来的制度建设奠定基础。在学习知识以改变中国颓势局面方面，章太炎认为：

> 洞通欧语，不如求禹域之殊言；经行大地，不如省九州之风土；搜求外史，不如考迁、固之遗文。求之学术，所涉既广，必撊落无所就，孰若迫在区中，为能得其纤悉。②

在他看来，要想改变中国目前的颓势，首要任务是了解中国的历史与现状，这是最为重要的知识基础，也是一切政治行为的主要

---

① 章太炎：《在东京留学生欢迎会上之演说》，载章念驰编订：《章太炎演讲集》，第 7 页。
② 章太炎：《印度人之论国粹》，载《章太炎全集》第 8 册，第 384 页。

根据,他大力提倡"本国人有本国的常识"①。1910 年,他与陶成章、钱玄同等人创办《教育今语杂志》,就是意在以通俗白话文的方式,向青年学子与一般民众介绍中国的历史与学术,加强他们对中国文化的认同,并培养革命的斗志②。

民初章太炎评价王学的代表作《议王》收录于《检论》一书,此书乃其辛亥革命之后对旧作《訄书》的又一次修改,已有论者从哲学的角度解读此文之要义③,笔者关注的则是章太炎对王学的评价与他对清末民初政治变革思考之间的关系。章太炎指出:

> 世之苦朱、吕者,或贵陈、叶,或贵王、徐。将比而同之,诚未可也。陈、叶者,规模壶广,诚令得志,缓以十年,劳来停毒,其民知方,可任也,而苦不能应变。王、徐者,其道阴鸷,善司短长,乍有祸乱,举之以决旦莫之胜,可任也,而苦不能布政。往世萧何之与张、韩,其殊能可睹矣。人虽强敏,二者固弗能以兼蓄。然效陈、叶者,阔远而久成;从王、徐者,险健而速决。晚世人人各自以为鸷桀,其诚慕王、徐,而虚言思齐陈、叶,固其所也。④

又言:

> 王文成,匹士游侠之材也。天选其形材以赴用,所思终

---

① 章太炎:《常识与教育》,载章念驰编订:《章太炎演讲集》,第 66 页。
② 王锐:《〈教育今语杂志〉与章太炎的学术实践》,《现代中文学刊》2018 年第 1 期。
③ 孙万国:《也谈章太炎与王阳明——兼论太炎思想的两个世界》,载章念驰编:《章太炎生平与思想研究文选》,第 326—347 页。
④ 章太炎:《检论·议王》,载《章太炎全集》第 3 册,第 467 页。

不能出其位……至德者，惟匹士可以行之。持是以长国家，适乱其步伍矣。故曰：文成之术，非贵其能从政也，贵夫敢直其身、敢行其意也。①

依章太炎之见，王学确能让人养成"敢直其身，敢行其意"的品格，而且这种品格近乎古之侠士。章太炎向来对侠士颇多表彰，认为他们能伸张民隐、惩治邪恶，可见他对王学的评价并不低，认为王学有助于培养奋发进取、意气昂扬的革命道德。针对一般人认为王学语多玄远、不涉实际，章太炎则为之辩护道，王阳明的"知行合一"并未忽视现实实践，因为"行者，不专斥其在形骸，心所游履与其所见采者，皆行也"②，即行动离不开思考，后者是前者的起始。从政治角度而言，王学并未因聚焦于形而上的思辨而妨碍政治实践行为。

值得注意的是，章太炎在此区分了陈亮、叶适与王阳明、徐阶两种决然不同的政治风格：前者虽然短期之内难见成效，但因为规划详尽，一旦行之有年，就可奠定比较稳固的政治根基③；后者虽然便于使用计策，可收短期之效，但易流于"险健"，难以长久，不能成为日常的施政方针，因此"持是以长国家，适乱其步伍矣"。故章太炎认为"本王学以任事者，不牵文法，动而有功，素非可以长世者"④。对于时人所论日本国力增强与王学关系

---

① 章太炎：《检论·议王》，载《章太炎全集》第 3 册，第 469—470 页。
② 同上书，第 467 页。
③ 在被袁世凯软禁期间由本人口授，弟子吴承仕笔录的《菿汉微言》中，章太炎亦言："陈君举、叶正则之徒，上规《周礼》，以经国利民为志，而躬行亦饬。"参见虞云国整理：《菿汉三言》，上海书店出版社 2011 年版，第 47 页。
④ 章太炎：《检论·议王》，载《章太炎全集》第 3 册，第 467 页。

甚密,章太炎强调,日本有着长期的封建传统,武士阶层的地位十分稳固,掌握着社会各种资源,加上日本幅员狭小,每有变革,不需大费周章,所以"其民志强忍,足以持久,故藉王学足以粉墨之"①,这与广土众民、政情复杂、凡事常常牵一发而动全身的中国极为不同。

正如前文所述,章太炎强调良好的政治素养必须建立在熟悉中国古今情状、通晓各地政风民情、从中国现实出发思考问题的基础之上。而辛亥革命之后,据他观察,当时的革命党却显得激扬有余,冷静不足,对政治治理的复杂性缺乏充分的认识。在《先综核后统一论》中,他警告新政府:

> 以电报统一易能也,惟实际统一为难。不先检方域之殊,习惯之异,而豫拟一法以为型模,浮文犷令,于以传电有余;强而遵之,则化龃龉不适;不幸不遵,则号令不行。在位者胡可不矜慎哉!②

章太炎并非无的放矢。据张奚若回忆,武昌起义之后"当时我颇感觉革命党人固然是富于热情、勇气和牺牲精神,但革命成功后对于治理国家、建设国家,在计划及实行方面,就一筹莫展。因此除了赶走满人,把君主政体换成所谓共和政体之外,革命是徒有其表的。皇帝换了总统,巡抚改称都督,而中国并没有更现代化一点。'破坏容易建设难'一句格言,不幸完全证实"③。更有

---

① 章太炎:《检论·议王》,载《章太炎全集》第 3 册,第 467 页。
② 章太炎:《先综核后统一论》,载《章太炎全集》第 10 册,第 404 页。
③ 张奚若:《辛亥革命回忆录》,载《张奚若文集》,清华大学出版社 1989 年版,第 463—464 页。

甚者,一些革命新贵流于浮华轻率、颐指气使:"南京政府既成,任用非人,便佞在位,私鬻国产,侵牟万民,无一事足以对天下者",致使"海内视同盟会,盖与贵胄世卿相等"①。要解决这些问题,章太炎认为,新政府首先应派遣十余名特使前往各省,充分调查政治与社会现状,明晰当地的具体情形,然后将意见反馈回中央,让后者能够"周知天下之故";其次,清廷许多虽然离职但却"审知向日利病"的官吏,新政府应"引为顾问"。这些建议反映了章太炎对新政权的大小官吏的不信任,认为他们对于政治只具备"游学他国,讲肄科条"的书本知识,对中国的现实状况反而知之甚少,所以在政治实践方面"妄以校中师授,谓仓卒可见诸施行,顾未知何者宜取,何者宜舍也"②。虽然章太炎的主张并未实现,但与他在《议王》一文中所描述的陈亮、叶适式的政治风格极为相似。因此,他强调王学能用来增强个人道德修养,但不能仅凭此来因应时局,实际上意在通过梳理学术源流、分疏高下得失,来劝诫革命党人要养成老练成熟的政治品格,使其政治理想真正贴近中国的现实,杜绝放言高论、行事偏激、举措乖张,避免不切实际的道德理想主义。如果说《检论》一书乃章太炎"于铁锁寒幢中的总结"③,那么《议王》一文对王学的评价则体现了他在经历了民初一系列政治挫败之后,对革命党人政治素养的深刻反思与批评④。

---

① 章太炎:《与张继(1912年)》,载马勇编:《章太炎书信集》,第461页。
② 章太炎:《先综核后统一论》,载《章太炎全集》第10册,第405页。
③ 姜义华:《章太炎思想研究》,上海人民出版社1985年版,第600页。
④ 关于章太炎民初的政治活动,参见姜义华:《章太炎思想研究》,第513—600页。

结　　语

　　综上所论,王学在近代颇受关注,秉持不同政治与文化立场者对其有各种不同的诠释。章太炎自信"上天以国粹付余"①,立志重新梳理中国学术。一方面,他认为王学缺少近代科学所体现出的逻辑、严密与条理,致使学说内容含混不清、流于空论,体现了先秦诸子之后中国学术的整体缺陷。庚子事变之后他立志走向革命之路,正如侯外庐所论:"太炎的政论,充满了和当时改良立宪派的斗争,通过经、史、名、法、宗教、学术史等没有一处不包含着针对变法派的理论而立说。"②立宪派受近代日本思潮的影响,多假借王学以立言,故章太炎极力揭示论述"致良知"不足以成为政治判断的主要原因,反映了在清末政争中学术观点往往与政治分歧密不可分。另一方面,章太炎又很重视道德在政治活动中的重要性,提倡革命之道德。在他看来,王学亦可作为革命道德的组成部分,但是革命活动除了慷慨激昂的政治热情,更需要基于熟识历史与现实之上的冷静判断,而这恰恰是王学所不能提供的。因此他在民初重思王学,虽承认其迅捷奋发之风,但更强调从中国传统和现实情形出发周知民间利病、冷静处理政务的持久之道。特别是后一点,既是他在清末反复提及的要义,也是他对民初政治乱象进行反思的着眼点。

①　章太炎:《癸卯狱中自记》,载《章太炎全集》第 8 册,第 145 页。
②　侯外庐:《近代中国思想学说史》第 4 册,第 1322 页。

在中国近代思想史、学术史上,章太炎具有双重意义:一方面,他对于中国传统学术有近乎全盘性的、极具原创性的整理与研究;另一方面,他根据新的时代环境,立足于中国的历史与现实,阐发、论辩许多新的思想命题,成为之后中国思想与学术变迁过程中影响颇为深远的学说。章太炎于清末民初评议王学,抑扬之间,无不体现出他对中国现实的深刻观察与反思。章太炎借由亲身经历,警示为政之道不能滥用迅捷险健的取巧手段,而忽视奠定稳健平实的宏规良法。以后见之明观之,在近代历史进程的一些关键时刻,能体会其意蕴者着实有限。正如钱基博所言:"世儒之于炳麟,徒赞其经子训诂之劬,而罕体会体国经远之言;知赏窈眇密栗之文,未能体伤心刻骨之意。"①能否广泛培养那种"能够把握本民族长远的经济政治'权力'利益,而且有能力在任何情况下把这一利益置于其他任何考虑之上"的"政治成熟性"②,是时代给予国人的一个巨大考验。

---

① 钱基博:《现代中国文学史》,载《中国现代学术经典·钱基博卷》,河北教育出版社 1996 年版,第 94 页。
② 韦伯:《民族国家与经济政策》,载甘阳选编:《民族国家与经济政策(修订译本)》,文一郡、甘阳译,生活·读书·新知三联书店 2018 年版,第108 页。

章太炎对民初政局的批评及其内在困境

　　1911 年武昌起义爆发后不久,1906 年以来一直在日本东京从事革命与讲学的章太炎乘船回国,参加新政权的建设。对此革命党的喉舌之一《民立报》发表社论:"章太炎,中国近代之大文豪,而亦革命家之巨子也。正气不灭,发为国光,文字成功日,全球革命潮,呜呼盛已。一国之亡,不亡于爱国男儿,文人学士之心,以发挥大义,存系统于书简,则其国必有光复之一日,故英雄可间世而有,文豪不可间世而无,留残碑于荒野,存正朔于空山,祖国得有今日,文豪之力也。今章太炎已回国返沪矣,记者谨述数语以表欢迎之忱,惟望我同胞奉之为新中国之卢骚。"①虽然辛亥前夕的章太炎论学论政不喜比附西洋,此处称他为中国之卢梭不知是否符合其本意,但由此可见时人对章氏归国满怀期待。

　　但十余年后,在章门弟子鲁迅的记忆里,乃师在民初的一

---

① 《欢迎鼓吹革命之文豪》,转引自汤志钧编:《章太炎年谱长编》上册,中华书局 1979 年版,第 361 页。

系列言行却饱受争议,被人以"疯子"视之:"民国元年章太炎先生在北京,好发议论,而且毫无顾忌地褒贬。常常被贬的一群人于是给他起了一个绰号,曰'章疯子'。其人既是疯子,议论当然是疯话,没有价值的了,但每有言论,也仍然在他们的报章上登出来,不过题目特别,道:《章疯子大发其疯》。有一回,他可是骂到他们的反对党头上去了。那怎么办呢? 第二天报上登出来的时候,那题目是:《章疯子居然不疯》。"①从表面看,章太炎在当时的许多举动确属反常:作为鼓吹革命的重要人物,却公开反对孙中山与黄兴,一度对袁世凯颇为期待;在引进西方民主政治的呼声尘嚣直上之际,却公开质疑民初政治体制与《中华民国临时约法》是否具备合法性;在革命党与前清官吏之间,章太炎频繁质疑前者,主张应任用后者担任新政府官吏。民初的中国面临十分严峻的政治整合问题,即如何从传统的王朝成功过渡为近代的民族国家,如何在制度建设上维系政治与社会的基本稳定,如何将分化的社会利益与社会力量纳入行政运作之中。②作为对中国未来政治发展有着系统深入思考之人,章太炎的这些言行当然不能简单归于个性使然,而是应置诸民初的历史场景当中,从章氏自身思想脉络出发,分析其相关言说的具体意涵,呈现他如何思考与评析所面对的时代问题。这不但有助于更为详尽地理解章太炎的政治思想与政治实践,也可通过他的视角,来审视民初政治

---

① 鲁迅:《补白》,载《鲁迅著译编年全集》第 6 卷,人民出版社 2009 年版,第 281—282 页。

② 关于清末民初的政治整合问题,参见汪晖:《革命、妥协与连续性的创制(下篇)》,《社会观察》2011 年第 12 期。

的面貌与特征。①

一、担忧新政权能否巩固国权

庚子年间,章太炎毅然走向革命之路,其最主要原因便是在他看来,"满洲弗逐,欲士之爱国,民之敌忾,不可得也。浸微浸削,亦终为欧美之陪隶已矣"②。反清的最终目的是建立新政权,抵抗帝国主义列强对中国的侵吞,保障国家领土与权益的完整③。而他心中的革命场景就是"人人自竞,尽而股肱之力,以与同族相维系",使得"民知国族,其亦夫有奋心,谛观益习,以趋一致"④。通过共赴革命,让各地民众形成统一的政治认同。因此与之相似,在中华民国成立之后,章太炎所最为焦虑的,还是

---

① 关于章太炎在民初的活动与言行的梳理,参见姜义华:《章太炎思想研究》,中国人民大学出版社 2009 年版,第 365—426 页。张玉法爬梳了章太炎在民初的人际网络,对理解章氏言行也极有助益。参见张玉法:《民国初年章炳麟的人际关系(1912—1916)》,载《近代变局中的历史人物》,九州出版社 2013 年版,第 70—89 页。在思想分析方面,杨天宏就章太炎的"革命军起,革命党消"之论展开探讨,借章氏之言审视以孙中山为首的革命党人为何未能开启宪政之局。参见杨天宏:《政党建制与民初政制走向——从"革命军起,革命党消"口号的提出论起》,《近代史研究》2007 年第 2 期。特别需要说明的是,本文旨在探讨章太炎批评与反思民初政局的内在思路,而非对章氏在当时所提议的每一项政见进行评析。

② 章太炎:《訄书(重订本)·客帝匡谬》,载《章太炎全集》第 3 册,上海人民出版社 2014 年版,第 120 页。

③ 汪荣祖:《章太炎排满缘起》,载《章太炎散论》,中华书局 2008 年版,第 47 页。

④ 章太炎:《〈社会通诠〉商兑》,载《章太炎全集》第 4 册,第 348、349 页。

如何在中国目前国力孱弱的情形下，能够有效维护国家的统一，避免东西列强趁火打劫。1911 年 11 月，章氏与程德全发起成立"中华民国联合会"，其主旨即为联络各方，共谋统一、巩固新政权之道：

> 当困居专制政体之下，其功在于破坏；而在今日已脱离旧政府之羁绊，所重尤在建设。虽起义之初，事变仓卒，但能各自为计，粗维秩序，省、府、州、县不尽联合，势固其所。一旦大局粗定，即不可不速谋建设统一之机关。倘或划分界限，各竞权利，纷扰错杂，无有纪极，不独内政、外交无统一之办法，势必分崩离析，一变而为东周、晋、唐之末造，重酿割据之乱，致招瓜分之惨，此后危险将有不可胜言者。①

在章太炎看来，在此情形下，政府的施政方针也应以"国土之保全为重，民权之发达为轻"②。他参与成立统一党，也强调"伸张国权为吾党唯一之政见"③。当然，同一时期像康有为、梁启超等人，也都基于相似的理由，主张"主权在国论"，希望借此维系新政权的完整性。④

---

① 章太炎:《中华民国联合会启事》，载《章太炎全集·太炎文录补编》上册，上海人民出版社 2017 年版，第 374 页。
② 章太炎:《与黎元洪(1912 年)》，载马勇编:《章太炎书信集》，河北人民出版社 2003 年版，第 383 页。
③ 章太炎:《在统一党南通县分部成立大会上之演说》，载章念驰编订:《章太炎演讲集》，上海人民出版社 2011 年版，第 118 页。
④ 关于康有为、梁启超等人倡导的"主权在国论"及其理论意涵，参见章永乐:《万国竞争(1911—1917)》，北京大学出版社 2016 年版，第 99—128 页。

在民初的政治局面下,章太炎认为应采取哪些措施来巩固国权?因此,晚清以降的中国政治一个明显的趋势,便是追求源于近代西方的各种政治体制与政治文化,俨然中国存亡与否,立壁千仞,只争一线。清季展开立宪运动时,被派往出使德国考察立宪的于式枚观察到:"当光绪初年,故侍郎郭嵩焘尝言西法,人所骇怪,知为中国所固有,则无可惊疑。今则不然,告以尧、舜、禹、汤、文、武、周、孔之道,汉、唐、宋、明贤君哲相之治,则皆以为不足法,或竟不知有其人。近日南中刊布立宪颂词,至有四千年史扫空之语,惟告以英、德、法、美之制度,拿破仑、华盛顿所创造,卢梭、边沁、孟德斯鸠之论说,而日本所模仿,伊藤、青木诸人访求而得者也,则心悦诚服,以为当行,前后二十余年,风气之殊如此。"①在民国建立之后,效仿西洋诸国的政治组织形式、以后者的法律为蓝本来从事立法、根据"文明"之风尚并以法律形式改革中国旧俗,更是成为大多数人讨论政治问题时不证自明的前提。

反观章太炎。自从1906年东渡日本主持《民报》笔政以来,章太炎分析中国政治问题基本从以下两点出发:首先,他认为中国具有悠久的历史,且这种历史的积淀绝非抽象意义上的"文化"与"道德",而是在社会演进过程中形成一套组织、治理政治与社会形态的制度模式,在这样的制度模式基础上,才形成具有中国自身特色的行为规范与道德标准。因此思考中国未来的政治建设,必须对中国过去的制度流变有清晰认知,总结其中内在的运作逻辑,而非视之为可以轻易丢弃或不屑一顾的包袱,这样才能使新

---

① 《出使德国考察宪政大臣于式枚奏立宪不可躁进不必预定年限折》,载故宫博物院明清档案部编:《清末筹备立宪档案史料》上册,中华书局1979年版,第306页。

的制度得以保持基本稳定,让相关政策得以有效执行①。其次,章氏非常强调在分析中国的政治与社会问题时,应充分注意到中国广土众民且各地经济发展不平衡的特点。在此基础上,许多看似符合"时代潮流"的制度设计,往往只是体现了某一地域中某一特定阶层的利益,并不能保证所有地域民众皆可从中获益。例如以纳税数额来决定是否有选举权,那么在东西部经济差距极大的情形下,很可能导致"选权凑集于江浙,而西北诸省或空国而无选权也"。如此这般,致使各地政治参与感落差极大,反倒不能保证国权之稳定②。当然,这并不表示章太炎一味率由旧章,拒绝革新。只是他坚持在推翻帝制及其政治符号之后,如何在充满复杂性的现状之下建设新的制度,确保新政权在列强环伺之局面下得以立足,这项工作绝非简单效仿、移植域外理论或制度就能完成。这两点是他思考新政权建设问题时的思想基础。③

---

① 在 1906 年甫至日本的演讲中,章太炎就强调:"我们中国政治,总是君权专制,本没有什么可贵,但是官制为甚么要这样建置? 州郡为甚么要这样分划? 军队为甚么要这样编制? 赋税为甚么要这样征调? 都有一定的理由,不好将专制政府所行的事,一概抹杀。就是将来建设政府,那项须要改良? 那项须要复古? 必得胸有成竹,才可见诸施行。"参见章太炎:《在东京留学生欢迎会上之演讲》,载章念驰编订:《章太炎演讲集》,第 7 页。

② 因此在获取知识方面,章太炎认为"吾尝以为洞通欧语,不如求禹域之殊言;经行大地,不如省九州之风土;搜求外史,不如考迁、固之遗文。求之学术,所涉既广,必瓠落无所就,孰若迫在区中,为能得其纤悉。"此即着眼于能否真正全面的了解中国政治与社会现状。参见章太炎:《印度人之论国粹》,《章太炎全集》第 4 册,第 384 页。

③ 也正因为这样,他在民初并未对时人所热议的集权制与联邦制问题发表专门的言论。或许他在这一时期认为,这个问题很大程度上也是基于时人对近代西方政治思潮的不同理解,并非一个针对中国实际而生的问题。当然,到了 1920 年代,在联省自治运动中,他极力宣扬联邦制。那时他主要是不满北洋政权颟顸卖国,担心若将所有权力集中于中央,就给予了后者更多出卖国家利益的就会,因此主张分权于地方。

正是在这样的考虑下,关于对新政权的施政原则,章太炎便有自己的一番理解。在《大共和日报》的"发刊辞"中,他建议:

> 民主立宪、君主立宪、君主专制,此为政体高下之分,而非政事美恶之别。专制非无良规,共和非无秕政。我中华国民所望于共和者,在元首不世及,人民无贵贱,然后陈大汉之岂弟,荡亡清之毒螫,因地制宜,不尚虚美,非欲尽效法兰西、美利加之治也。①

从中可知,在章氏看来,新政权的政治合法性除了革命党一直以来强调的推翻"异族"统治之外,主要是建立在"元首不世及"与"人民无贵贱"二者之上,前者体现对帝制的扬弃,后者则体现民众地位因新政权而改变,过去由于职业身份、政治特权与民族差异而造成的不平等将不复存在。他希望新政权应"因地制宜,不尚虚美",聚焦于"政事"之美恶,而非抽象地追寻"政体"之高下。章太炎回溯历史,认为一种政治制度起源于特定的历史环境之下。君主立宪肇始于英国,然后其他国家起而效仿,但已"形式虽同,中坚自异",近代的民主政体为美国、法国所首创,中国虽然师法其基本形式,废除帝制,但在具体建制方面,"当继起为第三种,宁能一意刻画,施不可行之术于域中"②。因此他声称:"政治、法律,皆依习惯而成,是以圣人辅万物之自然而不敢为,其要在去甚、去奢、去泰。若横取他

① 章太炎:《〈大共和日报〉发刊辞》,载《章太炎全集·太炎文录补编》上册,第396页。
② 同上书,第397页。

国已行之法,强施此土,斯非大愚不灵者弗为。"①总之,必须从中国自身的现状出发思考政权建设问题,这是做到"巩固国权"的重要前提。

　　进一步而言,依章太炎之见,欲收"巩固国权"之效,在具体政策的制定与实施方面更应立足于充分了解中国的现状,然后在此基础上进行政治治理。在发表于 1912 年 1 月的《先综核后统一论》一文里,章太炎指出新政权是建立在武昌起义之后,各省通电宣告独立,然后再推举代表商议建国事项之上的,所以统一的基础其实并不稳固。他警告新政府:

　　　　以电报统一易能也,惟实际统一为难。不先检方域之殊,习惯之异,而豫拟一法以为型模,浮文犷令,于以传电有余;强而遵之,则化龃龉不适;不幸不遵,则号令不行。在位者胡可不矜慎哉!②

章太炎的这番观感并非无的放矢。张奚若回忆,武昌起义之后"在上海住了半年多,曾到南京去看过临时政府的情形,也感觉很失望"。"当时我颇感觉革命党人固然是富于热情、勇气和牺牲精神,但革命成功后对于治理国家、建设国家,在计划及实行方面,就一筹莫展。因此除了赶走满人,把君主政体换成所谓共和政体之外,革命是徒有其表的。皇帝换了总统,巡抚改称都督,而中国并没有更现代化一点。'破坏容易建设难'一句格言,

---

① 章太炎:《〈大共和日报〉发刊辞》,载《章太炎全集·太炎文录补编》上册,第 396 页。
② 章太炎:《先综核后统一论》,载《章太炎全集·太炎文录补编》上册,第 404 页。

不幸完全证实。"①

所以章太炎强调,主政者面对纷繁复杂的政治与社会局面,"欲更新者,必察其故;欲统一者,必知其殊"②。新的政策是针对现实状况而设置的,后者是立法与施政之时必须要面对的重要前提。中国的统一也是建立在各地之间的巨大差异基础上的,一旦不能有效分析、协调不同地区的各种诉求,强行划一地推行相关政策,那么将会造成"徒能以电报统一耳,安望其实际遵行耶?"③章氏以新政府颁布推行阳历与限制各省练军二事为例:前者未曾考虑到民间长期使用阴历,实与农业生产息息相关,阴历的计算方式根据每一时期的农耕要务而定,是长期生产实践的产物。后者只看到江苏一省军费浩繁,却未考虑其他各省的军力分部情形,贸然限制练兵,将会导致不少地区武备空虚。此外,赋税与法律,"其事细如牛毛,其乱棼如治羽。顺而理之。后或可以渐革;逆而施之,在今日已跋疐不行矣"④。这些关系到政治与社会稳定的问题一旦处理失当,将会导致政府运作紊乱,人心渐失,侵蚀新政权的统治根基。

最后,他认为必须重视新政权中各级官员的政治素质问题,特别是他们是否具备从中国现实出发进行政治治理的能力,这也关乎能否更好地"巩固国权"。章太炎建议新政府应派遣十余名特使前往各省,充分调查政治与社会现状,明晰当地的具体情形,然后将意见反馈回中央,让后者能够"周知天下之故"。其

---

① 张奚若:《辛亥革命回忆录》,载《张奚若文集》,清华大学出版社 1989 年版,第 463—464 页。

②③④ 章太炎:《先综核后统一论》,载《章太炎全集·太炎文录补编》上册,第 405 页。

次,清廷许多虽然离职但却"审知向日利病"的官吏,新政府应"引为顾问",议会也应时常向其咨询。这些建议的背后,凸显出章太炎对新政权的大小官吏非常不信任,认为他们对于政治只具备"游学他国,讲肆科条"的书本知识,对中国的现实状况反而知之甚少,所以在政治实践方面"妄以校中师授,谓仓卒可见诸施行,顾未知何者宜取,何者宜舍也"①。出于同样的理由,在新政府各部首脑的任用上,章太炎主张:"总理莫宜于宋教仁,邮传莫宜于汤寿潜,学部莫宜于蔡元培。其张謇任财政,伍廷芳任外交,则皆众所公推,不待论也。"此外,"若求法部,惟有仍任沈家本,为能斟酌适宜耳。诸妄主新律者,皆削趾适履之见,虎皮蒙马之形,未知法律本依习惯而生,非可比附他方成典。故从前主张新律者,未有一人可用"②。在这里,他所重视的同样是上述诸人的行政经验与能力,而非各自所属的党派与政团。章太炎认为了解中国历史与国情,体察社会民隐,此乃为政关键,也是能够真正保障国权的基础。③在政治实践上,他与清末立宪派合

① 章太炎:《先综核后统一论》,载《章太炎全集·太炎文录补编》上册,第405页。这一认识其实也延续了在清末的观察。清末大量中国士人留学日本,进入各类法政学堂,学习现代政治与法律知识。但在章太炎眼里,这些人的知识结构很有问题,因为他们只知道一些西学皮毛,却不了解中国的历史与现实。此外,在政治素质方面,章太炎认为这一群体有着浮夸、喧嚣、趋名等恶习。关于这些问题,他在《箴新党论》、《非黄》、《留学的目的和方法》、《常识与教育》等发表于辛亥革命前夕的文章中有详细的论述。

② 章太炎:《宣言九》,载《章太炎全集·太炎文录补编》上册,第391页。

③ 基于这样的立场,章太炎对当时政府中人无甚好感。在他看来,"国家初造,典章未成,谈者一切不计实状,空引法理,比附成言……东人之窥我议院者,既以法政研究会相消矣。"参见章太炎:《参议员论》,载《章太炎全集·太炎文录补编》上册,第413页。

作组党,一时间对颇具政治手腕的袁世凯报以极大期望,也与此息息相关。①但他或许并未意识到,武昌起义之后,许多士绅与前清官员之所以能迅速认同新政权,主要是在彼辈看来,在此变革之际,自己可以通过过去的政治与经济权力来获取更多的利益,让士绅与由士绅脱胎而成的资本家成为新政权的支配者,所谓熟悉国情、老成持重,归根结底是为了这一目的。②而这也为他后来在政治上处处碰壁,最终以失望收场埋下伏笔。

二、质疑民初议会能否真正代表民意

武昌起义之后,宣告独立的几个省份共谋组织联合议政机关。与此同时,在程德全、汤寿潜、陈其美等人的建议下,于上海设置临时议会,各省都督派一名代表赴沪讨论政治军事诸事宜。随后黎元洪在武昌组织成立临时政府,各省复派遣代表赴武昌商议临时政府组织事项,同时与留驻上海的代表保持联络。及至南京临时政府成立,孙中山出任临时大总统,随即便通告各省

---

① 值得注意的是,孙中山在当时也认为政府成员应"惟才能是称,不问其党与省也",并且建议要"收罗海内名宿"。参见孙中山:《复蔡元培函》,载《孙中山全集》第2卷,中华书局1982年版,第19页。但相比于在中国推行西方政治制度的孙中山,章太炎对"才"的界定却与之不尽相同。章氏所强调的为政标准,自清季起便一以贯之,在革命党中也颇属异数。

② 关于这一问题,周锡瑞有十分详尽的分析。参见[美]周锡瑞:《改良与革命:辛亥革命在两湖》,杨慎之译,江苏人民出版社2007年版,第267—318页。

派议员来南京组织参议院,开启了民国的议会政治。不久孙中
山让位于袁世凯,后者定都北京,参议院遂移至北京,继续行使
政治职能。此时随着民主政治的呼声尘嚣直上,各种政党团体
也纷纷成立,据张玉法的统计,当时共有 312 个政治性党会,其
中具有较为健全政纲或具体政治主张的仅有 35 个。在人员方
面,不少时彦名流一人横跨数党,拥有多重党籍。在党纲方面,
许多政治团体的口号主张皆大体雷同。①针对这一现象,推崇英
式代议政治的章士钊呼吁政党的要义在于有自己的政纲,"倘两
党之政纲未尝差异,则理论上实无两党并立之必要"。就此而
言,"党争者,为国利民福而争,非为个人私利而争也"②。毋庸
多言,在民初的政治环境里,章士钊的这一主张实难有践行的
机会。

　　在清季的政治论说中,章太炎就开始反思代议制是否适合
中国。他认为根据中国当时的社会条件,能够被选为议员的大
抵为富户土豪,并不能体现广大民众的诉求。在此情形下,议院
就成了议员与政府官吏狼狈为奸的场所,彼辈"挟持门户之见,
则所计不在民生利病,惟便于私党之为。故议院者,国家所以诱
惑愚民,而钳制其口者也。"③民国建立之后,章太炎在参与新政
权建设的过程中,虽然并未依旧抱着否定代议政治的态度,但他
出于思考如何在政治行为中真正体现民众的利益,故一直对议
院与政党持十分警惕的态度,避免其成为败坏政治组织的祸首、
压迫民众的新工具。

① 　张玉法:《民国初年的政党》,岳麓书社 2004 年版,第 34—39 页。
② 　章士钊:《政党与政纲》,载《章士钊全集》第 2 册,文汇出版社 2001 年版,
　　第 37 页。
③ 　章太炎:《五无论》,载《章太炎全集》第 4 册,第 454 页。

　　民国建立之后，章太炎依然对实行议会制度产生质疑。清末同盟会与光复会分裂，章太炎、陶成章等光复会领袖与孙中山、黄兴等人一度势同水火。而民国建立没多久，陶成章就被暗杀。因此从人际关系与政治派系分野来看，他在民初的这一政治立场，和他对鼓吹议会政治的革命党，特别是孙中山、黄兴等革命党领袖的强烈不满极有关系。虽然身为革命党的一份子，章太炎却对一些昔日同志身上的秘密会党作风与党同伐异习气极为反感。他认为："民国成立，不可不有政党以为政府之辅助"，但"一国若仅一政党，恐限于专制"①。这一主张明显是针对欲在新国会中占据多数席位的同盟会而发。目睹孙中山等人在南京临时政府的一系列政策，章氏指责"南京政府既成，任用非人，便佞在位，私鬻国产，侵牟万民，无一事足以对天下者"。致使"海内视同盟会，盖与贵胄世卿相等"②。成为了脱离民众的革命新贵，与民意渐行渐远。正是在这样的思虑之下，章氏主张"革命军起，革命党消"③。这也成为革命党人眼中不可轻饶的"罪状"。戴季陶斥责章氏"牺牲中华民国全国之国民，甘心为袁世凯作走狗"。其言论"变本加厉，竟不惜以向日民党之主张，置诸脑后，另换一副面具，主张专制，排斥民党"④。因此戴氏声称："直可认为著《訄书》之章炳麟，已与邹味丹同死，其至于今日

---

① 章太炎：《在统一党南通县分部成立大会上之演说》，载章念驰编订：《章太炎演讲集》，第117页。

② 章太炎：《与张继（1912年）》，载马勇编：《章太炎书信集》，第461页。

③ 关于当时章太炎对革命党的具体观感，参见杨天宏：《政党建制与民初政制走向——从"革命军起，革命党消"口号的提出论起》，《近代史研究》2007年第2期。

④ 戴季陶：《哀章炳麟》，载桑兵、黄毅、唐文权合编：《戴季陶辛亥文集》下册，香港中文大学出版社1991年版，第828页。

存在者,并非章炳麟,特禽兽而冠人名者耳。"①胡汉民后来甚至断言章太炎"以革命名宿自居,耻不获闻大计。其在东京破坏军器密输之举,党未深罪之,章仍不自安,阴怀异志。江浙之立宪派人,如张謇、赵凤昌、汤寿潜之属,阳逢迎之。章喜,辄为他人操戈,实已叛党"②。

除了人际方面的原因,章太炎还关心民初的议会是否真正能成为表达民意的机关,各个角逐其中的政党,又在多大程度上体现了广大民众的根本利益。在武昌起义之后,章氏甫归国即强调:

> 今虽急设中央政府,兵事未已,所布犹是军政,虽民政官亦当受其节制。各处咨议局议员,只当议及民政,无参预军国建制之事。盖自地方自治说兴,而省界遂牢不可破。咨议局员,保守乡曲之见者多,绅士富商,夜郎自大。若令议及大事,必至各省分离,排斥他人而后已。是则中国分为十数土司,正堕北廷置宣慰使之术中矣。③

冯友兰回忆,"辛亥革命的一部分动力,是绅权打倒官权,就是地主阶级的不当权派打倒地主阶级的当权派"④。正如其言,武昌起义爆发后,各省士绅出于自保,参与 15 省的独立,并由于彼辈

① 戴季陶:《章炳麟之丑史》,载桑兵、黄毅、唐文权合编:《戴季陶辛亥文集》下册,第 842 页。
② 胡汉民:《胡汉民自传》,载《革命开国文献·第一辑史料一》,台北国史馆 1995 年版,第 142 页。
③ 章太炎:《宣言三》,载《章太炎全集·太炎文录补编》上册,第 389 页。
④ 冯友兰:《三松堂自序》,江苏文艺出版社 2011 年版,第 34 页。

在地方上掌握实权,便实际上主导了各省之后的政治局面,掌控了新政权在地方上的主要机构,革命党与一些起来造反的下层民众反倒成为配角①。在这样的背景下,章太炎认为这些主要由地方士绅所组成的各省咨议局,其各项建议本质上并不能代表大多数民众的意愿,很大程度上体现革命之后地方绅士富商为保全各自利益而采取的政治考量。因此对其权力行使范围应加以限制,凡涉及新政权基本政治建制的议题,不应让这一群体轻易涉足。②

1912年3月南京临时参议会制定《中华民国临时约法》,其中为了制约袁世凯,将先前孙中山所主张的总统制改为内阁制,同时出于从立法上限制政府首脑之职权,还赋予参议院极大的权力。与之相对,"行政如何反过来制约立法没有任何具体规定"③。这样造成政治权力偏向立法一方,反而难收立法、行政与司法互相制衡之意。然在国民党人看来,这部约法虽然现实目的是为了限制袁世凯专权,但在法理上却体现了民意。

例如,王宠惠就宣称从理论上讲议院乃全体国民的代表机关,后者的意志由前者代为表达,议院与政府之间的交涉体

---

① 汪荣祖:《士绅与民国肇建》,载黄兴涛、朱浒主编:《清帝逊位与民国肇建》上册,社会科学文献出版社2016年版,第113—129页。

② 近藤邦康认为,章太炎在清末继承了康有为在戊戌变法时期的救亡课题,同时也扬弃了戊戌年间盛行的"申民权先申绅权"之主张,把救亡的主体从士大夫群体转移到"万民"身上,由此开辟了新的革命愿景。参见[日]近藤邦康:《从一个日本人的眼睛看章太炎思想》,《社会科学战线》1984年第2期。按照这一分析,前文所论的章太炎质疑各省咨议局之权限,同样也是他否定戊戌以来的政治理念的组成部分。

③ 杨天宏:《北洋政治的乱与治》,载王建朗、黄克武主编:《两岸新编中国近代史(民国卷)》上册,社会科学文献出版社2016年版,第45页。

现了民众对待政府的态度，这样国家主权就属于全体国民。①
但在现实层面，正如民初政治的亲历者李剑农所述，当时所有
政治团体"都是没有民众作基础的政团，政团不过是读书绅士
阶级的专用品"。因此参议院中的政党"都与民众不生关系，
都成了水上无根的浮萍"②。而这一点恰是章太炎所极力抨
击的。

为什么他会极力抨击？从思想源流上看，虽然章太炎在民
初强调政治建设也应以国权为重，但他在宣扬革命之时亦明言
"吾党之念是者，其趋在恢廓民权"③。并且在哲学层面，章氏认
为"个体为真，团体为幻"④。因此他讨论政治，始终不忘聚焦于
作为个体的民众在政治共同体中的真实地位与权益。犹有进
者，章太炎在清末时就指出："议院者，受贿之奸府；富民者，盗国
之渠魁。专制之国无议院，无议院则富人贫人相等夷。及设议
院，而选充议士者，大抵出于豪家。名为代表人民，其实依附政
党，与官吏相朋比，挟持门户之见，则所计不在民生利病，惟便于
私党之为。"⑤他十分警惕代议制度会异化为统治集团与地方豪
强联合起来压迫底层平民的暴力机器，并且在形式主义的选举
之下，这种压迫还披上了合法化的外衣，被视作符合历史进程的
"公例"。因此，辛亥革命之后，在参与建立"中华民国联合会"不
久，他便公开呼吁"共和政治之精神，在伸张民权，而伸张民权之

① 王宠惠：《中华民国宪法刍议》，载《王宠惠法学文集》，法律出版社 2008 年版，第 18—19 页。
② 李剑农：《中国近百年政治史》，武汉大学出版社 2006 年版，第 283—284 页。
③ 章太炎：《代议然否论》，载《章太炎全集》第 4 册，第 318 页。
④ 章太炎：《国家论》，载《章太炎全集》第 4 册，第 485 页。
⑤ 章太炎：《五朝法律索隐》，《章太炎全集》第 4 册，第 75 页。

机关,即在民选议院,此诚今日所当亟,而不可草率将事者也"。用此标准来审视临时参议会,"仅有各都督府代表之参事院,无代表人民之参议员,则仅足以代表各省都督府,而不能代表全国人民之总意也"①。

本此见解,在《临时约法》颁布之后,章太炎并不像国民党人那样认为此法之目的在于体现民权,而是质疑其中的关键条款,否认其正当性。他指出:

> 国民为共和国主人,有主权者。参议员为都督府差官,无主权者。故国民对于参议院之《临时约法》,有不承认之权,此最简明之理由也。②

可以看到,章氏认为《临时约法》为临时参议院所指定,而后者的成员究其实只是各省独立之后所派遣的代表,只能体现各省首脑的意志,并不能真正代表作为"共和国主人"的全国国民。如果按照主权在民的理论,那么国民就有不承认此约法的权利。根据同样的理由,章太炎认为《临时约法》第二条所规定的"中华民国之主权,属于国民全体"实难成立。因为"今日足以代表国民者,为参议员乎?而参议员为都督所派,绝非民选。为遵照此次《约法》之选出者乎?而第十八条之选派方法,由各地方自定。假令又有都督选派,甚或有自署为参议员者,亦《约法》所许。以此组织参议院,果足代表人民全体而行使主权乎?稍有政治常

① 章太炎:《中华民国联合会呈请组织参议院文》,载《章太炎全集·太炎文录补编》上册,第394页。
② 章太炎:《否认〈临时约法〉》,载《章太炎全集·太炎文录补编》上册,第419页。

识者,必不谓然"。①可见,章太炎所在意的,是参议员是否真正能代表民众,此实则亦显示出他对武昌起义之后由士绅及其代言人所主导的政治局面颇不认同。章太炎的这一批评,其实道出了民初议会政治的重要缺陷,就是虽然号称"民权",但广大的中国民众,特别是占中国人口绝大多数的普通农民却并不能在这样的政治与经济结构中发出自己的声音,能够有机会参与到议会政治中的,主要还是昔日的士绅,以及脱胎于士绅的新式知识分子和工商业者。

此外,章太炎还质疑议会中的参议员地位与作用。《临时约法》第四条曰:"中华民国以参议院、临时大总统、国务员、法院行使其统治权。"对此章太炎反驳道:

> 夫第二条既言主权在国民全体,而此条行使统治权,乃由非国民所选之参议院,殊不可解。主权绝对不可分离者也,属于国民全体,其行使不必国民全体可也,断不可不由国民所委任之机关。今之参议员,非由国民委任,何能有此特权?此第二条与第四条互相抵触也。②

此处章氏声称主权属于国民全体且不可分离,很容易让人想到卢梭的理论。卢梭认为主权是公共意志的体现,如果只是一部分人的意志,那么就只是一种行政行为或一道命令,不能体现主权。同样的,主权也不能被代表,因为意志不能被代表,只能是

---

① 章太炎:《否认〈临时约法〉》,载《章太炎全集·太炎文录补编》上册,第419—420页。
② 同上书,第420页。

此意志或彼意志,绝不存在中间物①。章太炎曾称赞卢梭"能光大冥而极自由",复于清季的政论中时常借用卢梭的学说②。他在清末对代议制的批判,在思考逻辑上和卢梭的这些主张极为相似。此处为了论证参议员不具合法性,很自然地他会再次援引卢梭之论。不过他同时主张主权的行使不必经由国民全体,只需国民委任的机关由国民选举出来即可,这与卢梭所强调的主权不可被代表又不尽相同。之所以有这样的差别,或许是由于他仍然考虑到国权问题,即如何保证政治秩序的稳定,所以章氏对卢梭的直接民权说有所保留。

最后,从"巩固国权"这一现实目标出发,章太炎更是认为扩大议会的权力无助于实现这一目标。法学家阿克曼认为,在共和政体下,一旦宪法未能处理好总统与国会的关系,那么二者之间互相对立的权力会运用宪法所赋予它们各自的权利来互找麻烦,国会不断攻击行政机关,总体不放过任何可以摆脱国会束缚的机会,由此形成恶性循环,导致"治理能力的危机"③。章太炎所观察到的民初政局在某种程度上正好印证了这一观点。在制定《临时约法》时,国民党人希望借扩大参议院的权力来限制袁世凯,对此章太炎洞若观火。出于"巩固国权"的立场,他指出《临时约法》规定大总统任命国务员及驻外人员须经参议院同意这一条款极不合理,易于导致"以立法院而干涉行政部之权,该

---

① [法]卢梭:《社会契约论》,何兆武译,商务印书馆 2003 年版,第 33、120 页。
② 朱维铮:《〈民报〉时期章太炎的政治思想》,《复旦学报(社会科学版)》1979 年第 5 期,第 43 页。
③ [美]阿克曼:《别了,孟德斯鸠:新分权的理论与实践》,聂鑫译,中国政法大学出版社 2016 年版,第 18 页。

院万能,不啻变君主一人之专制,而为少数参议员之专制,且同意之标准难定,稍有才智之士,鲜不为人猜忌,自非乡愿不能通过"。同样的,该法规定国务员一旦受参议员弹劾,大总统应免其职,此举将使参议员"滥用此非常之大权",势必造成"国务员更换之频繁,虽灶下烂羊,亦将膺选,何暇谋政治之进行乎?"①在经历了一段时间的议会政治后,他对黎元洪痛陈:"中国之有政党,害有百端,利无毛末",在参议院中忙于政治博弈之辈"皆人民之蠹蠹,政治之秕稗,长此不息,游民愈多,国是愈坏"②。由此可见,章太炎认为名实不符的议会政治不但无补于伸张民权,而且还会影响政治稳定,对国权造成极大损伤。

三、内 在 困 境

在参与建立统一党的过程里,章太炎希望后者能成为一个实事求是、为民请命、具备良好政治素养的团体。他从平民的角度出发,控诉政府中人"国门以外,赋税几许,官制如何,土田安在,几无有过问者"。同时"光复以来,号称平等,而得志者,惟在巨豪、无赖。人民无告,转甚于前,茹痛含辛,若在图图"③。如果说章太炎希望借综核名实来确保国权、实现名副其实的共和政治来伸张

① 章太炎:《否认〈临时约法〉》,载《章太炎全集·太炎文录补编》上册,第421—422页。
② 章太炎:《与黎元洪(1912年)》,载马勇编:《章太炎书信集》,第384页。
③ 章太炎:《统一党暂行总理章炳麟宣言书》,载《章太炎全集·太炎文录补编》上册,第426页。

民权的话,但是在民初的政治环境下,这两者俨然双双落空,特别是后者,让章太炎感到民众的权益在新政权里根本难以得到保障。所以他对统一党的期许便是"代达民隐,无专为一二钜子讼冤"。可他所设想的实现方式却是"犹赖贤良长吏之提携,纵有武健严酷之治,而反足以佐百姓者,本党亦不应与之反对"①。

从这里可以看到章太炎民初的政治言说中一个难以调和的内在困境。他从"恢廓民权"的角度出发,认为国家主权属于全体国民,并且不能被分割,因此认为没有民意基础的临时参议院与它所制定的《临时约法》不具政治合法性,对参议院中假民意以立法的行为甚为不满。但另一方面,他认为当时的中国需要"巩固国权",建立一个能够有效行使政治权力的政府,欲臻此境,则需"先综核再统一",让执政者充分了解根植于中国历史与现状之上的复杂性,这样才能实事求是、对症下药。因此在用人方面他青睐于具有行政经验的旧官吏,认为后者能够以稳健的态度苍民施政。但问题在于,这一群体在法理上又如何体现作为政治主权者的全体国民?况且,这一群体在深谙社会情状的同时,是否本身也沾染上了许多辄需祛除的旧俗弊病?

在发表于 1906 年的《革命道德说》中,章太炎指出当时社会各阶层,"知识愈进,权位愈申,则离于道德也愈远"②。尔后在《箴新党论》一文里,他更是宣称"综观十余年之人物,其著者或能文章矜气节,而下者或苟贱不廉与市侩伍,所志不出交游声色之间"③。对整个士绅阶层几乎进行了全盘性的否定。直至武

---

① 章太炎:《统一党暂行总理章炳麟宣言书》,载《章太炎全集·太炎文录补编》上册,第 426 页。
② 章太炎:《革命道德说》,载《章太炎全集》第 4 册,第 292 页。
③ 章太炎:《箴新党论》,载《章太炎全集》第 4 册,第 301 页。

昌起义爆发后,他为了提醒革命党人切勿对立宪派与旧官僚期望过高,专门发表《诛政党》一文,警告将来若"靓暧昧之利,而不见显哲之祸,讬命此曹,亦犹鹈鸠之巢苇苕也"①。但没过多久,他却和这类先前不断谴责的群体展开政治合作,成立"中华民国联合会",稍后又扩大其规模,更名为"统一党"。在章太炎自己,或许出于对革命党人身上的党同伐异之风深感失望,于是设想能借助这些曾经的政治对立面之政治经验与地方声望来迅速稳定政局,保证新政权能够有效掌控全国局势。但据旁人观察,章太炎的这番良好愿望却很大程度上被立宪党人与旧官僚利用,以图借机上位,在新政权里扩大影响力②。盛先觉就对梁启超说:"微闻章太炎左右数人,嚣张浮华,专事阿谀,颇有视太炎为奇货可居之慨,而章太炎亦似竟为所蒙蔽者然。甚矣哉!君子可欺以方,小人无往而不在也。"③后来事态的发展也印证了这一观察。统一党成立后,原来的立宪党人自感羽翼丰满,便与章太炎日渐疏离。张謇等人利用章太炎因故无法出席的机会,主持统一党与其他四政团合并事,伺机选举张謇为统一党理事长,此举无异于将章太炎架空。章氏试图控制局面,但毫无效果,遂独自宣布脱党,昔日借助其招牌的同党之人也听之任之,并未挽留,此举不啻将章太炎一脚踢开。④

---

① 章太炎:《诛政党》,载《章太炎全集·太炎文录补编》上册,第 386 页。
② 辛亥南北议和之后,许多北方的旧官僚希望在新政权中继续保持权位,致使当时官吏任用问题纷争不断,如何在"新旧"与"故旧"之间取舍,成为政争的焦点之一。清末立宪派在民初的一系列活动,就是在这一背景下展开的。参见桑兵:《接收清朝与组建民国》,《近代史研究》2014 年第 2 期。
③ 丁文江、赵丰田编:《梁启超年谱长编》,上海人民出版社 2009 年版,第 373 页。
④ 姜义华:《章太炎思想研究》,第 397—399 页。

目睹斯景,章太炎开始反思是否能依靠立宪派与旧官吏来行综核名实、保障民生之政。1912年12月,他发起创立"根本改革团",希望从根本上洗刷弊端,改革政治。关于其主旨,章太炎说道:

> 所谓政治革命者,非谓政体形式之变迁,易君主为民主、改专制为立宪也。亦非以今为假共和而欲有所改更也。民之所望,在实利不在空权;士之所希,在善政不在徒法。①

很明显,这一分析政治的思路依然与章太炎之前所强调的"综核名实",在"巩固国权"的同时确保民众基本权益等主张相一致。他所致力于的是实现"善政",让民众享有"实利"。与先前不同的是,章氏开始反思往昔自己所寄予希望的政治群体,认为后者才是导致政风紊乱、政局动荡的主要祸首:

> 立宪党成立以后,政以贿成,百度废弛,具文空罥,有若蛛丝,视戊戌、庚子以前转甚。至于新朝蒙清余烈,政界之泯纷贪渎又弥甚于清世。一二良材,逃荒裹足,其联袂登庭者,皆斗筲之材也……逮乎燕京统一,向之媚子不知幸予矜全为非分,更欲飞跃以超人上,涵濡卵育,日有孳生,而革命党亦渐染其风,变本加厉。然则暴乱者,革命党之本病也;贪险者,立宪党之本病也。变暴乱之形,而顺贪险之迹者,革命党被传染于立宪党之新病也。②

---

① 章太炎:《发起根本改革团意见书》,载《章太炎全集·太炎文录补编》上册,第457页。
② 同上书,第458页。

这一观感,基本上回到了辛亥革命之前章太炎对立宪派与清廷官吏的态度。犹有进者,章太炎所谓的"先综核后统一"带有很强的法家色彩。章氏自言"寻求政术,历览前史,独于荀卿、韩非所说,谓不可易"①。法家思想一直以来就是章太炎审视古今政治、分析与批评时局的重要思想资源②。因此,章太炎运用相似的思路,将"综核"之方向从充分认识中国的复杂现状,转移到在政治上激浊扬清。他主张:"非举政治革命,大治贪墨以正刑书,大选贤良以持钧石,缧首赭衣者遍于阁部,封轺聘币者逮于细微,不足以惩方来而荡旧秽。"如此这般,庶几"人心已革,则大政日新,流民国之岂弟,荡亡清之毒蜇,然后昔之图谋革命,其事始完"③。

值得注意的是,当时康有为、梁启超、严复等昔日与章太炎在思想上频繁互动者,也对民初政局深感忧虑。康有为主张靠建立孔教会、将孔教立为国教以维系道德,挽救颓风;梁启超希望由国中"优秀分子"构成的"中坚阶级"来担负起政治上的重任;严复则强调从政之人须有"士君子之分",并借提倡读经以培育之④。他

① 章太炎:《菿汉微言》,载虞云国整理:《菿汉三言》,上海书店出版社 2011 年版,第 71 页。

② 关于章太炎在辛亥革命前后如何阐释与运用法家学说,参见王锐:《辛亥革命前后章太炎对道法政论之阐释》,《华中师范大学学报(人文社会科学版)》2018 年第 1 期。

③ 章太炎:《发起根本改革团意见书》,载《章太炎全集·太炎文录补编》上册,第 459、460 页。

④ 关于康有为在民初的政治与文化主张,参见唐文明:《敷教在宽:康有为孔教思想申论》,中国人民大学出版社 2012 年版,第 174 页。关于梁启超相关言行的分析,参见张朋园:《梁启超与民国政治》,台北"中研院"近史所 2011 年版,第 18—21 页。关于严复在民初的道德论述,参见林载爵编:《严复合集·严复文集编年(三)》,台北辜公亮文教基金会 1998 年版,第 716—723 页。

们的共同点便是都聚焦于道德方面,希望在皇权解纽之后依然
能够保持昔日作为中国社会基本伦理的儒家道德伦理,来约束、
规范政治活动中的各党派。与以上诸人不同,章太炎则认为"今
京师污染已深,非峻刑酷法,不足以起其弊。欲以学说正人心、
厉风俗,鄙意为非计"①。但由谁来推行严刑峻法,以正风气?
章太炎此时想起的依然是与旧官吏、立宪派有千丝万缕联系的
袁世凯。他希望"大总统淘汰阁员,任用良吏,总揽大权,屏绝浮
议"②。同时"事贵实行,法宜信必,文告先导,诛罚踵行",做到
"诛除赃吏,用弥盗源"。③

　　但不久之后,章太炎就发现自己所托非人。黄远庸观察到,
"盖袁公者,利用之手段有余,爱国及独立之热诚不足。又其思
想终未蜕化,故不能于旧势力外,发生一种独特的政治的生面
也"④。严复也指出袁世凯"固为一时之杰,然极其能事,不过旧
日帝制时一才督抚耳",指望其"转移风俗,奠定邦基,呜呼! 非
其选尔"⑤。宋教仁的遇刺,开始让章太炎怀疑袁世凯,日渐发
觉正是后者运用手腕、纵横捭阖,才使得大小"赃吏"得以在混迹
政坛。他对人言"项城不去,中国必亡"⑥。同时章氏也和昔日
的革命同志重归旧好。他声称:"北方受了腐败专制的遗传病,

①　章太炎:《与张謇(1912年)》,载马勇编:《章太炎书信集》,第413页。
②　章太炎:《发起根本改革团意见书》,载《章太炎全集·太炎文录补编》上
册,第460页。
③　章太炎:《与袁世凯(1913年)》,载马勇编:《章太炎书信集》,第444、
445页。
④　黄远庸:《社会心理变迁中之袁总统》,载《远生遗著》卷1,上海书店1988
年影印版,第1页。
⑤　严复:《与熊纯如书(二十四)》,载王栻主编:《严复集》第3册,中华书局
1986年版,第624页。
⑥　章太炎:《与伯中(1913年)》,载马勇编:《章太炎书信集》,第482页。

较诸南方革命的激烈病,其流毒更甚",这导致"民国非维持现状也,乃维持现病耳"。他主张"吾革党对于建设民国一问题,当仍以猛进的手段,循文明的步调,急求破坏专制恶根,拼命力争共和二字,此后方有建设可言"①。"昔日为民权激战时期,今日为民党与官僚激战时期"。②

章太炎认为民初政治乱象必然不得人心,一旦国民党重振旗鼓,定能获得全国大多数民众的支持:"国民良心尚存,不患不赞成吾党,吾党共和目的不患不能达到。"③但现实情形却是,袁世凯手握重兵,并且将参议院中的反对党逐个清除,国民党发动"二次革命",起兵举义,终究难敌袁世凯的北洋军。章太炎不顾个人安危,进京面斥袁世凯,遂被后者软禁。直至袁氏称帝失败病亡后才重获自由。章太炎通过亲身经历,认识到虽然明晰中国历史与现状是从政的重要条件,但旧官吏与立宪派却不足以担此重任。只是他所强调的作为主权拥有者的全体国民,在民初的政争当中并未能有任何作为,甚至难以真正发声。章氏摒弃旧官吏与立宪派,可依靠的政治力量只剩下昔日的革命同志,但后者无权无兵,难以真正改变政治局面。章太炎所期望的在根据中国现实条件的基础上,建立一个能够真正体现国民意志、保障国民利益的政治制度,至此完全落空。在"国权"与"民权"方面,中华民国皆一无斩获。

---

① 章太炎:《在国民党上海交通部欢迎会上之演说》,载章念驰编订:《章太炎演讲集》,第 129 页。

② 章太炎:《在国民党上海交通部茶话会上之演说》,载章念驰编订:《章太炎演讲集》,第 131 页。

③ 章太炎:《在国民党上海交通部欢迎会上之演说》,载章念驰编订:《章太炎演讲集》,第 130 页。

四、结　　语

在被袁世凯软禁期间,章太炎将旧作《訄书》修改为《检论》,目睹民初一系列政坛变动最终以袁世凯妄图帝制自为收场,章氏在书中颇为悲观地说道:"斯土也,凝之甚难,而判之甚易。"①对在当下中国进行有效的政治整合颇有无能为力之感。武昌起义爆发之后,章太炎回国参与新政权的建设,他目睹当时盛行的参照西洋各国政治建制来探讨未来中国的制度建设,强调为政者应做到"先综核后统一",即对中国广土众民且地域发展不平衡的状况有充分的认知,在明晰基本国情的基础上,实事求是、对症下药,通过有效的政治治理,来"巩固国权",维护中国的领土完整,避免列强染指。因此他对讲求西学的政坛新锐极不信任,希望能任用清末的立宪派与清廷的旧官吏,依靠他们的行政经验来稳固政治与社会局面。另一方面,基于实现民权的理想,他对新成立的临时参议院与其制定的《临时约法》展开批评,认为这些并不能真正代表民众意志。《临时约法》中赋予参议院极大的权限,章氏则强调全体国民才是国家主权的所有者,参议院中的参议员并非根据民意而当选,既如此,后者的政治行为无异于越俎代庖,因此在法理上并不具备合法性。章太炎的这些言说,有助于今天更为全面的认识民初政治的特征,尤其是看到当

---

① 章太炎:《检论·近思》,载《章太炎全集》第 3 册,第 645 页。章氏在《检论》一书中,有不少反思辛亥之后的政治状况之篇章,对此笔者另有专文详论。

时所谓"民权"的实质其实只是神权及其衍生品而已。

但章太炎的基本困境在于,他曾希望借助旧官吏与立宪派的政治经验来根据中国现状施政,但对后者的真实面目有所认识之后,便寄希望于作为国家元首的袁世凯能厉行法治,制裁贪渎败政之徒。一旦发觉袁世凯实为此辈的最大庇护者,章太炎又开始与昔日的革命同志共谋大计。可国民党当时无权无兵,非但不能改变现状,反而因"二次革命"失败致使实力大损。在章氏的政治视野里,作为主权所有者的广大国民始终是"沉默的大多数"。章氏所仰赖的政治实践主体,只是从立宪派与旧官吏到国民党人之间转换而已。无法找到新的政治主体;无法借由组织动员新的政治主体自下而上地彻底推翻旧的政治毒瘤,重建政治组织,达到政治整合;更无法在这一过程中通过不断地实践来真正认识中国社会的复杂性,总结出一套既能符合中国现状,又能让大多数新的政治主体获得参与感与翻身感的政治理论,这或许就是章太炎在民初政争中处处碰壁的根本原因,也是他在民初的政治主张的主要局限性,更是作为政治实践者的章太炎留给后人的最大教训。章太炎所期待的借助革命来达到"人人自竞,尽尔股肱之力,以与同族相维系",虽然在辛亥革命中并未实现,但在 20 世纪中国的另一场波澜壮阔的革命里,另一个革命党以"组织起来"为口号,强调"同群众相结合""走到群众中间去",充分发动成千上万的底层农民,在此基础上成功建立起一个新政权①。就此而言,这两场革命当中的批判与继承关系,非常值得进行仔细梳理。

---

① 毛泽东:《组织起来》,载《毛泽东选集》第 3 卷,人民出版社 1991 年版,第 933 页。

时势变迁下的历史反思

——论章太炎的辛亥记忆

　　章太炎尝言："研究一国文化,当以历史学为最重要。"①终其一生,他写出了不少关于史学的文章。此外,鲁迅评价乃师,称之为"有学问的革命家",章氏亲历了近代中国许多重大的历史事件。特别是清末的革命运动,他更是堪称要角。章太炎晚年曾经感慨："自亡清义和团之变,而革命党始兴,至武昌倡义凡十一年",但是"事状纷挐,未尝有信史"。而"故旧或劝余为之,余犹豫未下笔"。究其原因,是因为在他看来,"身与其事者,所见干没忮戾之事亦多矣;书其美不隐其恶,或不足以为同志光宠,是以默而息也"②。不过他虽然未曾写出一部较为有体系的关于辛亥革命之论著,但是对于这场轰轰烈烈、堪称开创历史新纪元的革命运动,他还是在许多文章当中论述了自己的看法,展

————————

① 章太炎:《与朝冈继》(1924 年 4 月),载马勇编:《章太炎书信集》,河北人民出版社 2003 年版,第 820 页。

② 章太炎:《中华民国开国前革命史序》,载《章太炎全集》第 5 册,上海人民出版社 1985 年版,第 139—140 页。

现了他对辛亥革命颇为独特的见解。张舜徽先生指出,章太炎
"碑志、叙事之作,皆谨严有史法",堪称"信今传后之作。又言近
世史实者,所必取资也"。①对于章太炎论述晚近历史之作给予
了极高的评价。法国学者雷蒙·阿伦曾言:"我们的政治意识
是,而且不可能不是一种历史意识",并且"历史意识不可避免地
有我们的经验的烙印"。②本文即通过梳理章氏在不同时期关于
辛亥革命的相关言论,并将其置诸他整个的思想体系与具体的
历史背景之中,分析作为一位革命的亲历者对这场革命的认识,
以及背后的政治与社会立场,以此呈现辛亥前后史事的复
杂性。③

一、民初政争与革命者名实之辨

　　自从 1900 年剪去象征顺服于清廷的长辫,立志从事反清革

①　张舜徽:《清人文集别录》,华中师范大学出版社 2004 年版,第 623 页。
②　[法]雷蒙·阿伦:《历史意识的维度》,董子云译,华东师范大学出版社
　　2017 年版,第 26 页。
③　关于"辛亥记忆"这一问题,朱英、罗福惠主编的《辛亥革命的百年记忆与
　　诠释》(华中师范大学出版社 2011 年版)对之有详尽而系统的研究,堪称
　　这一领域的典范。其中的第三卷专门讨论"历史学者对辛亥革命的研究
　　与诠释",梳理了民国以来诸多个人或集体撰写的关于辛亥革命之著作。
　　但是有一点值得注意,对于辛亥革命有所关注,不一定非要写成系统的
　　论文或专著,其他论著中关于辛亥革命的只言片语,其实都可以作为一
　　种"研究与诠释"而被关注。像章太炎虽未就辛亥革命有过专门的系统论
　　著,但是并不代表他对此问题没有过"研究与诠释",而在这套书中,似乎
　　对此并未有过专门的论述。故本文聊为续貂,略作探讨。

命以来,章太炎亲自参与了许多重要的革命活动,于各种革命团体、革命领袖也是十分了解。所以他自言"素在同盟,向于光复、共进、急进会友,声气相通,先正典型,知之颇悉"①。因此,章太炎虽未就辛亥革命写出一部较为系统的论著,但是他依然对于这场革命的过程有所叙述与评论。然而章太炎不只是革命的亲历者,更是民国政坛种种活动的参与者,所以他在追忆这段并不久远的往事时,反而往往会掺杂进他在具体时间段的政治立场,甚至不无党派之见渗于其中。这一点,在他于民国刚建立之后的言行中表现得尤其明显。

1907 年,革命党阵营内部因为《民报》款项问题,导致出现了分裂。章太炎与孙中山、黄兴等同盟会领袖之间产生了极大的摩擦。章太炎为此撰写《伪民报检举状》一文,对孙中山等人大加指责。而孙中山与黄兴也把章太炎写给刘师培、何震夫妇的信函公开,借此宣扬章太炎"背叛革命",投靠清廷,这进一步加深了章氏与孙、黄等人的裂痕。而 1912 年 1 月,与章太炎关系极为密切,且同为光复会领袖的陶成章遭到同盟会会员陈其美策划暗杀,这更让他深感悲愤。另外,在关于中华民国首都应该建于南京抑或北京这一问题上,章太炎认为应着眼于维护北方地区的统一与稳定,因而主张定都北京;而孙中山、黄兴等人则坚持定都南京,以图借此来约束袁世凯。而南京临时参议会最终的投票结果,多数人同意将南京作为首都,这让章太炎深觉失望,大有竖子不足与谋之感。种种因素,都极大地影响了那一时期章太炎对于辛亥革命的记忆。

1912 年,广东潮州地区的光复会、同盟会之间矛盾日深,为此

---

① 章太炎:《与冯自由》(1913 年),载马勇编:《章太炎书信集》,第 505 页。

章太炎特意致信孙中山,其中顺带谈及了辛亥革命的历史。他说道:"同盟、光复初兴,入会者,半是上流,初无争竞,不图推行岭表,渐有差池。盖被习文教者寡,惟以名号为争端,则二会之公咎也。然自癸、甲以来,徐锡麟之杀恩铭,熊成基之袭安庆,皆光复会旧部人也。近者,李燮和攻拔上海,继是复浙江,下金陵,光复会新旧部人,皆与有力。虽无赫赫之功,庶可告无罪于天下。"并且强调"二党宗旨,初无大异,特民权、民生之说殊耳"①。在这里,章太炎追溯历史,以此来表明光复会对于革命的巨大贡献。并且他检讨光复会与同盟会出现矛盾的原因,认为革命党内部分裂,双方都难辞其咎。最后他劝告孙中山,同盟会与光复会之间"纵令一二首领,政见稍殊,胥附群伦,岂应自相残贼……若以名号相争,而令挟私复怨者,得借是以为名,无损于虏"②。

不过虽然如此,在那样的局面之下,章太炎的"党见"依然存在。在目睹了同盟会成员于民国建立之后的各种举措之后,他在对辛亥革命进行回忆时遂极力贬低同盟会的作用。1912 年他致信张继,指出"盖武昌、江南之起,非尽同盟会之人造端。当时市肆不惊,闾阎无扰。及同盟会高材乘机秉钺,秩序因以破坏,市井为之纷蹂。南京政府既成,任用非人,便佞在位,私鬻国产,侵牟万民,无一事足以对天下者。同盟会人,惟是随流附和,未尝以片语相争,海内视同盟会,盖与贵胄世卿相等"③。言下之意,同盟会在革命过程中,贡献无多,并且还有"窃取革命果实"之嫌。于民国建立以后,建树也乏善可陈,徒然使得时局败坏。

---

①② 章太炎:《与孙中山》(1912 年),载马勇编:《章太炎书信集》,第 419 页。
③ 章太炎:《与张继》(1912 年),载马勇编:《章太炎书信集》,第 460—461 页。

此外,在那一时期,章太炎对于黄兴、孙中山在辛亥革命中的表现与作用也大加质疑。他认为黄兴用兵之时"及锋芒顿挫,未尝不只身逃逸"。广州起义"死者六七十人,而黄兴仅伤两指。得脱者奔出广州,比至香港,黄兴已端拱于座中矣"。及至汉阳之战,黄兴在兵败后"声言自刭,拔剑刭股,遂以求援下江,可得精兵十万为辞,诳言脱失"。最后章太炎评价他"才能不过中庸",根本不足以被捧为革命伟人。①

在这样的辛亥革命观之下,1913年,章太炎在与冯自由的通信中,强调有功于辛亥革命的人里面,"事未彰闻,致被遗漏,鸿冥物外,退作钓徒者,固已不少;虽声誉已光,而酬庸未称者,亦有数人"。随后便开列出一份在他眼中值得被表彰的人员名单。其中首先是"死难者",包括唐才常、马福益、史坚如、邹容、吴樾、徐锡麟、秋瑾、熊成基、喻培伦、彭家珍、温生材、张榕等人;其次为"横死者",包括陈天华、杨笃生、吴春阳、陶骏保、张振武、陶成章、宋教仁、焦达峰等人;最后为"生存者"(已赏勋位者不论),包括蔡元培、孙毓筠、黄树中、谢武冈、刘艺舟、林述庆、胡瑛、谭人凤、李燮和、陈其美、柳大年、张根仁、尹昌衡、阎锡山、韩沅涛、汪德渊、于右任等人。②纵观这份名单,包括了革命党内各个不同组织的代表人物,甚至还包括了像唐才常这样徘徊于勤王与革命之间的人。而他尤其强调要重视那些功成之后退隐世外的革命党人,其用意一方面固然是褒奖潜德幽光,希望呈现这场革命的全景,展示其来龙去脉,然另一方面,未尝不是借此来"解构"同盟会内部一些人士所有意塑造出的孙中山、黄兴等人

① 章太炎:《与友人书》(1912年),载马勇编:《章太炎书信集》,第490页。
② 章太炎:《与冯自由》(1913年),载马勇编:《章太炎书信集》,第506—508页。

之"光辉形象",以求正国人之视听。

民国初年政局混乱,风气日下,种种景象,较之晚清衰世,有过之而无不及,这让许多人顿生幻灭之感,于是有人感慨"土地虽复,人心之污浊则较清季愈况,颜公所讥弹琵琶、学鲜卑语者,世方以为能,弃国故,堕礼防者,比比皆是"①。而当初被章太炎寄以希望的袁世凯,更是一步一步地走向帝制自为之路。所以,相较于与革命同志之间的分歧,在经历了一系列的乱象之后,章太炎于民初政坛屡遭失意,在产生了强烈的挫败感同时,也开始对辛亥革命前后所发生的种种往事进行反思,力求寻找出造成"假共和"的原因。

1914年,章太炎将出版于晚清的代表作《訄书》修改为《检论》。在其中,他加入了步入民国以后所撰写的《小过》《大过》两篇文章,里面集中体现了他在极度失意困顿之际,对于辛亥革命所做的反思。在《小过》一文里,他指出"清之当黜,久矣!"革命本身的正当性不容置疑,所以当革命党提出推翻清廷的口号之后,"士民感慕,趣义日广,覆清之声,洋溢中外"。可是在南京光复之后,宁、汉两边的革命党人却渐起摩擦,几成分裂之势。加之"主者不念吉凶同患之义,而更招致票猋不识大体者,与之亲比",更进一步加剧了革命政权内部的动荡。不过即便如此,作为新兴的政府,民望仍在,朝气犹存。但是惜乎执政者"性行疏嫚,不能割制,内多欲而外壹言文政;狂猋戟持其间,会集专己寡谋之士;又以少年无行,循势俛仰者奸之,更相噬齿,莫适为主,于是形涣势屈,而禄祚归于北廷矣"②。可以看到,章太炎认为

① 杨天石整理:《钱玄同日记》上册,北京大学出版社2014年版,第219页。
② 章太炎:《检论·小过》,载《章太炎全集》第3册,第616—619页。

当初一片大好的革命形势之所以走向涣散衰颓,南京临时政府的衮衮诸公要负主要责任。他们(更确切地说,应该是孙中山、黄兴)为政无方,所用非人,造成革命阵营内部互相倾轧,彼此争利,大失民望,徒然给北廷(袁世凯)以机会,让他得以各个击破,渐渐独揽大权。

接下来,章太炎还对革命党人在革命成功之后的心态与作为做了批评。在他看来,从前的革命志士"得志之顷,造次忘其前事。向之自相匡督,与夫感槩自裁之节,皆忽略以为游尘"。因为有功于革命,他们俨然以"从龙之士"自居,性情日渐骄横,加之许多党人年纪轻轻,更是视纲纪法度为无物。并且当初生活困苦、备尝艰辛的革命者们"宅京稍久,渐益染其淫俗",作风越发堕落。这便给予那些旧日的官僚政客以可乘之机,"向者茸技之官,奔亡之虏,游食于北都者,乘其阽危,阳与为好,而阴蠹害其事"。凡此种种,最终致使"盟败约解,人自相疑,丑声彰于远近,而大势崩矣"①。通过这些反省,章太炎得出结论:"往始人惟恐其不成,终后人惟幸其速败者,何哉?侮唇齿之援,弃同德之好,远忧勤之人而任娙扰之士也!"②物必先腐而后虫生,革命党在革命成功之后内耗与腐化,是导致民初乱象的重要原因。

《大过》,主要是章太炎记载了1914年在北京时与一位客人之间的谈话。这位"客",便是当年章氏在光复会中的同志李燮和,而此时他已经投靠了袁世凯③。这次拜访章太炎,主要目的乃是作为袁世凯的说客,借机探听章太炎对于袁政权的态度。

---

① ② 章太炎:《检论·小过》,载《章太炎全集》第3册,第619页。
③ 姜义华、朱维铮编注:《章太炎选集》,上海人民出版社1981年版,第573页。

李燮和对章氏谈到，昔日清廷虽然腐败不堪，但是社会上仍有基本的道德底线，官场中犹存一二独善其身的良史。而反观民国，情况非但没有改变，反而每况愈下，所以李燮和甚至于认为，"中国其遂亡邪?"①

对此，章太炎认为革命是一项十分艰巨且繁复的事业，经此巨变，"其旧朝贪人恶吏，未有不诛也"。然而武昌起义不久，各省便纷纷响应，使得清政权在短时间内土崩瓦解。这样就让昔日的贪官污吏得以侥幸偷生，混入新政权之中。彼辈"以曩日不絓刑诛，以为贪残不足以丧望实"，遂对过去的种种恶习一仍其旧，在新政权里行其故态。加之这一官僚群体"善为前却，尽色养于达尊，虽取得钜万，而理官不敢诘焉，其侮事媮得又宜也"。正是因为在革命的过程当中没有做到除恶务尽，让旧日的奸佞贪婪之人凭借各种手段混迹于民国。所以章太炎指出，要想做到洗涤污风，澄清政治，只要做到"上诚司契而不恣行，动遵法式，用财以度"，这样扭转颓势"无必有高材殊能，直心术旋椅之间耳"②。无独有偶，梁启超在当时也认为辛亥革命毫无革故鼎新之象，"遂使衮衮盈廷，易代尚称元老，尘尘伏莽，攀龙尽化侯王"。清末败坏纲纪者，入民国后依然故态；桀黠凶戾者，不但未曾受害，反而以富贵骄人。其结果乃是"萃一国之螟螣蜇贼，前代所驱除淘汰然后致治者，今则居要津窃大名而系国家之命焉，举国侧目而莫敢诽也"③。不过值得注意的是，像康有为、严复等人在目睹了民初乱象之后，开始嗟叹革命并未趋于善境，徒然

① 章太炎:《检论·大过》,载《章太炎全集》第3册,第621页。
② 同上书,第622页。
③ 梁启超:《罪言》,载吴松等点校:《饮冰室文集点校》第4集,云南教育出版社2001年版,第2398—2399页。

造成恶果,大有当初反对革命之论"不幸而言中"之慨。与他们不同,章太炎虽然也不满意当时的状况,并且自身处境越发不利,其心中痛苦不减康、严等人,但是他却从未怀疑过革命的正当性,而是想方设法弥补革命之后的种种缺失,努力使"民国"名实相副。

二、关于革命参与者的辨析

在袁世凯称帝失败之后,之前被处于软禁中的章太炎恢复了人身自由。面对着依然扑朔迷离的时局,他也开始尝试着化解与革命同志之间的矛盾。而一个明显的表现,便是他开始修正之前对于辛亥革命过程的描述。1916 年,章太炎为刚刚辞世不久的黄兴撰写遣奠辞,其中他说道:"烈烈黄君,允文伊武。忾是齐州,而戴索虏。内纠楚材,上告黄祖。趡行万里,瀛海奥阻。有械百梃,有众一旅。同盟初起,揉此兆民。义从荟集,郁如云屯。系君材武,善揗军人。智勇参会,叱咤扬尘。南暨赤道,西讫洮湣。束发受书,悉为党伦。乃临番禺,深入其圉。死士七十,并命和门。气矜之隆,天下归仁。"[1]第二年,他又为黄兴撰写了墓志铭。谈及革命党初具规模之时,孙中山"善经画,与学士剑客游,皆乐易,得其欢心,然不能获君吏"。黄兴到来后,"东游诸士官皆来会"。并且他"尤善抚揗,士官人人乐为用,海内始盛称同盟会,以著名籍为荣"。后来黄兴领导广州起义虽然失

---

[1] 章太炎:《黄克强遣奠辞》,载《章太炎全集》第 4 册,第 493 页。

败,"然自是清吏褫气,闻同盟会名,辄股栗,吴楚间志士,益发舒矣"①。章太炎于此肯定了黄兴在革命党军事组织方面的领导作用,同时认为其策划的广州起义虽然功败垂成,但是却鼓舞了全国的革命斗志,间接促成武昌起义之爆发。而黄兴在整个革命运动中所表现出的坚强意志,更是值得着重表彰。可以看到,在与同盟会诸人之间的"党见"日渐消除后,章太炎再次回忆辛亥革命的过程,其评价较之往日,已大为不同。

章门弟子许寿裳回忆,章太炎在日本东京主持《民报》笔政时,"注意于道德节义,和同志们互相切励;松柏后凋于岁寒,鸡鸣不已于风雨,如《革命道德论》《箴新党论》二篇,即系本此意而作"②。确如他所言,章太炎极其重视道德精神在革命中的作用。在他看来,"光复诸华,彼我势不相若,而优胜劣败之见,既深中于人心,非不顾利害,蹈死如饴者,则必不能以奋起。就起,亦不能持久。故治气定心之术,当素养也"③。只有"排除生死,旁若无人,布衣麻鞋,径行独往,上无政党猥贱之操,下作惬夫奋矜之气,以此榰拄,庶于中国前途有益"④。在《革命道德说》一文里,他具体提出革命党人应该具备知耻、重厚、耿介、必信四种道德品质,然后"确固坚厉,重然诺,轻死生者,于是乎在"⑤。

职是之故,在章太炎1916年以后的辛亥记忆里,对于革命之道德尤其注意。这在他为革命党人所撰写的传记当中有十分

---

① 章太炎:《勋一位前陆军部总长黄君墓志铭》,载《章太炎全集》第4册,第495页。
② 许寿裳:《章炳麟》,转引自汤志钧编:《章太炎年谱长编》上册,中华书局1979年版,第225页。
③ 章太炎:《答铁铮》,载《章太炎全集》第4册,第369页。
④ 同上书,第375页。
⑤ 章太炎:《革命道德说》,载《章太炎全集》第4册,第269页。

明显的体现。在他笔下，黄兴勇武豪迈，"善技击，发铳，随手左右无不穿者，诸生益归君"。在汉阳保卫战中，革命军实力有限，士气不稳，"自君至，人心始振。会湖南遣军来援，学童裨贩皆赴师。君每战辄以身冲锋，有不前，则跪稽颡导之。由是士卒感奋，人自为战"①。展现出身先士卒、御下以诚的人格魅力。在撰于1924年的《喻培伦传》中，章太炎指出"民国之先，以气矜慑清吏，独行奇材相继也"。所以"武昌兵起，清吏所在奉头猕狁者，其气夺也"。就传主而论，喻培伦因实验炸药而伤一臂，但革命之志不为稍减。广州起义时，不顾他人劝阻，坚持带伤冲锋，最后身披重创，惨遭清廷杀害。在传尾，章太炎借喻培伦之行事说道："汉族光复，藉狙击之威，余烈讫于数岁。袁世凯已定江南，犹曰：'吾不畏南兵反攻，畏其药取人命于顾盼间。'由此观之，攻心为上，攻城为下，非虚言也。然非轻死生外功名者亦弗能为。"②正是由于革命党人具备了不畏牺牲、拼死一搏的精神，所以革命才能够让清廷胆怯，并唤起国人的广泛同情。

不过1920年代以来，孙中山在经历了一系列的政坛失意后，开始效仿苏俄体制，重新改组国民党。这一举动，引起了章太炎的强烈反对。在他看来，"现在广东的党政府——什么'党'、'不党'，简直是笑话，直是俄属政府——借着俄人的势力，压迫我们中华民族，这是一件很可耻辱的事。"③出于民族主义，他出面组织"反赤救国大同盟"，并且自任理事，与广东革命政府

① 章太炎：《勋一位前陆军部总长黄君墓志铭》，载《章太炎全集》第4册，第494—495页。
② 章太炎：《喻培伦传》，载《章太炎全集》第5册，第180—181页。
③ 章太炎：《我们最后的责任》，载章念驰编订：《章太炎演讲集》，上海人民出版社2011年版，第293页。

公开大唱反调。1927 年南京国民政府成立后,蒋介石为了巩固自己的统治一方面神化孙中山,将其置于党内至高无上的地位,把所谓"总理遗教"视为革命宝典,运用各种宣传动员手段向全国民众强制灌输;①另一方面厉行所谓"党治",强化国民党的一元统治,视其他政治团体为异端,并进行打压。凡此种种,在在引起了章太炎的反感。他强调"今之拔去五色旗,宣言以党治国者,皆背叛民国之贼也"②。甚至认为南京国民政府兴而"中华民国业已沦亡"③。在公开场合的讲演中,他指出"孙中山之三民主义,东抄西袭","孙中山后来的三民主义,乃联外主义、党治主义、民不聊生主义。今日中国之民不堪命,蒋介石、冯玉祥尚非最大罪魁,祸首实属孙中山"④。

本着这样的态度,章太炎于 1928 年为冯自由的《中华民国开国前革命史》一书作序,强调"革命非一手一足之所胜任",革命党早期仅有的几次武装起义"皆袭其边陲,事不久长"。很明显,他在这里是在批评孙中山当时所主张的在中国边疆地区起事的构想。随后,他论述道:"光复会比于同盟会,其名则隐,然安庆一击,震动全国。立懦夫之志,而启义军之心,则徐锡麟为之也。孙、黄在同盟会,所见颇异,时多谓黄迂阔不足应变。然广州之役,震动侔于安庆,而为武昌事先驱,则黄兴、赵声为之也。谭人凤、宋教仁素亲黄兴,广州之役,则二子以为轻举,黄兴

---

① 关于国民政府对孙中山形象的建构与神化,参见陈蕴茜:《合法性与"孙中山"政治象征符号的建构》,《江海学刊》2006 年第 2 期。
② 章太炎:《与李根源》(1928 年),载马勇编:《章太炎书信集》,第 709 页。
③ 同上书,第 710 页。
④ 章太炎:《在招商局轮船公司股东大会上之演说》,载章念驰编订:《章太炎演讲集》,第 296 页。

亦不肯听其言。然还入中原，引江上之势，而合武昌之群党，未半岁遂以集事，则谭人凤、宋教仁为之也。共进会出同盟会后，黄兴在日本东京，闻之不怡，与其首领焦达峰争辩，焦亦抗论不肯屈。然武昌之起，黄兴所不与知也。谭、宋虽和会其人，乃谓举兵当俟三年后，及决策奋起，后引湘中，而前举汉上，豪帅制兵，齐势并举，则焦达峰为之。而自孙武以下，率兼入共进会者也。自徐锡麟死，光复会未有达者。李燮和乃流寓爪哇一教员耳，而能复振其业，返归沪海，与湘军东伐者相结。江南制造局之役，事败气燔，乃以数百人宵突其门而举之，上海一下，江浙次第反正，则李燮和为之也。"①可见，章太炎叙述了整个清末革命运动中各阶段重大事件的发起人及其影响，并不讳言革命党内部的分歧，其所欲表明者，乃是强调辛亥革命实为积众人之力而成，整个过程艰难困苦、崎岖万分，不同的革命组织以及个人皆为之付出极大心血，甚至牺牲性命。

值得注意的是，章太炎在这里追忆辛亥革命之过程，强调必须要重视革命发展的全盘过程，重视每一支参加革命的力量，坚持认为革命乃是集众人之力，各革命组织皆襄赞其中，因此始获成功。这除了体现他对当时政治意识形态灌输的一种反感，实则亦本之于他对于"国家"本身的看法。在作于清末的《国家论》一文里，他指出："国家之事业，是最鄙贱者，非最神圣者。"所以，"其集合众力以成者，功虽煊赫，分之当在各各人中"。因为此等事业"非必一人所能为，实集合众人为之"，故而"美名所在，不归元首，则归团体，斯则甚于穿窬发柜者矣"②。既然如此，那么章

---

① 章太炎：《中华民国开国前革命史序》，载《章太炎全集》第 5 册，第 140—141 页。
② 章太炎：《国家论》，载《章太炎全集》第 4 册，第 457—461 页。

太炎对于辛亥革命的评价,也可以说乃是他"国家论"的一种具体实践。

三、传统视域下对革命理论的反思

时至1930年代,章太炎目睹日本侵华野心渐彰,民族危机加剧,于是开始设坛讲学,希望借此来激扬民气,唤起人们的爱国热情。他的讲学内容,多为论述古代学问流变或者指引青年人治学门径,但是1933年,章太炎却在苏州国学会公开讲演"民国光复",专门讲述自己眼中的辛亥前后史事,鉴于他3年之后便与世长辞,所以可以说,这次讲演应该算是章太炎辛亥记忆的最终版本,因此值得仔细分析。

在讲演中,章太炎提道:

> 按清入主中原三百年间,反清之意见,时载于书籍,鼓励人民之同情,今举其一代所宗大儒之言以概其余。顾亭林《日知录》中解《中庸》"素夷狄行乎夷狄",见目录而解义删去。然见钞本《日知录》中说曰:"居处恭,执事敬,与人忠,虽之夷狄,不可弃也,是之谓素夷狄行乎夷狄。非谓可仕于其朝也。"又解《论语》"管仲不死子纠",谓"君臣之分,所关者在一身;华夷之防,所系者在天下。故夫子之于管仲略其不死子纠之罪,而取其一匡九合之功。"即见亭林之志矣。王船山亦谓:"一朝之变革不足论,惟宋之亡于夷狄,则中国失其为中国矣。"又云:"种族不能自保,何仁义之云

云。"二先生学问极大，见地独高，故彰明于世，学者宗之。而草野户牖中诸儒，与二先生论调同而名不显者，不知几何也。吕留良之意见与顾、王相同，及曾静狱兴，事乃大露，清廷因之大兴文字之狱，以集《四库全书》为名，焚禁天下诋毁清廷之篇籍。秦始皇焚书，刘向校书，二者不可得而兼，惟清四库馆则兼而行之，其防制可谓无微不至。然不知此种观念已深入人民心中，故洪秀全、杨秀清、李秀成、孙中山虽未读顾、王诸先生之书，亦能起兵抗清，何必读书之士为能然耶？①

总之，在章太炎看来，辛亥革命的思想渊源，可以远溯至晚明。抗清诸义士奋起相争，不向清廷屈服；诸遗老不降志，不辱身，通过著书立说来阐释夷夏之辨。这使得反清思想得以流传甚广，潜伏民间，一旦时机允许，各阶层的民众便会揭竿而起。用他自己的话来讲，就是"闾巷之甿，山泽之宗帅，慸恶胡人众矣！"②而辛亥革命，正是因为继承了前人的这些思想，所以能够武昌军兴不久，天下纷纷响应，不旋踵清廷即遭覆灭。这一点，其实早在1913年他与冯自由的信中便有体现。在那封信里，章太炎开列出六类在他看来值得被表彰纪念的人。首先是"明末遗臣国亡以后百折不回者"，包括李定国、郑成功、张煌言、李来亨等人。其次是"耆儒硕学著书腾说提倡光复者"，包括王夫之、顾炎武、傅山、吕留良、吕毅中、严鸿逵、齐周华、曾静、戴名世等人。其中他特别强调王夫之"为民族主义之发源"。复次是"倡义起兵功烈卓著者"，包括朱一贵、林清、洪秀全、杨秀清、韦昌辉、冯云山、

---

① 章太炎：《民国光复》，载章念驰编订：《章太炎演讲集》，第388页。
② 章太炎：《检论·小过》，载《章太炎全集》第3册，第616页。

萧朝贵、石达开、林凤翔、陈玉成、李秀成、赖文光、容闳等人。最后是"死难者""横死者""生存者",其人员分别为杨衢云、赵声、邓实、黄节。①同样是上起晚明,下至民初,时间跨度三百余年。

其实章太炎关于辛亥革命的这一认识,很大程度上与他自从立志革命以来的相关宣传策略一脉相承。1902年他与秦立山拟在日本东京举行"支那亡国二百四十二年纪念会",虽然其事由于日本警察的阻止而未果,但是在当时已经撰就的《中夏亡国二百四十二年纪念会书》中,章太炎疾呼:"愿吾滇人,无忘李定国;愿吾闽人,无忘郑成功;愿吾越人,无忘张煌言;愿吾桂人,无忘瞿式耜;愿吾楚人,无忘何腾蛟;愿吾辽人,无忘李成梁。"通过那些明清之际抗清将领的名字,来唤起人们的反清之志,"庶几陆沈之痛,不远而复,王道清夷,威及无外"②。此外,虽然清廷大肆销毁有关明清之际史事的书籍,以至于"明之遗绪,满洲之秽德,后世不闻",从而达到"遏吾民之发愤自立"的效果。③但是,章太炎依然坚信,对于清廷的恶感,从南明以降,数百年来一直未曾消失。从钱谦益、陈名夏这样降清的明朝故臣,到曾国藩、左宗棠、李鸿章这样所谓的"中兴之臣",虽然表面上都是为清廷效忠,实则多属出工不出力,在献策建言上有着很大的保留。之所以如此,就是因为在他们眼中,清廷毕竟是外族政权,在民族大义驱使之下,虽然食其禄,但不尽其事。④而晚清的革命党人,正是要将这股在章太炎看来数百年间未尝一日消亡于

---

① 章太炎:《与冯自由》(1913年),载马勇编:《章太炎书信集》,第509—510页。
② 章太炎:《中夏亡国二百四十二年纪念会书》,载《章太炎全集》第4册,第189页。
③ 章太炎:《訄书(重订本)·哀焚书》,载《章太炎全集》第3册,第324页。
④ 关于这一论述,参见章太炎:《正仇满论》,载张枬、王忍之编:《辛亥革命前十年间时论选集》第1卷上册,生活·读书·新知三联书店1960年版,第96页。

天地之间的反清意识发扬光大,只有这样,革命方有可能唤起社会上广大民众的充分同情与支持,从而获得成功。

不过,章太炎在1933年的讲演里,追忆晚明遗老的著作乃是革命思想,甚至"民族主义"的来源。这一点,实则与他在清末从事革命宣传时的主张有所差异。众所周知,近代中国,逢数千年未有之变局,身处列强环伺之下,其具体处境,较之明清之际,已有很大的不同。如果说从宣传动员的角度而论,利用明清之际史事来作为激发一般民众种族意识的工具,可以说是一种很好的策略。但是伴随西力东侵而来的西学东渐,使得革命知识分子的思想主张皆在不同程度上受到了流行于其时代的各种西方思想学说之影响。在这一点上,章太炎亦不例外。1906年他东渡日本,在东京留学生欢迎会上做讲演,自言其"读郑所南、王船山两先生的书,全是那些保卫汉种的话,民族思想渐渐发达。但两先生的话,却没有什么学理。自从甲午以后,略看东西各国的书籍,才有学理收拾进来"①。他的这一番话,堪称夫子自道。章太炎在清末放弃"与尊清者游",走向革命之路,一个很明显的动作,就是删定《訄书》。在《訄书》重订本当中,章太炎大量援引各种西方学说,以此来作为构建他自己政治思想、革命理论的重要参考。他在其中所涉及的西学,不但包含了培根、洛克、卢梭、康德、斯宾塞等著名哲人的学说,还提及了英国人类学家泰勒、美国社会学家吉登斯、日本语言学家武岛又次郎,宗教学家姊崎正治、社会学家有贺长雄等人的著作,显示出对于当时新兴学科的重视。②这些足以证明他在那一时期对于西学(包括东学)的

---

① 章太炎:《在东京留学生欢迎会上之演讲》,载章念驰编订:《章太炎演讲集》,第1页。

② 姜义华:《章太炎思想研究》,中国人民大学出版社2009年版,第120页。

巨大热情。所以,章太炎的革命思想已经绝非中国古代政治思想中的夷夏之辨、复九世之仇等观念所能涵盖。

但是何以到了晚年重新提及当年旧事时,章太炎却将革命思想中的西学因素予以忽略? 依笔者之见,这或许与他 1906 年以后对于西方思想的批判性认识有关。1907 年,章太炎发表了《〈社会通诠〉商兑》一文,对于那种一味盲目崇拜西学,"于中国事状有毫毛之合者,则矜喜而标识其下,乃若彼方孤证,于中土或有抵牾,则不敢容喙焉"的现象大加批评。同时强调"社会之学,与言质学者殊科"。因为"人事万端,则不能据一方以为权概"①。各国由于历史与文化的不同,不能用产生于某一地区之下的学说来作为放之四海而皆准的通则。基于这样的认识,章太炎强烈反对依据某一种西方学说来作为解析中国问题之灵丹妙药,而是主张充分认识中国历史与文化的原创性。一年以后,他又发表了《四惑论》一文,对于源自西学话语体系下,并且在当时极为流行的四个概念——公理、进化、唯物、自然进行了质疑,进一步显现出他对于西学的排拒。本此见解,在结集付梓于辛亥革命前一年的学术代表作《国故论衡》中,章太炎认定中国文化属于"能自恢弘者",即有着自己的独特性,所以主张"今中国之不可委心远西,犹远西之不可委心中国也"②。这一认识在进入民国之后日益深化,毫无变更。③因此,在章太炎的辛亥记忆里,论及革命思想之来源,自然就极力强调它的本土性,而对于

---

① 章太炎:《〈社会通诠〉商兑》,载《章太炎全集》第 4 册,第 323 页。
② 章太炎:《国故论衡·原学》,商务印书馆 2010 年版,第 147 页。
③ 关于章太炎对西方思想由接受到批判的过程及其内容,详见汪荣祖:《章太炎对于现代性的迎拒与多元文化思想的表述》,载《中央研究院近代史研究所集刊》第 41 期。

其中的西学成分进行了有意识的忽略。

在那次讲演中,第二个值得注意之处便是章太炎反思了民国初年的政坛乱象。对此,他说道:

> 今论政治之改革。政治至今只有纷乱而无改良,盖革命党人忠实者固多,而好勇疾贫行险徼幸者亦不少,其于政治往往隔膜。当革命未成时,群目宋教仁为将来之政治家,然宋氏仅知日本之政治,处处以日本之政为准,如内阁副署命令,两院决可否,务为奇异。不知此二制度,中国已行于唐宋。副署之制,唐时诏令俱然,并谓不经凤阁鸾台不得为制敕,其所为墨敕内降者,则出乎法外者也,逮宋亦然。明之内阁大学士,实即唐之翰林学士,只是天子秘书,故不能副署诏令。清亦沿明制,然如军机大臣奉上谕,内阁奉旨,虽不以人署名,而以机关署名也,则未尝无副署之意。下此则州县决狱,典史亦须副署,此何足矜为奇创耶?又两院议可否,唐之门下省给事中,即议诏令可否者也,有封还、涂归,批敕诸名,宋、明因之,清则将给事中并入都察院,无封还诏令之权,仅能分发诏令与各衙门,所谓邸抄者也。唐给事中四人,明设六科,亦只数十人。而国会议员至数百人之多,当时所选者半非人望,议员以可否权之奇货自居,于是势凌总统、敲诈贿赂,无所不至,国会名誉扫地无余矣。而宋之在政府,亦以副署权陵轹元首,终蒙杀身之祸。由今观之,其政治知识实未备也。①

在章太炎看来,以宋教仁为代表的一批革命党人,不深入了解中

---

① 章太炎:《民国光复》,载章念驰编订:《章太炎演讲集》,第390页。

国历史上政治制度之特色与沿革,盲目地崇尚西方政治制度,希望将其原封不动地移植于中国①。可是中国有如此悠久的历史,在帝制时代已经发展出一套行之数千年且日趋完备的制度体系。所以在进行政体设计时,便不应该将这一事实忽略。章太炎于晚清宪政思潮尘嚣直上之际,撰写《代议然否论》,指出议会制度源于西方的封建制传统,在中国并不一定适合。1923年他致信章士钊,建议师法古时的给事中与御史之制,以此来分别监督政府与官吏。从这些主张中可以看出章太炎论政的一大特色,即尊重历史传统,反对盲目照搬西方(或者日本)的政治制度。而直到1930年代回忆辛亥革命时,仍旧将宋教仁等人一味向往师法西方政治制度这一主张,视为造成民国初年政局混乱,国会形同儿戏的主要原因。从中也可看出他对这一问题实为印象深刻,言之痛心。非常相似的是,属于戊戌变法失败后"流人家属"的陈寅恪,在1945年回忆戊戌变法时,也对于康有为那种"与历验世务欲借镜西国以变神州旧法者,本自不同"的激进改革模式表示遗憾。并且感慨道:"自戊戌政变后十余年,而中国始开国会,其纷乱妄谬,为天下指笑……中日战起,九县三精,飔回雾塞,而所谓民主政治之论,复甚嚣尘上。余少喜临川新法之新,而老同涑水迂叟之迂。盖验以人心之厚薄,民生之荣悴,则知五十年来,如车轮之逆转,似有合于所谓退化论之说者。"②

---

① 其实不止是宋教仁等革命党人,清末参与新政的清廷官吏也基本如此。汪荣宝在宪政编查馆中草拟宪法,据其日记所述,"常常是汪荣宝阅读各种日本人著的宪法书籍,然后向李家驹略述近日所见。这样学以致用、立竿见影地草拟国家大法,今人看来真是不可思议。"参见桑兵:《走进共和——日记所见政权更替时期亲历者的心路历程》,北京师范大学出版社2016年版,第29页。

② 陈寅恪:《读吴其昌撰梁启超传书后》,载《寒柳堂集》,生活·读书·新知三联书店2001年版,第167—168页。

章、陈二人,学术背景与政治立场虽然不尽相同,但是出于对历史的熟悉以及对现状的深切思考,都在反思那种激进盲目的政治手段能否让中国走向真正的民主政治。而历史的发展,也适证明他们所言并非无的放矢。

四、结　语

人恒言,"历史"有两种:一为确实发生过的历史,一为被人所记忆或叙述的历史。前者发生之后,遂不复存在,虽刻意搜求,已难再现全貌。后者虽然可以形诸笔墨,留存久远,但是却难保完全客观。记录者的特定立场、着眼轻重、甚至是心术见地,在在影响到了对于一件史事的描述与刻画。然人非圣贤,这些主观因素难以完全避免,遂使得所谓"信史"只能为一高悬的理想,而实难以完全获求。章太炎作为辛亥革命的主要亲历者,并且对于历史之学素来提倡,按理说他的辛亥记忆,应该可信度极高。不过通过前文的分析可以看到,他亦难免因特定的政治立场、学术见解,从而对这段并不久远的历史有着独特的追忆。其中对于一些史实做了有意的忽略,对于一些史实在不同时段有着不同的见解,更对于某一方面的史实有意的予以强调。所以分析章太炎的辛亥记忆,不光是梳理清楚他对这段经历的相关论述,更可以从一个侧面看出他的学术以及政治思想,甚至是强烈的个性。

但是人们或许会说,章太炎既然撰写过《征信论》,十分强调"信史"。何以他自己在对晚近历史进行叙述时,同样也夹杂了自己的许多特定立场。这岂非亦是"提倡有心,实行无力"? 正如葛兰西所言,"党的历史必定是社会集团的历史",因此"一个党的意义和影响的大小,完全取决于它特有的活动在怎样的程度上决定着这个国家的历史"①。章太炎的辛亥记忆,留给后世的珍贵之处,并非他对于史实有如何确切详尽的考述,而是他强调辛亥革命的过程并非是单线条式、孤立式的发展,坚持主张革命乃是集众人之力,各革命组织皆襄赞其中,造成极大的社会影响力,付出巨大牺牲,因此始获成功,改变了中国历史的走势。历史变革的真正主体,乃是广大参与到这场革命当中的,有觉悟肯牺牲的众多仁人志士,有了他们的牺牲与奉献,革命才能成功。②这对于理解 20 世纪的中国革命,理解革命的最基本动力与内涵,实有不少启发之处。并且他反思革命,强调革命者自身的堕落、腐化与倾轧导致了革命理想落空,造成革命之后的混乱与动荡,旧邦难开新命;革命过程中应该顾及最基本的历史与国情,而不是以某一种异域之理论或现实作为实现理想未来的良方。这两点,更是值得人们在分析近代历史的巨变与未来转型的方向时予以充分重视。

---

① ［意］葛兰西:《现代君主论》,陈越译,上海人民出版社 2006 年版,第 28 页。

② 这也正如近藤邦康所言,章太炎批判性的继承了康有为的救亡课题,并将之深化到"排满"与反帝,把救亡的主题不再寄托于皇帝,而是整个汉民族,同时阐释"无生主义",将长期匍匐于君主制之下的万民转化为革命的主体,唤起后者抵抗压迫的政治自觉,切断作为王朝统治参与者的士大夫传统,创造出站在民族革命前列的知识人革命家。一言以蔽之,章氏否定继承戊变法,开辟辛亥革命的道路。参见［日］近藤邦康:《从一个日本人的眼睛看章太炎思想》,《社会科学战线》1984 年第 2 期。

附录:

近代中国自我理解与世界
认知的实相和幻象
——《万国竞争》书后

一

　　梁启超昔日论中国历史分期,认为:"自乾隆末年以至于今日,是为世界之中国,即中国民族合同全亚洲民族,与西人交涉竞争之时代也;又君主专制政体渐就湮灭,而数千年未经发达之国民立宪政体,将嬗代兴起之时代也。"①诚如斯言,自鸦片战争前后中国与西方列强遭遇,中国被卷入了由近代西方资本主义国家所构建的世界体系当中,这一过程并非温情脉脉的文化交

---

① 梁启超:《中国史叙论》,载吴松等点校:《饮冰室文集点校》第 3 集,云南教育出版社 2001 年版,第 1627 页。

流,中国自身的一套政治制度、思想学说、价值体系遭受亘古未有的全盘性冲击,中国被迫在惊涛骇浪的历史环境下努力救亡图存,悠悠万事,唯此为大。在此背景下,何谓中国?中国传统的正当性基础何在?中国的制度如何变革?中国在此一世界体系里如何自处?凡此种种,构成了中国近代思想史的主要议题。而在梁启超看来,当世人物最能体会此变局者,非乃师康有为莫属。他相信:"他日有著二十世纪新中国史者,吾知其开卷第一叶,必称述先生之精神事业,以为社会原动力之所自始。"①

百余年来论述康有为生平思想者甚夥。或赞其鼓吹变法之先,或诋其立志保皇之顽,或称颂其追求禹域富强之宏愿,或阐微其重诂西京大义之孤诣。犹有进者,正如康氏自称继承董、何遗业,重拾今文经学统,今世一二有心之士,虽生于红旗下,却别具怀抱,另辟蹊径,以康子教外别传自任,扬其帜,明其道,长素昔日唇焦舌敝而止诸空言者,希图于今日一一践行。与之相对,则将康有为(包括许多思考近代中国道路的思想家)左右采获构建自己思想体系的艰辛过程,去政治化地解构为一种近乎"想象"与"制作"的"国族论述",一面坐享全球化果实,一面十分隐晦地以史论为政论,套用一二西洋理论,煞有介事地书写前人由于固执传统,故未能抛下前见,拥抱新知,导致对新事物的理解与感知时常体现矛盾与错愕,以此呈现"国族建构"的荒诞与徒劳。总之,长素身后,歧见迭出,知人论世,岂为易乎?

在《万国竞争:康有为与维也纳体系的衰变》(以下简称《万国竞争》)一书里,作者希望在全球史的视野下,重新审视康有为

---

① 梁启超:《南海康先生传》,载姜义华、张荣华主编:《康有为全集》第12集,中国人民大学出版社2007年版,第423页。

在清末民初对世界图景的认知，以及在此基础上对中国未来的探索。同时以史为鉴，"我们或许可以更加深切地体会到更为全面把握一个国际体系内部主要矛盾的重要性"①。欲达此境，窃以为需要注意两点：一是全面把握近代中国的历史语境与康有为本人思想的变迁之迹；二是将近代西方从长期以来静止的普世图景（或历史终点）转化为一个自身也处于兴衰起伏的历史过程。前者能更为入乎其内地理解分析康有为言说行事的心路与思路，后者能摆脱巧于包装，带有特定政治诉求的西方中心论，将中国作为一个能动的历史主体，而非被动的他者来与西方并列讨论。就此而言，在笔者看来，本书对更为深入的理解近代中国与世界极有助益，提供了许多引人深思的视角。

二

《万国竞争》一书首先论述 19 世纪的国际格局。作者指出，当时居于主流的国际体系，乃 1814 年奥、普、英、俄四国同盟击败拿破仑后，欧洲各王朝在奥相梅特涅的主持下，于奥都维也纳召开会议，重划欧洲政治版图之结果，实现英、俄、奥、普、法五强共治，此即"维也纳体系"。其特征为民族国家建设与帝国主义膨胀同步展开，欧洲列强纷纷整军经武，增进国力，内部同质，海外殖民，制造横贯宇内的新帝国。此外，在殖民帝国建立的过程

---

① 章永乐：《万国竞争：康有为与维也纳体系的衰变》，商务印书馆 2017 年版，第 23 页。

里,以源自西方历史经验的"文明"为放诸四海的标准评判世界各邦,满足条件者视为同道,否则便被看做低于西方列强的野蛮群体,不能共享西方的法律体系,有待于西方文明的担当者们前去教化开导,因此,被殖民、被开化为"落后地区"。作者指出:"一旦将国际体系纳入情境(context),我们可以对思想家展开思考的背景形成更为全面的认识,从而更深入地理解他们所处的历史进程,观察信息不充分的当事人如何对这个体系做出观察和回应,进而描述和反思他们'看'世界的方式。"①

康有为正是在这样的全球历史背景下登上时代舞台。戊戌前后,康有为鼓吹变法改制的同时,苦心思考如何让中国在列强环伺的局面下得以保全、自立。康有为在万木草堂讲授学术源流时强调:"纵横家之'权事制宜','受命不受辞',此其长也。"②康氏坐言起行,盱衡时势,在国际问题上,也扮演了一回"纵横家"之角色。他利用均势之理,希望分化列强,防止其在瓜分中国问题上步调一致。犹有进者,他力倡中、美、英、日成为"合邦",抵抗俄国;戊戌之后,效申包胥秦廷之哭,怂恿日本出兵解救光绪,挽回变法败局。庚子之变,面对东北被俄国侵吞之危,康有为甚至建议八国联军中的其余七国共治东北,以夷制夷。如此这般,既体现出他对国际情势有初步了解,又显示这种了解,片面而不深刻。

在 20 世纪的头十年里,康有为周游列国,更为全面地认知世界图景,更为系统地思考中国问题。在其中,他对德国青睐有加,视威廉二世为一代英主,认为德国的立国之道,有许多方面

---

① 章永乐:《万国竞争:康有为与维也纳体系的衰变》,第 13—14 页。
② 康有为:《康南海先生讲学记》,载姜义华、张荣华主编:《康有为全集》第 2 集,中国人民大学出版社 2007 年版,第 118 页。

值得身处"国竞"时代的中国学习，特别是制度严肃整齐、物质蒸蒸日上、军备威武雄壮、教育普及甚广。他甚至将德国从分裂到统一的过程，视为全球日后臻于"大同"之境的前奏或预演，即在以强国为主导的全球政府下，将各个国家整合起来，这一方案，看似光明，实则势利，否定了弱小国家存在与生存的动力，这实与19世纪帝国主义逻辑相似，异曲同工。且征诸史实，德国统一的过程，绝非温情脉脉的联合，而是充满了血腥与权谋，威廉二世继承俾斯麦之遗产，处事乖张，胸无城府，最终导致德国在一战中一败涂地，第二帝国寿终正寝。由此可见，康有为的以德为师，一厢情愿多于客观分析。①

康有为周游列国之际，中国的革命与立宪之争也日趋激烈。康有为担心中国若行革命，鼓吹单一民族的民族主义，不但会导致列强干涉瓜分，而且让边疆少数民族地区离心离德。他通过对奥匈帝国、奥斯曼帝国的实地考察，认识到制度之良莠，应视能否真正克服国内离心力，促进国家整合而定。在他那里，君主立宪加上制定孔教，此乃中国最佳的振衰起微之道。之所以如此，并非康有为对西洋政法学说知之甚浅，恰恰相反，在他所处的历史环境下，维也纳体系式的君主政体乃时代主流，而法国大革命，则饱受19世纪的保守主义与历史主义者抨击，认为乃滥用理性的致乱之方。他与严复一样，正是因为对西方有深入了解，因此才青睐君主立宪，视革命为洪水猛兽。面对时代潮流，

---

① 中国近代史上第二次"以德为师"的，是1930年代南京国民政府。蒋介石聘请德国军事顾问，希望建设完善的工业体系，国防组建一支强大的军队，甚至效仿法西斯主义，成立"蓝衣社"等特务组织，宣传领袖至上。参见[美]柯伟林：《德国与中华民国》，陈谦平等译，江苏人民出版社2006年版。

康有为的所见与不见之间,需仔细分疏。

最后,辛亥革命的成果,某种意义上宣告康有为政治主张的失败。但民国建立之后军阀混战、民不聊生、乱象频仍,使康氏相信,他自己的那一套学说虽暂时挫败,但终将被证明实属正确。他在民初屡屡以中南美为例,证明共和制度会带来混乱,除去学理层面的论证,更有他自己在彼处经商失败的切身教训,故言之尤显深切著明。他认为,既然中国已选择共和,那么等而下之,就应当大力发展交通电讯等基础设施建设,为国家创造实质统一的物质基础,这样庶几有朝一日,国人醒悟,重新欢迎君宪与孔教,那时中国便可真正走向富强。康有为以大儒自任,军阀割据,称霸一方,俨然季氏八佾舞于庭,但康有为对待彼辈,却仿佛孔子不弃公山不狃,希望地方军阀能接受自己的政治主张。维也纳体系既给予了康有为了解世界格局的相关知识,又遮蔽了他与时俱进,思考何为新的政治实践主体的可能性。面对十月革命,康有为以乱党暴徒视之,但恰恰是在战争年代借鉴后者组织与动员形式的中共,完成了康有为渴望多年却未曾实现的愿望:整合国家、组织民众、捍卫主权、发展经济,最终走向独立自主、繁荣富强。萧瑟秋风今又是,换了人间!

三

在中国近代史上,康有为对中国的理解与对世界的认知,虽独树一帜,但并非毫无共性。中国古代有一套自成体系的处理周边关系的法则,即儒家学说中以差序格局为基础的天下体系,在这其中,文教与礼仪的地位至为关键。长期以来,虽然具体实践上需要变通调整,但这一套思想学说却依然被大多数士人奉为圭臬。近代列强叩关而来,中国人面临的是另外一套处理国家关系的准则,在这一认知过程中,有人深闭固拒,有人格义比附,还有人在深创剧痛之后尝试慢慢接受。

在《万国竞争》一书中,作者以郭嵩焘为例,说明近代中国士人如何默认西方的"文明等级论"。陆宝千在《清代思想史》一书当中认为,"循理"为郭嵩焘洋务思想的根本。郭氏与曾国藩、刘蓉、罗泽南等湘军将领一样,深受湖湘地区重视理学的风气影响,他认为应依理来面对洋人,"以道御之,以言折之",本廓然大公之心,用圣人的忠恕之道来与之交涉。因此他反对视西洋为夷狄,努力去理解并欣赏后者的治国之道,希望人同此心,心同此理,西方列强亦能与中国平等相处,不要为难中国①。究其实,此乃数千年天下观所塑造的认知方式,是"远人不服,修文德以来之"的另一种表现形式。但陆先生同时指出:

> 吾人今日视之,郭氏之洋务思想,正而不谲,持之以肆应于"无理性"之国际社会之中,实嫌不足。苟中国而富强,循理以处国交,固可以无恙;不幸而国势屝弱,则循理必流于玄谈。郭氏本人于烟台条约之交涉,即已技穷。于喀什噶尔、伊犁、琉球、越南诸案,判断不能无误,可为明证。此由郭氏个人之缺陷乎?抑儒家思想本身之不足乎?是则大可深思者也。②

① 陆宝千:《清代思想史》,台北广文书局 2006 年版,第 373—395 页。
② 同上书,第 412 页。

反观今日,依然有视郭嵩焘为近代以来中国外交官之典范者,更有所谓海外钜子,宣扬真有儒家背景的人不会敌视西方"普世价值"。但由郭嵩焘之例可见,并非儒家思想排距"普世价值",而是"普世价值"背后的鼓吹者——近代西方列强,从不以忠恕之道对待中国,是"普世价值"要不断瓜分掠夺中国这一儒家学说的创生之地。而真正能在国际间践行儒家所宣扬的忠恕之道与讲信修睦理想的唯一条件,正如陆先生所言,是中国自身先要独立富强。否则,儒学只能是"普世价值"眼中的劣等之物,可以作为聊备一格的风月谈资,却决不能与之平起平坐、平等对话。

维也纳体系随着"一战"的结束而寿终正寝。美国在"一战"当中乘势崛起,"二战"后更成为世界两大霸主之一,1990年代,苏联解体,东欧剧变,美国地位更是无人撼动。与康有为深受维也纳体系影响一样,美国及其治国之道也深为影响着新文化运动以来名望扶摇直上的胡适。胡适在哲学层面服膺他所理解的富于美国特色的杜威思想,在政治主张上称赞美式民主白璧无瑕。"二战"结束后,冷战风云笼罩全球,当时美国决定经济上扶持日本,保留日本的天皇体制,这一行为,引起了深受日本侵略之苦的中国人的警惕。国际法专家周鲠生撰写《历史要重演吗?》一文,警告国人提防日本军国主义死灰复燃。可胡适却就此致信周氏,强调"因为根本不许德日两国重行武装,所以西方国家决不要扶持德日两国来抵制苏联……我可以武断的说,武装德日是英美法与澳洲加拿大诸国的人民绝对不肯允许的"。同时他声称:

德国民族有七千多万人,日本民族也有七千多万人。谁也不能毁灭这一万五六千万人。可是谁也不能长期掏腰包来养活他们。所以西方民主国家不能不考虑如何替他们保留一部分的工业生产力,使他们可以靠生产来养活他们自己。这不是过分的宽大。为了根本消灭将来循环报复,为了根本维持比较久远的和平,这种政策是不能避免的。①

从日后的冷战格局之演进来看,胡适的这番看法可以说是异常天真。自从短暂的认可苏联之后,长期以来,胡适对苏联充满警惕与批评,认为苏联时刻都在处心积虑的发动侵略战争,搅乱全球和平。但以胡适学识之高,涉世之深,为何从不把这种对苏联的"深刻分析",拿来同样思考一下美国的全球战略呢?特别是1950年代,鼓吹自由民主的美国,却在台湾扶持威权统治的蒋介石政权,并且长期豢养海外"台独"团体,从不明确否认所谓"台湾地位未定论",凡此种种,就笔者所阅史料,也未见胡适有何反思。这其中的玄妙,或许是理解现代中国一部分文化人心态史的一个绝好切入点。就此而言,摆脱既有的国际权力格局,思考未来新的可能性,不但行不易,知亦难矣!

四

最后,谈及康有为,不得不一并讨论一下他最主要的论敌章太炎。当康有为周游列国思考列强的富国强兵之道时,章太炎

---

① 胡适:《致周鲠生》,载中国社科院近代史研究所中华民国研究室编:《胡适来往书信选》下册,社会科学文献出版社2013年版,第1038、1039页。

正一面全盘性地阐释中国传统,一面广泛阅读东西典籍,开始反思由近代西方所形塑的现代性诸面向。与康有为服膺近代文明论不同,章太炎对这套理论背后的权力本质洞若观火。他指出:

> 今之言文明者,非以道义为准,而以虚荣为准。持斯名以挟制人心,然人亦靡然从之者。盖文明即时尚之异名,崇拜文明,即趋时之别语。①

后来在《齐物论释》里,章太炎又进一步论证:

> 志存兼并者,外辞蚕食之名,而方寄言高义,若云使彼野人,获与文化,斯则文野不齐之见,为桀跖之嚆矢明矣……今之伐国取邑者,所在皆是。②

这些看法,无疑是对西方列强文明论的突破。正是在这样的基础之上,章太炎开始思考新的国际关系可能性。1907 年,章太炎与张继、刘师培等人在日本发起"亚洲和亲会",旨在联合亚洲各个被帝国主义侵略或干涉的国家,"反对帝国主义,而自保其邦族"。规定凡入会者的义务为"互相扶助,使各得独立自由为旨"。"若一国有革命事,余国同会者应互相协助,不论直接间接,总以功能所及为限。"同时强调会员应"互相爱睦",以期"感情益厚,相知益亲"③。可见,较之康有为,章太炎似乎更清楚地看到了未来国际关系变化的契机,即全球性反帝运动的兴起。

---

① 章太炎:《复仇是非论》,载《章太炎全集》第 4 册,上海人民出版社 2014 年版,第 281 页。
② 章太炎:《齐物论释》,载《章太炎全集》第 5 册,第 46、47 页。
③ 汤志钧编:《章太炎年谱长编(增订本)》上册,中华书局 2013 年版,第 141 页。

在《万国竞争》一书里,作者展望未来,强调"如果中国只是捡起美国扔在地上的新自由主义全球化旗帜,继续老霸主过去的实践,无论在发展中国家,还是发达国家,其感召力都是非常可疑的"[①]。对此笔者亦深以为然。在今天全球局势发生深刻巨变的时刻,我们对于中国近代史需要从新的角度进行梳理,挖掘其中宝贵的思想资源。

前人思考的终点,正是我们今天再思考的起点。

---

① 章永乐:《万国竞争:康有为与维也纳体系的衰变》,第 200 页。

近代中国国家建设的路径与得失

一

自从冷战后期开始,随着国际局势的变化、美国里根政府转而施行进攻性的全球策略,以及中国国内政策的大幅度转向,肇始于美国的"现代化"研究开始渐渐在禹域风行。这一理论俨然成为过去行之已久的分析历史与现实的范式、视角、方法的替代品,随之而来的便是以此来审视中国的古今情状。在现代化理论的话语里,寰宇各国欲收现代化之效,必须经历大体相似的历程,而这种历程的标准,则是西欧与美国这样的"先进国家"所经历的发展轨迹。在此视野下,近代以来中国的政治与社会变革,在论者眼里,就总是显得那么"别扭",甚至被视为"违反常识",仿佛中国大有自外于"普世"文明的"危险"。犹有进者,这种看法实有一套历史观,特别是中国近代史观作为支撑:即一部中国近代史,说得通俗一点儿,是让人左看右看都甚感"拧巴"的长吁短叹史,是稍有成为普世文明一员的机会即遭"挫败"的捶胸顿足史,是一二有条件接受"现代文明"的名彦时流的只言片语比千万民众的生机温饱更重要的风华流逝史,是不守由先进国家制定的"秩序"而屡屡造成"紧张"的破坏规则史。更有甚者,这种历史观甚至已经成为了许多人日常借以察时观世、进行自我定位的重要知识基础。可如此这般,真的能够充分理解近代中国走过的道路吗?

无可否认,近代中国确实面临从传统王朝转型为现代国家的严峻时代主题。但其要义却在如何成功地完成"政治整合",如何从传统的王朝成功过渡为近代的民族国家,如何在制度建设上维系政治与社会的基本稳定,如何将分化的社会利益与社会力量纳入行政运作之中①。许多"现代化"的事项都是在这一前提之下方能依次展开。而在这些事项当中,由于中国处于积贫积弱、列强环伺的局面,因此国家建设问题尤为重要,此乃近代中国能否摆脱困境的关键所在。

在《以军令兴内政——征兵制与国府建国的策略与实际(1928—1945)》一书里,作者以近代中国的征兵制为切入点,分析在此过程中,中国国家建设所显示出来的基本面向。作者认为用现代化的理论解释中国近代史,由于此一时间段内各个政治集团之间的政治军事斗争格外凸显,因此相关研究"往往将注意力集中在先进社会政经模式的出现与进展,这就使1949年以前,甚至1949年以后相当时间内,中国各政权的作为看起来几乎乏善可陈"。这种研究范式,"对先前政权决策的解释,则难免

---

① 关于清末民初的政治整合问题,参见汪晖:《革命、妥协与连续性的创制(下篇)》,《社会观察》2011年第12期。

有削足适履之处"①。因此作者改变思路,借鉴王国斌的观点,寻找中国与欧洲国家所共有的问题,聚焦于不同历史脉络下,政治意识形态和制度对理性行为与经济的引导作用。从"国家面临的挑战""国家具有的能力""国家承担的义务"三个角度出发,更为细腻地理解建国策略的形成,即"各政权所处的客观环境,及其所选择的建国策略之间,既非'因为——所以'的机械联系,也不全由各政权主观的喜好,而是外部情势、政权内部运作状况、政治传统、领导人意愿等因素交互作用的结果"。这样一来,所谓"现代国家",就是"在现代的这个时间区段内,可以有效运作生存的国家,而不是实现或追求某种现代普世价值的国家"②。

基于这样的思路,作者试图对南京国民政府进行"生理的分析",考察后者如何维系生长,并以此来审视近代中国国家建设所面临的基本问题与巨大挑战。面对内忧外患的险峻情势,近代中国为了救亡图存,必须大力发展军事能力,没有军事能力,在此环境下,就等于没有任何能力,所以征兵制是理解南京国民政府之"生理机制"的绝佳切入点。此外,军事活动为现代国家组织运作的极致表现,具体言之,"征兵制既为战争的目标而设计,作为一个需要高度组织管理能力的军事制度,它与行政、教育、治安等国家职能也有密切关系,此外更牵涉国家意识、人民义务等现代国家的重要特征",由此展开探讨,可以呈现军事体制对近代中国政治体制的重要影响。③

---

① 汪正晟:《以军令兴内政——征兵制与国府建国的策略与实际(1928—1945)》,台北台大出版委员会2007年版,第7页。

② 同上书,第11页。

③ 同上书,第15页。

二

作者从1928年8月颁布的《征兵制施行准备方案》入手,通过分析这一政令的旨趣,引出近代中国有识之士对征兵制的认识过程。作者指出,这份方案旨在通过施行征兵制来"安内攘外",但其目的与手段似乎并不协调,并未详言征兵制如何有助于"安内"。因为征兵制的关键,在于有能力要求其所需要的人民(无论是新人或已退伍),按政权指定的动机进入军队服役。但是在当时的中国,户政制度甚为简陋,加之农村残破、百业凋零、经济贫弱,南京国民政府有无足够的经济实力与动员能力来有效施行征兵制,着实不容乐观。因此这份方案的政治意义大于其实际的军事意义,即通过强调全国兵源皆从征兵而来,保证南京国民政府能够全面垄断暴力,以此否定军阀私人维系军队的合法性,由此凸显出近代中国军事整合的主题:"一支由全国各阶层人民组成的义务役军队,可以反映全国人民的普遍利益与平均素质,超越个别集团的特殊利益,因此在政治上,较之单一阶层地域组成的雇佣军,对国家具有更高的服从性与爱国心,从而有可能改变国内的政治生态;作战时也比仅有社会底层兵痞流氓组成的部队,具有更高的战斗力。"[1]

作者更进一步分析此时代诉求在近代中国的源流。在编撰

---

[1] 汪正晟:《以军令兴内政——征兵制与国府建国的策略与实际(1928—1945)》,第41页。

《瀛环志略》的徐继畬看来,近代普鲁士的征兵制与中国古人所提倡的"寓兵于农"甚为契合,值得时人借鉴。黄遵宪在《日本国志》中一面分析明治维新之后日本的军制,一面检讨中国唐宋以来募兵制的弊病,希望中国效仿日本,采取轮番训练退伍这一趋近于征兵制的办法,提高中国的国防能力。但徐、黄二人,混淆中国古代"寓兵于农"的理想与肇自近代西方的征兵制之间的区别,后者旨在建立一支专业化的部队,并扩大士兵来源,而非通过农闲时期讲求武备,创造一种对内绥靖的廉价武装力量。及至甲午之战,中国败于日本,惨遭割地赔款,国人方意识到建立现代军事体系的重要性,甚至希望借提倡军事来改变中国人孱弱的形象,培养民众体格心智的强健勇毅。这一点康有为在海外游记中屡次提及,梁启超的《新民说》中也有不少讨论,其学生蔡锷在《新民丛报》上发表《军国民篇》一文,宣称希望通过军事化的国民身体、精神、生活方式,重振中国的世界竞争力。可见,这一呼吁军事改革的思潮,其目标已不限于具体战争的胜利,更是整个社会文化的扭转与创造。就连今日被某一种特定言说打扮得"超凡脱俗"的陈寅恪,在与俞大维谈及中国的建设之道时,其主张也是"以普遍征兵训练乡愚大众"[1]。总之,作者认为,《征兵施行准备方案》"不是官样文章或一时权谋,更不是对征兵的错误认识,而是晚清以来征兵建国思想长期发展的结果"[2]。

在具体实施方面,作者指出:"中国幅员更大,人民重文轻武的观念又根深蒂固。这些空间与文化上的障碍,非有十数年持续的基础建设与推广教育,无法真正排除。但是中国的内外情

---

[1] 汪正晟:《以军令兴内政——征兵制与国府建国的策略与实际(1928—1945)》,第 70 页。

[2] 同上书,第 71 页。

势,比起明治初年的日本,又要恶劣的多,使得中国征兵难上加难。却也正因如此,中国政府为求攘内安外,更有立即征兵、建立强大中央武力的需求。国民政府的征兵,就是在这样明知不可为,又不能不为的情形下展开。"①由于蒋政权基层治理十分简陋,征兵任务只能责成地方保甲长来完成,致使征兵形同拉伕夫。从1928年到1936年间,只有不到七万人遵循征兵制度进入部队。因此南京国民政府的征兵制,便透过一系列整理地方行政机关的举措来展开。

南京国民政府遂希望通过改造保甲制度,以加强地方自卫武力为手段,从而重整地方组织。作者并未根据时人的批评之语来分析这项举措,而是从保甲制度的历史流变中呈现其意义。此制虽得名于宋代,但在先秦以降常为统治基层的主要方式。《管子·小匡》篇中的"作内政而寄军令"一语,道出了历代保甲制度的政治与社会意涵。清季梁启超在编撰管仲与王安石的传记时,阐释其中有关保甲的言说,着眼于将保甲制与近代征兵制相结合,刻意忽略历史中的保甲制对民众的压制性,有意发挥其动员人民发扬武力的可能性。因此南京国民政府遂希望"先行严密保甲,组织良民自卫,同时夺回官绅乡痞控制的保卫团加以整编训练,以建立维持治安的常备武力"②。在具体实践中,自1932年起,南京国民政府开始分别整理保甲与民团,到1934年,地方组织大为改进,保甲与保安制度结合于征兵目标之下,从建立自卫武力,转而走向训练壮丁。而这一举措在具体实施中,与其说是军事训练,不如说是以征兵为名进行的大规模国民补习

① 汪正晟:《以军令兴内政——征兵制与国府建国的策略与实际(1928—1945)》,第75页。
② 同上书,第99页。

教育,其主要科目包含国耻痛史、军人千字课、公民常识,以及卫生摘要等与作战无关的课程。作者认为,从保甲而至保安,一系列编组人民、训练壮丁的措施,具有了建设现代国家的性质。但另一方面,壮丁训练内容为初级军事训练,兼及浅易的政治与公民常识教育。以扬州江都地区为例,参与训练的人员,到毕业前才有五发实弹射击的机会,这样实难收实际的培养战斗人员之效果。因此,"战前当局的决策,无论是壮丁训练,还是保安制度的改革上,都可以看见牺牲军事利益、向地方行政妥协的情形,这就使战前以征兵建国策略的内容,表现出建国重于征兵,而呈现军事部门支援民政部门的态势"①。

抗战爆发之后,需要动员众多兵员奔赴前线,这一"作内政寄军令"的措施之弊病也随之凸显。"面对基层组织长期简陋的局限,原本在军事上作用有限的壮丁训练与组织,已成为当局仅存的动员手段。地方官员因此希望透过统一编组壮丁,一方面能强化军事训练,供应征兵稳定可靠的兵员,另一方面,则期盼壮丁如同战前一般,承担地方治安与推行政务的重责大任"②。在此背景下,已退守重庆的国民政府宣布组建"国民兵团",为军事目的服务,整合县以下的军事组织,训练大量的兵役人员,补充前线需求。只是此一举措,出发点自然极好,但施行起来,却出现军事系统与行政机关争夺地方武力控制权的乱象,前者希望能独立征兵,为抗战前线服务,后者则着眼于地方民政,以维持地方治安作为军事训练的要点,加上地方县长深知征兵过多则招来民怨,因此出现其不但不配合征兵,反而带头抵制的现

① 汪正晟:《以军令兴内政——征兵制与国府建国的策略与实际(1928—1945)》,第147页。
② 同上书,第152页。

象。更有甚者,兵役问题的争执还涉及军政部长何应钦、政治部长陈诚、四川省主席张群之间的派系斗争,致使如何施行这一制度成为各方保持自己势力、避免被人侵吞的焦点。而身为最高首脑的蒋介石,也只能做到抚慰各方、减轻矛盾,难以真正解决这一问题。对此作者指出:"民政与军政机关,都是因为缺乏贯彻自身政令的有效手段,才会为基层武力的控制权争得面红耳赤,倒不是基层武力本身有多么强大;县政府在征兵业务上,所以经常制衡军方,也不是为民请命,而是为了自己的方便,故而作为国家行政机关的县政府,即使完全掌握基层武力,也只是站在社会对立面勉强应付政务,不代表征兵制从此有了保障。"①

三

关于南京国民政府施行征兵制的始末,作者认为此一以征兵建国的构想,是在人财两缺的情形下,舍弃近代西方的职业官僚组织,以单一军事职能包办,取代国家建设中多种职能的分工。因此其根本弱点,在于忽视了现代国家组织趋于复杂分工的形式,在推行之初,就有克难应急的特点。因此欲收其效,统治当局的团结一致就显得尤为重要,但这一点,恰恰是蒋介石集团所严重缺乏的,这就致使征兵制不但具有先天的弱点,而且由于政争的恶化与军政民政两部门之间的矛盾,及至抗战结束,军

---

① 汪正晟:《以军令兴内政——征兵制与国府建国的策略与实际(1928—1945)》,第 191 页。

令未得行,内政无从兴,在一片糜烂的局面下,埋下国民党政权毁灭的种子。

为了显示征兵制在近代中国的完整面貌,作者还论述了不受南京国民政府控制的广西桂系政权与中共政权的相关政治举措。桂系采取"寓兵于团、寓将于学、寓征于募"的"三寓政策",把征兵、教育、干部选拔融为一体,其之所以能够比较成功地展开,除了广西地域不大,政令可比较顺畅地下达之外,端赖这一征兵体制能提供一般民众比较顺利的上升管道,并在此基础上适当消解士绅对基层的支配;以及桂系统治集团比较团结,李宗仁、白崇禧、黄旭初各有分工,在相对统一的政治意志下,排除各种阻碍,保障政令施行。因此,由广西的经验来看,在近代中国,"在有效抑制政治斗争的情形下,军事的组织力量确有可能改造基层组织与地方行政,并使国家组织缓步由单一职能向多重职能进展"。1943年重庆国民政府调查全国基层治理,广西县以下的基层人员组织井然,其待遇为全国之首。交通上广西修筑县道里数也为全国第一,架设电话线名列全国第二,并已完成省属各乡镇的电话网。更为显著的是教育方面,广西学龄儿童入学率高达百分之八十五,为其他许多省份所莫及。值得注意的是,在此之前,广西还是以贫弱落后的形象呈现于世人面前。

作者认为,中共在建立根据地的过程中,同样有效利用了军事因素。为了顺利执行土地改革政策,为了抵御国民党军队的围剿,必须在根据地里大力发展军事力量,才能稳定政权,发动群众展开土改。此外,民兵更是消灭地主武装,巩固农村政权的重要基础。总之,是以军事动员的需求与方法发展地方根据地。另一方面,中共也难免面临军政两部门之间产生的各种摩擦。但中共政权善于从革命斗争中总结经验,根据现实条件来迅速、有效地调整策略,加之坚持党指挥枪,以及深入农村调查基本情况,这就使得在革命活动中产生一套行之有效的"实践知识"。在此基础上,"力求克服由上而下的命令主义作风,经常发动上级干部深入农村基层工作,甚至规定领导干部必须在辖境内巡回住宿,每日应接触一定数量的农村党员与群众,以求得关于地方基层的实践知识"①。虽然作者书中并未征引毛泽东的言论,但这一分析,在笔者看来无疑印证了毛泽东所说的这段话:

> 我们共产党员,无论在什么问题上,一定要能够同群众相结合。如果我们的党员,一生一世坐在房子里不出去,不经风雨,不见世面,这种党员,对于中国人民究竟有什么好处没有呢? 一点好处也没有的,我们不需要这样的人做党员。我们共产党员应该经风雨,见世面;这个风雨,就是群众斗争的风雨,这个世面,就是群众斗争的大世面……我们应该走到群众中间去,向群众学习,把他们的经验综合起来,成为更好的有条理的道理和方法,然后再告诉群众(宣传),并号召群众实行起来,解决群众的问题,使群众得到解放和幸福。②

不止是军政关系,国民党之所以溃败,中共之所以成功,在这里也能见其端倪。

---

① 汪正晟:《以军令兴内政——征兵制与国府建国的策略与实际(1928—1945)》,第244页。

② 毛泽东:《组织起来》,载《毛泽东选集》第3卷,人民出版社1991年版,第933页。

四

通过研究近代的征兵制,作者认为这一制度在近代中国的展开,"应视为全世界现代国家体系建立过程中,实现内部绥靖与发展暴力工具的其中一种模式","征兵制更番训练地区编组的方法与原则,被广泛用于编练壮丁组织、维系治安、推动政令与公民教育……军队实际上承担起建立现代国家的主要责任"[①]。虽然南京国民政府并未成功推行,但中共"以党组织有力协调军政部门,并切实掌握实践知识,弥补单纯制度的不足,有效利用军事组织进行政治上甄选的工作,进而成功贯彻了军事发展与政权建设结合的发展模式"。由此作者强调:"所谓现代国家就是具备在现代生存政治能力的国家;如何建立现代国家,其实也就是如何发展适存的政治能力。而衡诸近代中国的内外部情势,以征兵建国的确是加强政治能力比较可行的策略"。因此,对于现代化理论,在历史研究当中就应予以反思,"不能说凡是不符合西方风格的建筑就不是好屋子,更何况何谓西方与现代,本身就有极大争议"[②]。

由此可见,本书的意义,就不仅仅是在近代军事史、制度史研究领域增添一笔而已,更提供了一个重新理解近代中国政治与社会变革的视角,即从探索、发展、维系符合中国实际、保障中

---

① 汪正晟:《以军令兴内政——征兵制与国府建国的策略与实际(1928—1945)》,第 256—257 页。

② 同上书,第 261、263 页。

国大多数人民基本生活、摆脱积贫积弱状态的国家能力出发,近代中国各种主义思潮、政治势力、社会团体所呈现出的纷繁样貌与彼此之间的复杂关系,这不但关系到如何真正认识近代中国所面临的时代主题,更是理解当代中国与世界的重要知识积累。从这一视角出发,在近代史的许多具体领域,或许都有进一步深入探讨的可能性。要知道,本书只是作者的硕士论文而已。

后　记

　　本书主要是近年来通过细读章太炎在清末的几篇具有代表性的文章,旁及他在清末民初的政治与学术活动,分析其中的思想意蕴,希望阐释他的思想当中对于今天而言值得重视与继承的遗产。因此,本书的写作体例虽然属于中国近代思想史的范畴,但问题意识则属于当下,我希望能把章太炎的学说纳入建设符合中国历史与现实的政治学过程之中,成为今天思考中国问题时的重要理论资源。这一点,也是与我之前出版的三本讨论章太炎生平与思想的书最为不同之处。

　　"冷眼向洋看世界,热风吹雨洒江天。"回想起写《章太炎晚年学术思想研究》那本书的时候,还是在 2012 年上半年,那时我正在华中师范大学历史文化学院读研。我在那里生活了 7 年,当时桂子山周围有许多书店,卖各种各样的打折书,我的大部分生活费都用于其中了。但是由于许多思路依然受到先前整体文化氛围的影响,加之自己见识有限,虽欲挣脱而不能。2013 年下半年,来到沪上五角场,开始动笔写《新旧之辨》与《自国自心》,中国与世界的格局已然发生更为明显的变化,这促使有识之士自觉地更新自己的知识积累与认知框架，特别是摆脱某些理论图腾与学术顺口溜，开始严肃思考中国的历史叙事应该是怎样，中国未来的发展道路应该是怎样。到了今天，更需要我们立足于当代实践，深入研究中国历史与世界历史，形成能够鉴往知来的真学问、大学问，而不要去重复"夏虫不可以语冰"式的俗套。

修订书稿之时，肆虐全球的新冠肺炎疫情在我国已经基本得到控制。从一月中旬以来，每天都在关注有关疫情的新闻。许多医护工作者、社区工作者、解放军战士、基层民警、各级干部与公务员、广大志愿者、修建火神山与雷神山医院的工人、外卖小哥、货运司机……正是由于他们的默默奉献，才能取得抗击疫情攻坚战的胜利。在他们身上体现出中华文明悠久而深沉的力量，体现出社会主义制度下人民群众同心协力共渡难关的伟大精神。这才是真正的"大独必群"，真正的"人人自竞，尽尔股肱之力，以与同族相维系"。

本书所收诸文，曾经发表于《人文杂志》《史学月刊》《天津社会科学》《华东师范大学学报》《福建论坛》《东方学刊》《杭州师范大学学报》等刊物。工作以来，为了发论文，真是让人形神憔悴、心疲力竭、担惊受怕，因此非常感谢这些刊物予以录用。另外两篇附录，是两篇书评。一篇涉及章太炎在清末的重要理论对手康有为，一篇涉及民国时期的国家建设，前者可从另一个角度认识章太炎思想的特点，后者可以审视民国政治的基本特征与主要症结，有助于加深对于章太炎在清末提出的相关主张的理解。

感谢上海人民出版社同意出版此书，感谢董洪波同志悉心编辑。感谢华东师范大学历史系的领导与老师们对我的支持与包容。感谢这些年来给过我许多帮助的师长与朋友们。
海内存知己,天涯若比邻。祝大家身体健康,生活幸福,工作
顺利!

王 锐

2020 年 4 月于华东师范大学中山北路校区